KB025581

어른들을
위한
돈 과외

자산 관리 마스터가 알려주는 돈 공부

어른들을 위한 돈 과외

초판 1쇄 인쇄 2021년 7월 27일
초판 1쇄 발행 2021년 8월 5일

지은이 안성민

발행인 백유미 조영석

발행처 (주)라온아시아
주소 서울특별시 서초구 효령로34길 4, 프린스 효령빌딩 5F

등록 2016년 7월 5일 제 2016-000141호
전화 070-7600-8230   **팩스** 02-585-6860

값 18,000원
ISBN 979-11-91283-67-9 (13320)

※ 라온북은 (주)라온아시아의 퍼스널 브랜드입니다.
※ 이 책은 저작권법에 따라 보호받는 저작물이므로 무단전재 및 복제를 금합니다.
※ 잘못된 책은 구입하신 서점에서 바꾸어 드립니다.

라온북은 독자 여러분의 소중한 원고를 기다리고 있습니다. (raonbook@raonasia.co.kr)

어른들을 위한

돈 과외

안성민 지음

RAON
BOOK

누구나 부자가 되고 싶어 한다. 그러나 월급만으로는 부자가 되기는커녕 한 달도 제대로 생활하기 힘든 것이 현실이다. 2020년 한 구인구직 사이트에서 직장인을 대상으로 통장이 텅장(텅텅 빈 통장이라는 의미) 되는 데 걸리는 기간을 설문조사했는데, 응답자의 60%가 '12일 이내'라고 답했다.

절반이 넘는 사람들이 보름도 안 되어 월급을 다 쓴다는 얘기다. 다음 월급까지 신용카드에 의지해서 생활해야 한다. 미래의 소득을 현재에 당겨 쓰고 있는 셈이다. 그러다 보니 돈이 어떻게 들어오고 나가는지에 대한 흐름을 파악하기가 힘들다. 연말정산 때 1년간 받은 총소득을 보고는 깜짝 놀란다. 이렇게 많이 벌었나 싶은 생각과, 그럼에도 불구하고 저축을 이렇게 못 하고 있는가 하는 생각 때문이다. '그 많은 돈이 다 어디로 간 걸까?'

생각보다 저축을 많이 못하는 문제와, 저축을 해도 돈이 잘 안모이는 문제를 '소득이 늘어난다'고 해결할 수 있을까? 일시적으로 숨통이 트이는 효과는 있겠지만 얼마 지나지 않아 또 텅장이 되고 말

것이다. 원하는 수준으로 소득을 늘리기가 쉬운 것도 아니지만, 설령 소득이 늘어났다고 해도 이 문제가 해결되지 않는다는 것이다.

한 달도 안 되어 통장 잔고가 바닥을 드러내는데, 평생을 살아가면서 집이나 자동차를 소유하고 가정을 꾸리며 노후에도 안정된 생활을 무리 없이 유지할 수 있을까? 대단한 부를 일구거나 큰 사치를 부리지 않는 평범한 삶을 꿈꾸는 것도 신기에 가까운 '기술'을 필요로 하는 세상이 되어버렸다. 그리고 이런 기술을 우리는 재테크(財Tech, 국적 불명의 단어다)라고 일컫는다. 결국 돈이 문제다.

돈을 관리하고 불리는 데에는 어떤 기술이 필요할까? 대박을 터뜨릴 만한 투자처를 찾기 위해 시간을 보내거나 돈 되는 정보를 얻기 위해 시장의 흐름을 공부하면 모든 사람들이 재테크에 성공할까? 그것은 마치 운전을 배우기 위해 자동차 엔진의 원리를 이해하려고 하거나 유체역학과 같은 공학을 공부하는 것과 같다. 그렇게 공부해서 답을 찾았다 하더라도 그것은 마치 구름 속에서 토끼의 모습을 발견한 것과도 같다. 5분 뒤 그 구름은 할머니 얼굴을 하고 있을 것이다. 수익을 보장하는 그 어떤 마법 공식도 존재하지 않는다.

지금까지 17년 이상 현업에서 고객의 '재무 문제 해결을 위한 상담'을 진행해오면서 느낀 점은, 많은 분들이 재테크의 목적을 자산증식 자체로 생각한다는 것이다. 목적이 자산 증식이 되어버리면 그것을 달성하기 위한 방법은 투자자산의 종목 고르기와 매매 타이밍으로 귀결되며 이것은 종종 전 재산을 잃는 부메랑이 되어 돌아오기도 한다.

허리 디스크가 생기면 다리가 저리는 증상이 나타난다. 이런 경우 '혈액순환이 안 되어 다리가 저리는가 보다'라고 진단을 하고 '다리를 주무르는 처방'을 한다면, 디스크 치료에 아무 도움이 안 된다. 진단과 처방이 잘못되면 문제는 더욱 악화된다.

재테크의 최종 목적은 자산 증식 자체가 아니라, '이번 달 들어온 돈으로 다음 달에 쓰기'를 평생 실천하면서 '마음 편하게' 사는 것이다.

나는 이 책을 통해 현재 우리가 겪고 있는 돈 문제의 근본 원인이 무엇인지를 진단하고, 그 문제를 해결하기 위해 누구나 실천 가능한 방법을 제시했다.

첫 번째는 수입과 지출의 흐름을 관리하는 것이다. 이를 현금흐름 관리라고 한다. 소득을 늘리거나 지출을 줄이는 것은 매우 어렵다. 그러나 현금흐름만 잘 관리할 수 있어도 이번 달 들어온 돈을 다음 달까지 쓸 수 있다. 신용카드의 악순환에서도 벗어날 수 있다. 이를 꾸준히 실천하려면 계좌 관리와 예산 설계는 어떻게 해야 하는지, 이 과정을 기록하고 모니터링하려면 어떤 도구가 필요한지 사례와 시나리오를 들어 소개했다.

두 번째는 물가 상승을 이겨내기 위한 투자를 하는 것이다. 물가가 오르는 만큼 돈은 녹아 없어진다. 이번 달 들어온 돈이 절반으로 줄어들어 있다면 이 역시 다음 달에 쓸 수 없다. 재테크를 통해 얻을 수 있는 협의의 목표는 구매력 보존이다. 물가를 따라가지 못하는 예금에 돈을 넣어두는 것은, 얼음을 실온에 보관하는 것과도 같다. 그러나 예금금리보다 높은 수익을 얻기 위해서는 원금 손실의 위험을 감수해야 한다. 투자 손실을 최소화하면서 물가상승률 이상의 꾸준한 성과를 얻을 수 있는 방법(그러면서 누구든 쉽게 할 수 있어야 한다)을 기초적인 이론과 실증 과정을 통해 설명했다.

세 번째는 소득의 상실과 예상치 못한 지출에 대비하는 것이다. 자동차를 움직이게 하려면 엔진이 필요하다. 그러나 아무리 성능 좋은 엔진과 뛰어난 운전기술이 있어도 브레이크가 없다면 자동차는 출발조차 할 수 없을 것이다. 멈출 수 있어야 출발할 수 있다는 역설은 재테크에도 그대로 적용된다. 특히 소득의 상실에 대비하지 못하면 앞서 설명한 2가지 방법을 제대로 실천하고 있다 하더라도 그것은 한낱 모래 위에 쌓은 성에 불과하다. 소득의 상실이란 '이번 달에 들어온 돈'이 없다는 얘기다. '다음 달에 쓰기'란 불가능하다. 이런 위험에 대비하기 위해 보험에 가입하지만, 정작 자신이 가입한 보험에 대해 제대로 이해하는 소비자는 많지 않다. 위험 설계를 기반으로 한 보험 가입 요령과 변액보험·종신보험을 둘러싼 논란에 대해서도 다루었다.

내 몸의 어디가 아프고 어떻게 치료해야 하는지를 알기 위해서는 의사의 도움이 필요하다. 돈과 관련된 고민도 지극히 개인적인 문제이지만 스스로 해결하기가 매우 어렵다. 이 책이 그런 고민을 해결하는 데 조금이라도 도움이 되었으면 하는 바람이다.

안성민

차례

prologue   ··· 4

1장

현금흐름 관리 : 계좌 분리와 예산 설계

01 이번 달 들어온 돈으로 다음 달에 쓰기   ··· 15

02 수입계좌와 지출계좌를 분리하라   ··· 22

03 계좌 분리와 실제 현금흐름은 어떻게 일치되는가?   ··· 28

04 소비계좌만 3개가 되어야 하는 이유   ··· 33

05 통장을 텅장으로 만드는 주범   ··· 40

06 고정지출계좌, 비상금계좌, 용돈계좌   ··· 47

07 예산 설계   ··· 52

08 예산 배정 과정에서 해결해야 할 2가지 문제   ··· 61

09 나에게 맞는 가계부 쓰는 방법   ··· 67

10 시나리오별 현금흐름   ··· 74

Tip 신용카드의 소득공제 효과   ··· 84

2장

현금흐름 관리의 첫 번째 리스크 : 인플레이션

01 돈은 얼음이다 · · · 91

02 화폐의 시간가치 · · · 96

03 위험과 수익 · · · 103

04 자산배분의 사례와 시사점 · · · 110

05 주식과 채권 · · · 119

06 종목 고르기의 위험을 줄이는 방법 · · · 126

07 매매 타이밍의 위험을 줄이는 방법 · · · 135

08 최고가 아닌 최선의 선택, 적립식 투자 · · · 143

09 손실을 줄이는 가장 확실한 방법 · · · 151

10 저축 포트폴리오 진단 · · · 159

Tip 펀드 Q & A · · · 168

3장

현금흐름 관리의 두 번째 리스크 :
소득 상실과 예상치 못한 큰 지출

01 시행착오와 나를 부정해야 했던 혁신 · · · 175

02 위험관리와 보험 · · · 181

03 조기 사망으로 인한 소득 상실의 위험 · · · 187

04 은퇴로 인한 소득 상실의 위험 · · · 194

05 중증질환으로 인한 치료비와 소득 상실의 위험 · · · 201

06 유지가 힘들 만큼 비싸진 보험료 · · · 209

07 갱신보험료 부담이 현실화된 실손의료비보험 · · · 218

08 변액유니버설보험은 투자형 상품으로 경쟁력이 있을까? · · · 228

09 종신보험으로 저축의 효과를 볼 수 있을까? · · · 240

10 박성실 씨의 보험 진단 · · · 248

Tip 보험 Q & A · · · 254

4장

사례를 통해 알아보는 돈 관리 전략

01 신혼부부의 현금흐름 관리   ⋯ 263

02 목돈, 어떻게 모을까?   ⋯ 270

03 사회초년생의 보험 설계   ⋯ 276

04 저축 목적으로 가입한 종신보험의 다양한 사례들   ⋯ 285

05 만 원으로 시작하는 펀드 투자   ⋯ 299

06 계좌 분리와 예산 설계의 실패 사례   ⋯ 305

Tip 시간에 투자하는 것의 의미   ⋯ 311

1장

현금흐름 관리 :
계좌 분리와 예산 설계

이번 달 들어온 돈으로
다음 달에 쓰기

박성실 씨의 장보기

중소기업 3년 차 직장인 박성실 씨(31세, 여)는 퇴근하면서 대형 마트에 들러 일주일치 저녁 식재료를 샀다. 집에 도착하여 장바구니를 정리한다. 간장과 참기름은 수납장에 넣는다. 신선식품 중 저녁 메뉴에 쓸 것만 조리대에 놓고 나머지는 냉장고 야채 칸에 넣으려고 문을 열었다. 아차! 한참 전에 보관한 풋고추가 아삭함을 잃고 흐물흐물해져 있다. 아깝지만 음식물 쓰레기통에 버렸다.

만두는 냉동실에 넣었다. 김치찌개에 넣을 통조림 1개는 뚜껑을 따놓고, 나머지 2개는 다용도실에 보관한다. 김치냉장고에서 잘 익은 김치를 꺼내 찌개 끓일 준비를 한다. 내일 먹을 삼겹살은 냉장실에 넣어둔다.

현금흐름 관리는 장바구니 정리와 같다

장바구니를 채운 식료품들이 유통기한에 따라 냉장실, 냉동실, 수납장 등에 보관되듯이 현금흐름을 관리하는 것도 이와 같다. 구매 리스트를 작성해서 장을 보고(예산 설계), 장바구니에 담긴 품목들을 쓰일 시기에 따라 각각 다른 곳에 보관하고(계좌 분리), 이를 계획대로 소진하는지 살피는(가계부 쓰기와 모니터링) 과정으로 이루어지기 때문이다. 돈이 들어오고 나가는 일련의 과정을 '현금흐름'이라 하고, 이를 관리하는 것을 '현금흐름 관리'라고 한다.

경제활동을 시작할 무렵에는 일반적으로 수입이 지출보다 많지만, 주택을 구입하거나 자녀 학자금이 필요할 때쯤 되면 수입보다 지출이 더 많은 시기가 온다. 은퇴 이후에는 일을 해서 버는 돈이 아닌, 그동안 모아놓은 돈으로 삶을 꾸려가야 한다. 이처럼 생애 전반에 걸쳐 필요 이상으로 돈이 많이 나가거나 필요한 만큼 돈이 들어오지 않거나 하는 불일치의 문제가 계속 발생한다.

현재 우리가 겪고 있는 돈 문제의 근본 원인은 수입과 지출이 발생하는 시기와 금액이 다른 데 있다. 이것을 똑같이 맞춰가는 과정이 바로 현금흐름 관리의 핵심이다.

지출과 수입의 흐름은 일치하지 않는다

수입과 지출의 흐름을 맞추는 방법은 한 달 수입만큼 쓰거나, 한 달 지출만큼 돈을 벌거나 둘 중 하나다. 안타깝지만 이 2가지 노력을 모두 해야 한다. 돈을 버는 시기에는 수입 범위 내에서 쓰기 위해 노력하고, 은퇴 후에는 지출만큼 수입이 발생하도록 준비해야 한다.

생애주기라는 큰 그림을 그리고 언제 어떤 돈이 필요할지 계획하는 것도 사실은 평생에 걸친 수입지출 관리를 어떻게 할 것인가에 대한 고민에서 시작한다. 그런데 평생은 고사하고 1년의 수입과 지출 흐름을 조절하는 것조차 그리 간단한 문제가 아니다. 심지어 우리는 한 달의 현금흐름도 관리하지 못할 때가 있다.

5월은 '가정의 달'이라고 하는데, 막상 결혼을 하고 나니 이 말은 '가정경제 파탄의 달'을 줄인 표현 같다. 어린이날, 어버이날, 스승의 날, 게다가 우리 부부는 결혼도 5월에 했다. 부처님도 5월에 탄생하셨다고 하니 챙겨야 할 분들이 너무 많고 결국 그게 다 지출 항목이다. 코로나19로 예전 같지는 않지만 7~8월은 민족 대이동이 시작되는 휴가 시즌이고, 1년에 큰 명절도 두 번이나 있다. 한 달도 그냥 넘어가는 달이 없을 정도로 굵직한 지출이 늘 발생한다.

매달 지출액에 맞게 수입이 발생한다고 가정해보자. 지출이 많은 달에는 수입도 많이 발생하고 지출이 적은 달에도 딱 그만큼의 수입만 발생한다. 평생에 걸쳐 이런 수입의 흐름이 발생한다면 우리는 한 달의 지출 관리만 하면 된다. 얼마나 마음이 편하겠는가. 그러나 우리의 수입은 이렇게 들어올 리가 없다.

다음 페이지에 나와 있는 [표 1-1]은 월별 수입지출의 형태를 도식화한 것이다. CASE I은 매월 같은 수입(파란 선)이 발생하고, CASE II는 격월로 보너스가 들어오는 형태이다. 지출 계획을 세우기에는 CASE I이 가장 좋지만 이런 수입 흐름은 현실에서 드물다. 대부분 CASE II를 기본으로 하고, 여기서 변형된 형태(1년에 몇 차례 성과금이

| 표 1-1 | 월별 수입지출의 형태

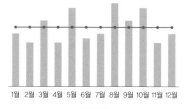

CASE I

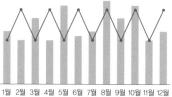

CASE II

| 표 1-2 | 불규칙한 수입 형태

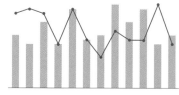

CASE III

들어오거나 연말에 한꺼번에 들어오기도 한다)의 수입 흐름이 일반적이다.

반면 CASE III은 프리랜서나 자영업자에게 나타나는 수입 흐름이다. CASE I ~ III의 수입 합계는 모두 동일하지만, CASE I, II에 비해 CASE III은 훨씬 복잡한 흐름이라는 것을 한눈에 봐도 알 수 있다.

수입계좌부터 관리하자

수입과 지출의 월별 흐름조차 일치하지 않는다는 사실만 보더라도 현금흐름 관리의 필요성을 충분히 공감하리라 생각한다. 지출 관리는 직관적으로 이해하겠는데 '수입을 관리'한다는 것은 무슨 말일까? 매월 나의 지출액에 맞춰 월급을 더 달라고 사장님에게 얘기할 수도 없고, 더욱이 자영업자는 일부러 덜 벌고 싶어서 적게 버는 것도 아닐텐데 말이다.

수입 관리란 내 계좌로 들어오는 돈을 조절한다는 의미가 아니라, 계좌로 들어온 수입이 지출로 흘러가기 전에 어떤 시스템을 만들어놓아야 한다는 뜻이다. 그러므로 더 정확하게 말하자면 수입 관리가 아니라, '수입계좌 관리'라고 하는 것이 맞다. 지출 관리는 '지출계좌 관리' 외에도 '지출 습관 관리'까지 포함하며 이러한 일련의 과정을 현금흐름 관리라고 한다.

| 표 1-3 | 현금흐름 관리의 개념

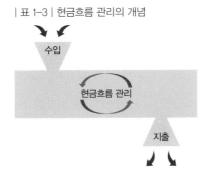

이렇게 하려면 수입으로 들어온 돈과 지출로 나가는 돈을 따로 떼어놓고 보아야 한다. 다시 말해 돈이 들어오는 계좌와 나가는 계좌를 분리해야 한다는 것이다. '통장 분리' 혹은 '통장 쪼개기'라는 단어로 많이 사용되지만 엄밀히 말하면 통장이 아니라 계좌라고 쓰는 것이 맞을 것 같아 이 책에서는 '계좌 분리'라고 통칭한다.

수입과 지출의 흐름을 일치시킨다는 것은 바꿔 말해 '이번 달 들어온 돈으로 다음 달에 쓰기' 구조를 만드는 것이다.

그러나 이게 생각만큼 쉽지 않다. 우리의 현실은 이번 달 월급이 들어오면 지난달 미리 쓴 돈을 신용카드 회사에 지불하고 여기저기 자동이체로 출금되고 남은 돈으로 다음 달 생활을 해야 한다. 잔고는 얼마 안 가 바닥을 드러내고 남은 기간 동안 다시 신용카드에 의존해서 살아야 한다. 지난달 소득으로 이번 달 소비를 해야 하는데, 다음 달 들어올 소득을 미리 당겨 쓰고 있는 셈이다. 지출이 많은 달은 신용카드 결제액도 늘어나고 이를 성과급이나 상여금 등으로 해결하다 보니 늘 한달 한달을 쫓기듯 살아간다.

"매년 월급은 꾸준히 늘고 있는데 왜 점점 가난해지고 있다는 느낌이 들까요?"

사무실을 찾아온 부부의 하소연이다.

| 표 1-4 | 이번 달 들어온 돈은 어떻게 쓰이는가?

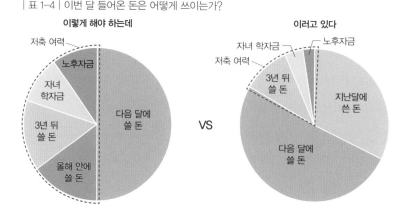

다음 달 소득을 미리 쓰는 이 문제를 소득이 증가하면 해결할 수 있을까? 월급이 오르면 통장이 텅텅 비는 이른바, '텅장' 되는 데 걸리는 기간을 당분간 늦출 수는 있을 것이다. 하지만 얼마 못 가 이 상황은 반복될 것이다. 수입의 증가가 일시적인 진통제는 될 수 있겠지만 궁극적인 치료제는 아니다. 장바구니째로 모든 내용물을 실온에 보관하면서 생기는 문제를, 더 큰 바구니로 바꾸거나 더 많이 채운다고 해결될 리가 없지 않겠는가.

수입계좌와 지출계좌를
분리하라

수입지출 내역을 월간, 연간으로 나눠서 작성하라

이번 달 들어온 돈으로 다음 달에 쓰기 어려운 이 문제를 계좌 분리로 어떻게 해결할 수 있는지 박성실 씨의 수입지출 내역을 통해 알아보자.

먼저 수입 흐름을 보면 평달에 세후 280만 원의 소득이 발생하고 비정기수입으로 여섯 번에 나눠 상여금이 들어온다. 앞서 살펴본 CASE Ⅱ에 해당한다.

월간 지출 항목 중 생활비는 식대나 교통비 등 소비성 지출을 모두 포함한다. 매월 지출 금액이 달라지므로 이것은 변동지출이다. 임대료, 통신료, 렌탈료, 보험료는 매월 같은 금액으로 발생하는 고정지출의 성격이다 보니 생활비와 별도로 분리했지만 이 항목도 넓은 의미에서 월간 생활비라고 봐야 한다. 정기적금, 적립식펀드, 연금보험은 저축 항목이므로 소비성 지출인 생활비와는 분리하여 표

| 표 1-5 | 박성실 씨의 수입지출 내역

월간 수입지출

(단위: 원)

수입	금액	지출			금액
		생활비(변동지출)	넓은 의미의		113만
		임대료	생활비		35만
		통신료		고정지출	6만
월급(세후)	280만	렌탈료			6만
		보험료			20만
		정기적금			50만
		적립식펀드			20만
		연금보험			20만
계	280만	계			270만

연간 비정기 수입지출

(단위: 원)

수입	금액	지출	금액
		명절 부모님 용돈(2, 10월)	20만×2회
명절 상여금 (2, 10월)	30만×2회	자동차보험료(7월)	60만
정기 상여금 (4, 6, 8, 12월)	100만×4회	노트북 구매(10월)	120만
		경조사	150만
		여름휴가	50만
계	460만	계	420만

기했다.

연간 비정기 지출은 1년 주기로 발생하거나, 월간 생활비로 지출하기에는 금액이 큰 것들을 말한다. 예를 들어 세 달에 한 번씩 미용실에서 쓰는 돈은 매월 발생하는 것이 아니므로 월간 생활비가 아니라 연간 비정기 지출이다. 결혼 축의금이나 조의금도 마찬가지다.

그런데 현실에서는 이 부분을 명확히 구분하기 애매할 때가 많다. 어쩌다 감기에 걸려 내과 진료를 받고 약을 처방받은 경우 진료비는 회당 1만 원 내외로 발생한다. 이런 비용이 매월 발생하는 항목이 아니라고 해서 연간 비정기 지출 항목으로 분류한다면 항목이 너무 많아지고 복잡해진다. 비정기로 발생하는 지출이라 할지라도 금액이 크지 않다면 월간 생활비에 포함해도 무방하다.

고정지출과 저축 항목을 제외한 박성실 씨의 한 달 생활비는 113만 원이라고 적혀 있다. 이 금액이 적절한 지출 규모인지 파악하려면 지출하는 항목과 금액을 세세하게 적어봐야 한다.

월간 지출 합계는 270만 원이다. 매월 280만 원의 수입이 발생하므로 표에 의하면 매월 10만 원씩 남아야 한다. 그러나 실상은 돈이 남기는커녕 박성실 씨 역시 보름도 안 되어 월급계좌가 바닥을 드러내곤 한다. 그나마 격월로 들어오는 상여금이 있어서 간신히 적자를 면하고 있는 현실이다. 몇 년째 가계부를 써도 머릿속이 늘 어지럽다. 장부상 잔고는 플러스라고 하는데 계좌 잔고는 텅텅 비어 있다. 잔고가 맞지 않는 이유는 현금흐름 관리가 안 되고 있기 때문이다. 계좌 분리를 통해 이 문제를 해결해보자.

1개의 수입계좌와 4개의 지출계좌

박성실 씨의 경우 수입계좌는 기존의 월급계좌를 쓰면 된다. 만약 수입원이 여러 개이고 돈이 들어오는 계좌가 각각 다를지라도 수입계좌는 하나로 정해서 관리하는 것이 좋다. 예를 들어 월급계좌가 A은행이고 부업으로 들어오는 돈은 B은행 계좌라고 한다면, 수입계좌를 A은행 계좌로 정하고 B은행에 돈이 들어올 때마다 A은행으로 이체해놓으면 된다. 수입계좌 외에 다른 계좌에서 빈번하게 돈이 들어온다면 그때마다 A은행으로 이체하는 것이 번거로울 수도 있다. 이럴 경우 결산일 전날 한 번에 A은행 계좌로 이체하면 된다. 그러나 수입 흐름을 '관리'하는 측면에서 보면 수입이 들어올 때마다 수입계좌로 매번 이체하는 것을 추천한다.

　매 끼니마다 밥을 먹는데 그때마다 설거지하기 귀찮아서 하루에 한 번 몰아서 한다고 가정해보자. 설거짓거리가 쌓여 언제나 부엌이 어수선하다. 식사 준비의 첫 순서가 '밀린 설거지하기'부터 시작된다면 무척 재미없을 것이다.

　박성실 씨는 지출계좌를 새로 만들어야 하는데 이것도 1개의 저축투자계좌와 3개의 소비계좌로 나누어야 한다.

| 표 1-6 | 수입지출 계좌 분리

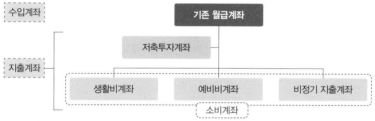

　지금까지 박성실 씨는 적금, 펀드, 보험료, 통신료, 렌탈료 등 모든 자동이체를 월급계좌에서 빠져나가게 했다. 월급계좌에는 어떤 자동이체도 걸려 있으면 안 된다. 각 항목에 맞는 계좌에서 이체되게 해야 한다. 박성실 씨의 지출 항목 중 적금, 펀드, 연금보험은 저축투자계좌에서 자동이체되도록 변경해야 한다.

　소비계좌는 '월간 생활비(이하 생활비), 월간 예비비(이하 예비비), 연간 비정기 지출(이하 비정기 지출)' 3개의 계좌로 다시 나눈다. 왜 이렇게 나누는지는 뒤에서 설명하겠다.

휴면계좌, 비대면 계좌를 활용하라

최근 은행 창구에서 신규 계좌 개설이 매우 까다로워졌다. 대포통장으로 쓰이는 일을 방지하기 위해서라고 한다. 월급계좌를 만들려고 해도 재직증명서를 준비해 가야 하며, 생활비계좌는 관리비나 전기요금 고지서라도 갖고 가야 만들어준다.

비대면으로도 계좌 개설이 가능하지만 전 금융권을 통틀어 한 번 비대면 계좌를 개설했으면 추가 계좌 개설은 20영업일이 지나야 가능하다. 따라서 기존에 갖고 있는 계좌가 있다면 이를 최대한 활용하자. 어떤 은행은 수시 입출금 계좌가 있으면 비상금을 보관할 수 있는 일종의 보너스 계좌를 추가로 개설해주는 곳도 있다. 이 계좌는 '20영업일 제한' 없이 즉시 개설할 수 있다. 나는 현재 이 은행의 계좌를 생활비계좌로 쓰고 이 계좌와 연결된 비상금계좌를 예비비계좌로 활용하고 있다.

박성실 씨는 월급계좌 외에 대학 다닐 때 학자금 대출을 받기 위해 개설해놓은 계좌가 있었다. 지금은 대출상환이 끝나 쓰지 않고

| 표 1-7 | 박성실 씨의 계좌 분리 현황

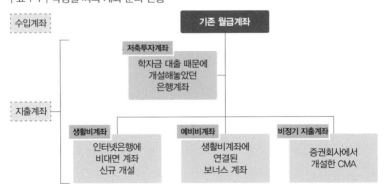

있는데 이 계좌를 저축투자계좌로 활용하기로 했다. 다른 은행에 비대면 계좌 개설을 해서 생활비계좌로 만들고 이 계좌와 연결된 비상금 성격의 계좌를 예비비계좌로 즉시 추가 개설했다. 비정기 지출 계좌로 쓰기 위해 가까운 증권회사를 방문해서 CMA와 체크카드를 만들었다(금융기관을 직접 방문하면 20영업일이 지나지 않아도 즉시 신규 계좌 개설이 가능하다). 증권회사를 방문한 김에 국내외 주식, 연금저축, IRP 계좌도 추가로 개설했다.

다음 장에서는 이렇게 만든 계좌에 수입과 지출을 어떻게 배분해야 하는지 그리고 이 과정에서 고려해야 할 것들은 무엇인지 알아보겠다.

계좌 분리와 실제 현금흐름은
어떻게 일치되는가?

커피 한 잔 값도 수입계좌에서 지불하면 안 된다

기존에는 수입계좌에 월급이 들어오면 이 계좌에서 자동이체가 이루어지고 생활비를 쓰곤 했다. 그러나 이제 수입과 지출 계좌를 분리했으니 커피 한 잔 값도 수입계좌에 있는 돈으로 지불해서는 안 된다. 수입계좌에 들어온 돈은 결산일 전까지 건드리면 안 된다.

결산일에 4개의 지출계좌(저축투자계좌, 생활비계좌, 예비비계좌, 비정기지출계좌)로 이체하고 수입계좌의 잔고를 '0원'으로 만든다. 관리의 편의를 위해 결산일을 말일로 하고 매월 1일부터 말일까지를 한 달로 설정하는 것이 일반적인데, 어떤 경우에는 결산일이 월급날 전날이 되고 한 달을 '당월 월급날~익월 월급 전날'로 정할 수도 있다. 결산일을 어떻게 정하는 게 좋을지는 뒤에서 설명하겠다.

박성실 씨는 결산일을 매월 말일로 정했다. 상여금이 들어오는 12월을 가정해보자. 10일에 상여금(100만 원)이 들어오고 25일에 월급(280만 원)이 들어와도 이 돈은 수입계좌에 그대로 두고 건드리면 안 된다. 말일에 결산일이 도래하면 상여금과 월급을 합한 380만 원을 4개의 지출계좌에 이체하고 수입계좌의 잔고는 모두 비운다. 장바구니를 모두 비우듯이 말이다.

상여금이 들어왔으니 오늘 점심은 내가 한턱내겠다고 한다면, 그 돈은 수입계좌에 들어온 상여금으로 쓰는 것이 아니라 지난달 월급에서 넣어둔 생활비계좌에 있는 돈으로 써야 한다(점심 한턱내겠다는 생각이 사라질지도 모른다). 잊고 있던 친구에게 전화가 와서 5년 전 빌려간 50만 원을 갚을 테니 차 한잔하자고 한다. 뜻밖의 낭보에 찻값은 내가 내려고 한다면, 친구에게 받은 50만 원으로 내는 것이 아니라 생활비계좌에서 지출해야 한다. 50만 원에서 찻값을 제하고 나머지를 수입계좌에 입금하는 것과 무슨 차이냐고 생각할 수도 있을 것이다.

쉽게 처리하는 게 더 어렵게 되고 만다

"이러이러한 돈은 어떤 계좌에서 써야 해요?"

현금흐름 관리 코칭을 진행하면 이런 문의가 하루에도 몇 번씩 쏟아진다. 그만큼 수입지출의 흐름은 다양하게 발생한다. 그럴 때마다 융통성 있게 처리하려고 하면 안 된다. 외부로부터 들어오는 모든 돈은 수입계좌, 외부로 나가는 모든 돈은 지출계좌에서 관리한다는 원칙을 지켜야 한다. 실제로 해보면 그리 쉬운 일은 아닐 것이다. 잘 안 될 때마다 생각하자. '어려운 것이 아니라 익숙하지 않은 것이다'라고 말이다. 살면서 새로운 무언가를 접할 때 나는 항상 이렇게 생각한다.

아이가 열이 나서 독감검사를 했다. 다행히 음성으로 나와 감기약만 처방받았다. 검사 비용 때문에 진료비가 3만 원 나왔다. 이 돈은 생활비계좌에 연동된 체크카드로 지불했다. 영수증을 받아서 실손의료비 보험 청구를 했다. 다음 날 2만 원의 보험금을 받는다. 이 보험금도 수입계좌로 수령해야 한다. 그리고 이 돈은 이번 달에 들어온 돈이므로 다음 달에 써야 한다.

병원에 입점하여 보험금 청구 센터를 운영한 적이 있다. 청구 서류에는 입금계좌를 적는 곳이 있는데 대부분 보험료 자동이체와 동일한 계좌를 적는다. 계좌 분리를 해서 보험료는 생활비계좌에서 자동이체가 되고 지급받는 보험금은 수입계좌로 들어오게 해야 한다.

오늘 쓰고 내일 다시 들어올 돈이라 할지라도 입금과 출금이 같은 계좌에서 이루어지게 해서는 안 된다. '외부에서 들어오는 돈은 모두 수입계좌', '외부로 나가는 돈은 모두 지출계좌' 이렇게 모든 현금흐름을 예외 없이 이분법으로 정해놓는 것이 오히려 편하다.

돈이 들어오고 나가는 실제 흐름이 여러 개로 분리된 각각의 계좌와 통합되어 이루어지지 않는다면, 애써 만들어놓은 계좌 분리는 복잡하기만 한 애물단지가 될 것이다.

'이번 달 들어온 돈, 다음 달에 쓰기'라는 명제는 이처럼 단순히 돈을 아껴 쓴다기보다는 돈의 흐름을 관리한다는 개념으로 이해해야 한다. 돈의 흐름이 보이기 시작하면 소비 습관은 자연스럽게 개선된다.

소비계좌를 하나만 만들었을 경우 생기는 문제들

박성실 씨는 적금, 펀드, 연금보험의 자동이체를 기존 월급계좌가 아닌 새로 개설한 저축투자계좌에서 이루어지도록 변경했다. 그런데 소비계좌는 무려 3개를 만들어야 했다. [표 1-5]의 월간 지출 내역을 보면, 고정지출까지 포함한 생활비(지출 항목의 '생활비'부터 '보험료'까지)는 180만 원이다. 소비계좌를 월간 생활비계좌 하나만 만들고 모든 소비지출을 하나의 계좌에서만 관리한다면 어떤 문제가 생길까?

이번 달(7월)은 상여금이 들어오지 않는데 자동차보험 만기가 도래한다. 생활비계좌에 있는 돈으로 60만 원의 자동차보험료를 지불하기에는 금액이 너무 크다. 늘 그래 왔듯이 신용카드를 쓰게 된다. 8월에 100만 원의 상여금이 들어오니까 신용카드로 결제한 자동차보험료는 다음 달에 어떻게든 갚을 수 있을 것이다.

올해 구입하기로 계획했던 노트북도 신용카드를 써서 12개월 무이자 할부로 매월 10만 원씩 갚아나가면 생활하는 데 크게 부담이 없을 것이다. 하지만 한 달을 주기로 발생하는 지출과 1년을 주기로 발생하는 지출이 이처럼 하나의 생활비계좌에서 관리될 경우 여전히 현금흐름이 복잡해지고 신용카드의 늪에서 벗어나지 못하게 된다.

또 다른 문제는 보너스달이 주기적으로 발생할 경우 이 주기를 하나의 사이클(평달 + 보너스달)로 인식하는 경향이 생긴다. 이게 왜 문제가 될까? 보너스달이 되면 생활비계좌 잔고가 남아 있어도 다음 달 수입이 적을 것이니 지출을 어느 정도 통제할 수 있지만, 평달이 되면 수입이 적게 들어오더라도 한 달 뒤 보너스가 들어온다는 생각을 하게 되어 수입보다 지출이 더 많아질 수 있다. 이런 주기로 예산을 세우는 것에 익숙해지면 평달 280만 원과 보너스달 380만 원의 수입을 합한 660만 원을 둘로 나누어, 월평균 330만 원의 수입이 발생하는 것으로 계산하고 여기에 맞게 지출하는 습관이 생긴다.

들쑥날쑥한 수입을 평균 내서 계산하는 것이 이론적으로는 더 관리하기 쉽다고 생각할 수 있지만, 평달에도 50만 원의 가상 소득을 발생시킨 셈이 되고 만다. 이는 아직 도래하지 않은 미래의 수입을 당겨 쓰는 것이고, 수입에 비해 과도한 지출을 하는 잘못된 소비 습관으로 이어질 위험이 있다.

따라서 1년을 주기로 발생하는 비정기 지출은 매월 발생하는 생활비와 다른 계좌에서 관리할 필요가 있다. 사회초년생부터 은퇴한 어르신까지 다양한 분들을 상담해보았는데 한 분도 예외 없이 비정기 지출계좌의 필요성을 크게 공감하였다.

소비계좌만 3개가
되어야 하는 이유

비정기 지출계좌만 만들어도 절반은 성공

비정기 지출계좌만 만들어도 절반은 성공

자동차를 타고 울퉁불퉁한 바닥을 지나가도 운전자에게 충격이 그대로 전해지지 않는 이유는 서스펜션 덕분이다. 비정기 지출계좌가 있으면 매월 지출이 들쑥날쑥하더라도 생활비만큼은 일정하게 관리할 수 있고 이는 심리적으로도 큰 안정감을 준다. 계좌가 많아서 복잡해 보일 수 있지만 역설적으로 계좌 분리의 궁극적인 목적은 돈 관리를 편하게 하기 위함이다.

| 표 1-8 | 하나의 생활비계좌에서 운용할 때와 비정기 지출계좌와 함께 운용할 때의 비교

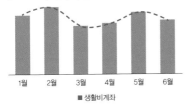

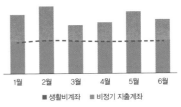

박성실 씨는 1년을 주기로 발생하는 지출이 총 420만 원([표 1-5] 참고)이다. 증권사에서 개설한 CMA를 비정기 지출계좌로 정했으니, CMA에 이 돈을 넣어두고 여기에 해당하는 지출이 발생할 때마다 이 계좌에서 지불하면 된다. 비정기 지출계좌에 이 돈이 있다고 가정하면, 박성실 씨의 이번 달 자동차보험료도 이 계좌에서 결제하면 된다. 그러면 이 돈이 지출되더라도 생활비에는 전혀 영향을 주지 않고, 따라서 신용카드를 쓰지 않아도 된다. 노트북 구입비도 같은 방법으로 지불하면 된다.

계좌 분리의 모든 과정을 실천하기 어렵다면 비정기 지출계좌 하나만이라도 만들어서 관리해보자. 사실상 이 계좌를 만들어 따로 운용하는 것이 계좌 분리의 가장 중요한 핵심이며, 실천해보면 복잡한 돈 관리의 상당 부분이 말끔히 해소될 것이다.

예산을 확보하는 2가지 방법

박성실 씨는 비정기 지출계좌에 420만 원을 어떻게 확보하면 좋을까? 일시금을 준비하거나 매월 얼마씩 모아서 준비하는 방법이 있다.

계좌를 분리하고 이를 실제 현금흐름과 연동하려면 비정기 지출계좌에 일시금을 넣어두는 것이 가장 효과적인 방법이다. 일시금을 확보하려면 다른 자산을 매도해야 한다. 예금이나 적금을 해지할 경우 약정이자를 받지 못하는 기회손실이 발생하고, 투자하고 있는 펀드가 손실이 나고 있다면 이를 매도하는 것은 쉽지 않다.

기간을 두고 매월 얼마씩 모으는 방법도 있다. 420만 원의 비정기 지출 예산을 12개월에 걸쳐 모은다고 할 경우 매월 35만 원씩 수입계좌에서 비정기 지출계좌로 이체하면 된다. 그러면 현재의 자산을 처분하지 않고도 예산 준비가 가능하다. 하지만 이는 2가지를 고민해봐야 한다.

당장 박성실 씨는 이번 달에 자동차보험료를 지불해야 한다. 이번 달에 35만 원을 비정기 지출로 이체한다고 해도 자동차보험료 결제액 60만 원을 해결할 수 없다. 이처럼 초기에 큰 지출이 발생하면 이 방법은 효과적이지 않을 수 있다. 게다가 수입계좌에서 비정기 지출계좌로 매월 35만 원을 이체하면 매월 발생하는 다른 지출에 영향을 줄 수밖에 없다.

박성실 씨는 신용카드 결제대금 때문에 여전히 이번 달 월급으로 다음 달을 생활하지 못하는 상황이다. 결국 비정기 지출계좌로 매월 35만 원을 이체할 여윳돈이 없다.

코칭 프로그램을 진행하다 보면 늘 여기서 막힌다. 그래서 예금과 같은 현금성 자산을 일부 일시금으로 확보하고 나머지 부족한 금액은 매월 수입계좌에서 비정기 지출계좌로 이체하여 만들어가는 방식을 혼용하기도 한다.

월간 생활비 규모는 두세 달 정도 지나면 어느 정도 파악된다. 그러나 비정기 지출은 1년을 주기로 발생하는 것이다 보니 짧은 시간 동안 고민해서 세운 예산이 정확할 리 없다. 박성실 씨의 경우도 420만 원이라고 비정기 지출 예산을 세웠지만 실제 지출은 이 금액을 초과할 가능성이 높다. 계획하지 못했던 항목과 예산이 추가되면 이를 비정기 지출계좌에 수시로 반영해야 한다.

매월 일정 금액을 비정기 지출계좌에 이체할 여윳돈이 없는 박성실 씨는 결국 자산을 처분해서 필요한 예산을 준비하려고 한다. 박성실 씨의 자산과 부채 현황을 보면서 이 과정을 따라가 보자.

특정 시점의 자산과 부채 현황을 나타낸 표를 '재무상태표'라고 한다. 기업에서 쓰는 '대차대조표'와 비슷한 개념이다. 박성실 씨의 재무상태표는 아래와 같다.

| 표 1-9 | 박성실 씨의 재무상태표   (단위: 원)

자산	금액	부채	금액
임차보증금	1,000만	신용카드 결제액	50만
정기예금 적립금	1,000만		
적금 적립금	200만		
펀드 적립금	120만		
연금보험 적립금	300만		
자산 합계	2,620만	부채 합계	50만
		순자산	2,570만

임차보증금은 현재 거주하고 있는 원룸의 보증금이므로 현금화할 수 없다. 현금성 자산은 예금과 적금이 있고, 투자형 상품으로 펀드가 있다. 그런데 박성실 씨는 두 달마다 상여금이 들어온다. 이 돈만 연간 460만 원이다. 상여금만 모아도 비정기 지출 예산(420만 원)을 준비할 수 있기 때문에 어쩌면 박성실 씨는 굳이 자산을 매각하지 않아도 된다.

그런데 코칭을 진행하다 보면 상여금만으로는 비정기 지출의 예산을 준비하지 못하는 경우도 있고, 1년에 한 번 성과급이 나오거나 상여금이 없는 경우도 있다. 이런 점을 감안해서 박성실 씨도 일부는 자산을 매도하고 일부는 비정기 지출계좌로 매월 이체하는 방법을 적용하기로 했다.

재무상태표의 적금 적립금 200만 원은 매월 50만 원씩 4개월간 납입한 돈이다. 적금을 해지하고 이 돈을 비정기 지출계좌에 넣었다. 금리가 예전보다 낮아져서 중도해지로 인한 기회손실이 크지 않아 그나마 다행이다. 필요한 420만 원 중 이제 220만 원만 더 확보하면 된다. 다음 달에 100만 원의 상여금을 받으면 모두 비정기 지출계좌로 이체할 예정이다. 이제 120만 원만 더 준비하면 되는데, 이 돈은 매월 10만 원씩 12개월 동안 수입계좌에서 비정기 지출계좌로 이체하기로 했다.

| 표 1-10 | 연간 비정기 지출 예산 준비

생활비계좌를 보조해주는 예비비계좌

생활비계좌와 비정기 지출계좌에 예산이 준비되었으니 이제 박성실 씨의 현금흐름에는 문제가 없을까? 비정기 지출계좌만큼 중요한 것이 하나 더 있다. 다음과 같은 상상을 해보자.

수입계좌에서 생활비계좌에 돈을 이체하고 한 달을 썼다. 내일이 결산일인데 오늘 퇴근하면서 생활비계좌 잔고를 확인해보니 3만 원이 남았다. 생활비계좌에서만 지출이 발생했는데 계좌에 돈이 남은 것이다. 기분이 너무 좋아 치킨을 한 마리 주문했다. '쓰고 남은 돈'이라 생각했기 때문이다. 한 달간 잘 관리하면서 버텼는데 이에 대한 보상으로 치맥 정도의 소확행은 충분히 누릴 만하다. 하지만 잔고가 있다는 이유만으로 소비를 생각한 건 아닌지 짚어볼 필요가 있다.

금액이 많고 적고를 떠나 그런 심리가 소비 습관을 만든다. 가장 이상(?)적인 흐름은 결산일 전날 생활비계좌에 남은 돈을 어딘가에 보내고 잔고를 '0원'으로 만드는 것이다. 그 돈을 보낼 계좌가 바로 예비비계좌이다. 다음 날이 되면 새로운 한 달의 예산만큼 수입계좌에서 생활비계좌로 송금한다. 한 달을 주기로 이 과정이 계속 반복된다.

그러나 안타깝게도 현실에서는 결산일 전날 3만 원이 남는 경우보다, 결산일은 아직 열흘이나 남았는데 생활비계좌가 텅텅 비는 일이 더 많을 것이다. 이때 부족한 돈도 예비비계좌에서 수혈받는다. 그러니까 예비비계좌에도 항상 일정 금액이 준비되어 있어야 한다. 연간 비정기 지출만큼 큰 예산이 필요한 것은 아니다. 월간 생활비의 10~20% 정도를 추천한다.

예를 들어 생활비로 월 150만 원을 책정한다면 예비비로 30만 원 정도를 유지한다. 이번 달에 생활비를 많이 써서 예비비에서 20만 원을 당겨 썼다면 다음 달 수입계좌에서 20만 원을 예비비계좌에 다시 이체해 항상 30만 원 수준을 유지한다. 이번 달에 예비비계좌에서 쓴 돈이 없다면 다음 달에 수입계좌에서 따로 이체할 필요는 없다. 결산일 전날이 되었는데도 생활비계좌에 매번 몇만 원씩 남아서 이를 예비비계좌에 이체해놓았더니 잔고가 2배로 늘어났다면 그만큼의 금액은 저축투자계좌로 이체한다.

매월 결산일마다 생활비계좌에 돈이 남는다고 해서 다음 달 예산을 줄이는 것은 조심해야 한다. 계좌 분리를 시작한 초기에는 아무래도 실천하고자 하는 의지가 강하다 보니 평소보다 적게 소비하려고 노력했을 것이다. 계좌 분리를 통한 현금흐름 관리는 마라톤과도 같은 생애 전반에 걸친 긴 여정이므로 페이스 조절이 매우 중요하다. 결산일에 생활비계좌에 돈이 남더라도(이런 행운은 흔치 않다) 당분간은 생활비 예산을 그대로 유지한다.

박성실 씨의 생활비 예산은 180만 원인데 이 중 고정지출을 제외하면 113만 원이 변동지출이다. 따라서 예비비는 30만 원 정도로 책정하면 될 것이다. 30만 원은 펀드를 부분 매도하여 준비했다.

통장을 텅장으로
만드는 주범

이번 달 박성실 씨의 수입은 아래와 같이 흘러갈 것이다.

| 표 1-11 | 각 계좌별 예산 배정

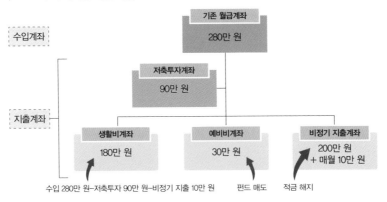

비정기 지출계좌의 200만 원은 적금을 해지해서 넣어둔 것이고, 예비비계좌의 30만 원은 펀드를 부분 환매해서 넣어둔 것이다. 280만

40

원의 수입은 저축투자계좌 90만 원, 생활비계좌 180만 원, 그리고 비정기 지출계좌 10만 원으로 흘러간다. 다음 달에 들어올 상여금 100만 원이 비정기 지출계좌에 이체되고 나면 생활비, 예비비, 비정기 지출이라는 소비계좌 삼총사가 원활하게 돌아갈 것이다. 그 이후에 들어오는 상여금은 결산일에 저축투자계좌로 이체되어 추가 저축 여력이 만들어진다.

박성실 씨는 비교적 현금흐름이 간단한 편이고 비정기 지출계좌에 필요한 예산을 확보할 현금성 자산(예금과 적금 등)이 준비되어 있었다.

코칭을 진행해보면 미혼 가구, 결혼 후 자녀가 없는 경우, 결혼 후 자녀가 있고 외벌이인 경우, 맞벌이인 경우 등 세대 형태에 따라 다양한 현금흐름이 발생하며 계좌 분리 과정이 원활히 이루어지지 않을 때도 많다. 비정기 지출계좌에 필요한 예산을 즉시 배정할 자산이 없거나 수입계좌에서 매월 일정 금액을 이체하기 어려운 경우도 많다. 박성실 씨처럼 계좌 분리부터 예산 배정까지 원활하게 진행하기가 사실은 쉽지 않다. 가장 큰 원인은 바로 신용카드 때문이다. 앞서 설명했듯이 이번 달 들어온 돈은 이미 지난달에 대부분 썼기 때문에 신용카드 대금을 결제하고 나면 생활비계좌로 이체할 돈이 부족하다.

신용카드는 빚이다

이 문제를 해결할 수 있는 가장 이상적인 방법은 신용카드를 안 쓰는 것이다.

"여러분~ 부자 되세요~"

빨간 망토를 두른 연예인이 하얀 눈밭에서 외치는 광고 카피를 기억하는가. 여러분이라고 호칭한 대상은 카드 사용자가 아니라 사실은 카드 회사 사장일 것이다. 카드 사용자에게 외치려면 다음과 같이 말했어야 했다.

"여러분~ 신용불량자 되세요~"

신용카드는 현금흐름 관리를 망치는 주범이다. 금융은 궁극적으로 돈이 많은 자들을 더욱 부자가 되게 해주는 시스템이다. 금융에서 말하는 신용이라 함은 '대출'이라는 뜻이다. 사전적 의미인 '믿음, 신뢰'라는 좋은 이미지의 단어를 떠올리게 해서 대중의 눈을 멀게 하려는 꼼수다. '신용등급', '신용을 일으키다', '신용경색' 등 금융에서 쓰이는 '신용'이라는 단어는 모두 '대출'이라는 단어로 정확히 대체될 수 있다. 결국 신용카드는 대출카드다.

생활비계좌에 100만 원의 잔고가 있고 100만 원 한도의 신용카드를 갖고 있을 경우, 분명 내 자산은 100만 원인데 신용카드의 '대출 한도'도 내가 쓸 수 있는 돈이라고 생각하게 된다. 이럴 경우 지출이 100만 원을 초과하기 쉽다. 심리적으로도 현금 100만 원을 쓸 때보다 신용카드 100만 원을 쓸 때 소비에 대한 고민을 덜 하게 된다. 지갑에 5만 원권 한 장이 있는 것과 1만 원권 4장에 1,000원권 10장이 있는 경우에도 지갑이 비워지는 속도가 다른데 하물며 신용카드는 말해 무엇하겠는가.

금융회사는 똑똑하다. 카드를 쓰는 것이 이득인 것처럼 우리에게 마케팅한다.

'수박 1통에 19,900원 → 제휴 카드 결제 시 2,000원 할인'

여름철 대형 마트를 가보면 어김없이 이런 가격표를 본다. 영화관을 가도, 커피숍을 가도 이런 할인과 포인트는 늘 우리 곁을 따라다니며 유혹한다. 최근 한 은행이 연 12% 금리를 주는 적금 상품을 홍보한 적이 있다. 시중은행의 1년 만기 적금금리가 2% 수준인 점을 감안한다면 파격적인 금리 조건이다. 내용을 확인해보니 기본금리 0.8%에 우대금리가 최고 11.2%인데 우대금리 조건은 특정 신용카드를 발급해서 월 평균 얼마 이상을 써야 하는 것이다. 그렇게 신용카드를 썼을 때 12%의 금리를 적용받아 얻을 수 있는 실질적인 이자 혜택은 약 6만 원가량 된다. 결국 신용카드 회사는 신규 가입 고객을 유치하는 데 6만 원의 마케팅 비용을 쓰는 것이다.

신용카드의 모든 혜택(?)은 결국 '소비'를 전제로 한다. 대형 마트의 '5만 원 이상 구매 시 3,000원 할인권'도 결국 소비해야 얻게 되는 혜택이다. 예전에 만난 어떤 자산가가 말씀하셨다.

"최고의 할인은 안 쓰는 겁니다. 안 쓰면 100% 할인입니다."

소비를 줄이기는 매우 어렵다. 하지만 단순히 신용카드를 쓰지 않는 것만으로도 소비는 줄어든다. 무이자 할부에 각종 할인과 포인트 혜택을 잘 찾아서 카드를 쓰는 것이 현명한 소비일까? 천만에. 할인받은 금액보다 할인받겠다고 소비를 더 늘린 금액이 비교가 안 될 만큼 크다. 그 과정에서 불필요한 지출이 발생하거나 과소비 습관이 형성된다. 소비가 나쁘다는 것이 아니라 통장이 텅장 되는 현실을 어떻게 해결할지에 대한 대안을 이야기하는 것이다.

디지털 사회가 가속화되고 있지만 현금흐름 관리를 위해서는 체크카드와 현금만 쓰라고 조언한다. 심지어 어떤 분들에게는 한 달 생활비 중 절반 이상을 현금으로 찾아서 봉투에 넣어두고 필요한 만큼 꺼내 쓰라고 안내하기도 한다. 번거롭기는 하지만 효과는 아주 좋다. 현금 없는 세상이 올 거라고도 하는데, 그전에 우리는 '이번 달 들어온 돈으로 다음 달에 쓸 수 있는' 정상적인 현금흐름 관리가 작동되도록 만들어놓아야 한다.

체크카드는 쓰는 만큼 잔고가 줄어든다. 처음에는 심리적으로 불안할 수 있지만, 시간이 지나면 오히려 마음의 평온을 얻게 된다. 필요한 만큼 소비하게 되고 꼭 필요한 지출인지를 한 번 더 생각함으로써 결과적으로 소비에 대한 만족도도 더 높아진다.

신용카드를 쓰면서 현금흐름도 관리할 수 있는 방법

그러나 이 글에 동의는 하더라도 당장 신용카드를 잘라내면 다음 한 달이 제대로 돌아가지 않는 분들도 많을 것이다. 신용카드가 주는 편리함은 누리면서 소비 시점과 지출 시점의 불일치도 해결하고 싶다면 몇 가지 방법이 있다.

신용카드를 쓰면서도 이번 달 들어온 돈으로 다음 달에 쓰려면 신용카드를 체크카드화하면 된다. 신용카드 결제계좌를 하나 만들고, 신용카드를 쓴 만큼 일정 주기(하루에 한 번, 혹은 2~3일에 한 번)마다 생활비계좌에서 신용카드 결제계좌로 이체한다. 그러면 신용카드 결제일이 되었을 때 그에 해당하는 금액이 이미 신용카드 결제계좌에 들어 있다. 수입계좌에 들어온 이번 달 수입은 신용카드 결제대금을 지불하는 데 쓰이지 않고 온전히 다음 한 달 예산의 재원으로 사용할 수 있다. 그러나 매번 신용카드를 쓸 때마다 생활비계좌에서 이체하기는 상당히 번거롭다.

"신용카드 사용 실적이 월 50만 원은 되어야 렌탈료 15,000원을 할인받을 수 있습니다."

이런 할인을 포기할 수 없다면 결산 시점에 수입계좌에서 신용카드 결제계좌로 50만 원을 이체해놓고 매월 발생하는 고정지출(주유비, 자녀학원비, 통신비, 보험료 등) 중에 신용카드 사용 실적으로 인정될 만한 항목들을 결제하는 것도 방법이다. 일종의 선불식 충전카드처럼 쓰는 것이다.

요즘처럼 계좌 개설이 어려운 시대에 신용카드 결제계좌를 군이 만들지 않고 이 문제를 해결할 수는 없을까? 해당 신용카드 앱을 실행하여 '즉시결제'를 하면 신용카드로 결제한 금액만큼 생활비계좌에서 즉시 출금이 이루어진다. 이렇게 하면 추가적인 계좌 개설 없이, 신용카드의 포인트 적립과 할인 혜택을 누리면서 소비와 지출 시점을 일치시킬 수 있다. 마트에서 장을 보고 신용카드로 결제했다면, 무빙워크로 주차장까지 이동하는 시간 동안 앱을 열고 결제까지 끝낼 수 있다. 나 역시 돌려막기까지 해가며 신용카드의 늪에서 헤어나지 못했던 적이 있지만, 이제는 신용카드 사용 실적이 월 5만 원도 안 되며 이것마저도 앱으로 실시간 결제를 하고 있다.

어떻게 일일이 신경 쓰냐고 할 수도 있겠지만, 모든 것은 우선순위와 습관의 문제이다. 시간을 내지 못하는 이유는 바빠서가 아니라 깜빡 잊었기 때문이고, 생각이 안 났던 이유는 습관이 안 되었기 때문이다. 이 장에 기술한 내용은 실제 상담 경험에 기반한 것이고 코칭받은 많은 분들이 이 방법을 실천하고 문제를 해결했다.

고정지출계좌, 비상금계좌, 용돈계좌

고정지출계좌 : 자동이체가 연체되는 문제 해결

소득이 불규칙한 프리랜서나 자영업자의 경우 보험료나 통신비, 아파트 관리비 등의 자동이체일에 잔고가 부족할 때가 있다. 계좌에 돈을 넣어두어도 다른 항목이 출금되는 바람에 연체되는 일이 반복된다면 이 문제도 계좌 분리를 통해 해결할 수 있다. 뻔한 이야기이지만 연체의 근본 원인이 수입보다 지출이 많은 상태, 즉 이미 가계재정이 적자인 상황이라면 계좌 분리가 아니라 수입을 늘려야 해결할 수 있는 문제이다.

통신비나 신용카드 결제는 잔고 범위 내에서 일부 출금이 되고 미납액은 재청구되는 방식이다. 그런데 보험료는 출금될 금액에서 1원이라도 부족하면 자동이체일에 출금되지 않는다.

이럴 경우 고정지출계좌를 만들어 매월 발생하는 고정지출의 합계액을 이체해놓고, 각종 고정지출의 자동이체 계좌를 '고정지출계좌'로 변경한다. 이렇게 해놓으면 자동이체 날짜를 며칠로 하든 상관없이 한 달에 걸쳐 출금이 이루어지고 생활비계좌와 분리되어 있기 때문에 연체 위험이 원천적으로 해결된다.

그러나 추가적인 계좌 개설도 번거롭고 계좌 개수가 너무 많아 복잡할 것 같다는 생각이 든다면(실제 해보면 생각보다 편하다) 결산일로부터 가장 가까운 날로 자동이체 날짜를 일괄 변경하고 생활비계좌에서 출금되도록 해놓으면 그리 큰 문제가 되지는 않으니 반드시 필요한 계좌는 아니다. 적어도 수입계좌에서 자동이체가 되지 않게 해야 한다. 다시 한 번 강조하지만 수입계좌(월급계좌)에는 어떤 자동이체도 걸려 있으면 안 된다.

비상금계좌 : 자영업자에게는 필수 계좌

수입이 중단되어도 고정지출은 발생한다. 이를 대비하기 위한 것이 비상금이다. 월간 고정지출과 생활비의 약 3~6개월에 해당하는 금액을 비상금으로 책정한다.

비상금이 필요한 상황은 빈번하게 발생하지 않는다. 물론 최근 코로나19로 인해 소득 감소의 피해를 입은 분들은 1년 넘게 비상금을 써야 하는 초유의 사태를 맞이하고 있다. 그렇게 보면 비상금의 적정 수준을 얼마로 책정해야 할지 새삼 고민스럽다. 게다가 이런 비상시국이 아님에도 소득이 불안정해서 자주 비상금을 써야 할 상황이 생긴다면, 이는 비상금을 어떻게 설정할지가 아니라 수입지출 관리에 근본적인 문제가 있다고 봐야 할 것이다.

사실 대부분의 가정이 비상금을 갖고 있지 않다. 이를 위해 비상금계좌를 따로 만들고 목표 금액을 모아두는 것에는 이론적으로 동의하지만 현실성이 없어 보인다.

예를 들어 비상금을 600만 원으로 설정하고 1년에 걸쳐 모으기로 했다면, 매월 수입계좌에서 비상금계좌로 50만 원씩 이체해야 한다. 이미 비정기 지출 예산을 위해서도 수입계좌에서 매월 얼마씩 이체해야 하는 부담이 생겼는데, 비상금을 모을 여력은 사실상 거의 없을 것이다.

소득과 세대의 형태에 따라 비상금은 거의 쓸 일이 없을 수도 있고, 한달 한달이 늘 벼랑 끝에 서 있는 비상시국이어서 사실상 매월 비상금을 써야 할 일이 생길 수도 있다.

저축을 통한 자산 증식이 이루어지고 있다면 별도의 비상금계좌를 만들어 추가적인 저축을 할 것이 아니라 모아놓은 자산에 이미 비상금이 포함되어 있다고 보는 것이 현실적이다. 예를 들어 저축과 투자를 통해 1억 원의 자산을 만들어두었고, 이를 주택 구입자금으로 써야 한다면 이 중 비상금에 해당하는 금액을 남겨두는 정도로만 이해하면 된다.

용돈계좌 : 의외로 매우 효과적이다

부부가 공동으로 쓰는 생활비가 있어도 용돈이 필요할 때가 있다. 뭔가 비밀스러운 꿍꿍이가 있어서라기보다 취미생활에 돈을 쓰거나 직장 동료와 함께하는 점심값 정도의 지출은 부부간에 공유하는 것보다 각자의 용돈으로 쓰는 것이 소비의 만족이 더 크다(모바일 게임 아이템을 사려고 생활비를 쓴다면 배우자의 반응이 어떨지 상상해보라).

생활비가 마이너스인데 지나치게 용돈을 많이 배정할 리는 없을 테니 부부 각자 금액만 협의하고 어디에 얼마를 썼는지는 서로 묻지 않기로 하는 것도 행복한(?) 결혼생활을 유지하는 좋은 방법이 될 수 있다.

특히 남편이 외벌이를 하는 가정은 아내의 용돈계좌가 매우 효과적인 역할을 한다. 남편에게 생활비를 받아서 살림을 꾸려가다 보니 가족을 위한 지출은 있어도, 정작 자신은 친구들과 차 한잔하는 데 쓰는 돈도 신경이 쓰인다고 한다. 남편과 아이들의 생일 선물을 살 때도 아내의 용돈계좌에서 지불하면 '내 돈으로 준비한 선물'이라는 생각이 들 것이다. 돈으로 마음을 전할 수 있는 방법이 선물이라는 것인데 이렇게 준비한 선물에는 왠지 더 진심 어린 마음을 담을 수 있지 않을까?

계좌정보통합관리서비스

각 항목별로 자동이체 계좌를 변경하는 것은 하루 휴가를 내고 처리해야 할 만큼 엄두가 안 나는 일이다. 다행히 계좌정보통합관리서비스 사이트에서 일괄 변경이 가능하다. 모든 항목이 되지는 않으므로 안 되는 것들은 직접 변경 신청을 해야 한다.

필요한 계좌는 추가 개설하고 사용하지 않는 계좌는 정리할 필요도 있다. 게다가 그 계좌에 자투리 돈이 있을지도 모른다. 은행, 제2

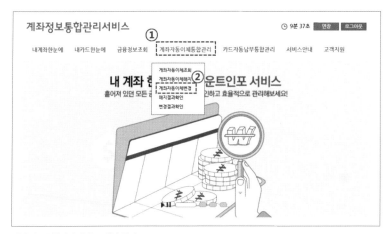

계좌정보통합관리서비스 메인 화면

금융권, 증권, 보험 등을 모두 조회해보니 나도 약 3만 원가량 돈이 잠자고 있었다. 그 외에 내 명의로 발급된 전체 신용카드, 체크카드와 카드별 포인트도 조회할 수 있다.

예산
설계

저축과 생활비의 시소 관계

지금까지 설명한 계좌 분리를 요약하면 아래와 같다.

| 표 1-12 | 필수 계좌와 선택 계좌

```
                                    ┌──────────┐
                                    │   생활비   │
                                    └──────────┘
                                    ┌──────────┐
                                    │   예비비   │
                                    └──────────┘
                    ┌──────────┐    ┌──────────┐
                    │  저축투자  │────│ 비정기 지출 │
                    └──────────┘    └──────────┘
   ┌──────────┐                     ┌──────────┐
   │    수입   │─────────────────────│   신용카드  │
   └──────────┘                     └──────────┘
                                    ┌──────────┐
                                    │   고정지출  │
                                    └──────────┘
                                    ┌──────────┐
                                    │    용돈   │
                                    └──────────┘

   ▨ 필수 계좌
   ▨ 선택 계좌
```

1개의 수입계좌, 1개의 저축투자계좌, 그리고 3개의 소비계좌는 필수로 개설하고, 나머지는 필요에 따라 개설하면 된다. 예비비와 비정기 지출 예산을 설정하고 이를 확보하기 위해 박성실 씨는 적금을 해지하고 펀드를 부분 매도했다. 그렇다면 월간 생활비 예산이라고 배정한 180만 원이라는 금액은 적정한 것일까?

생활비 예산을 많이 책정하면 저축을 줄여야 하고, 저축을 더 늘리고 싶으면 생활비를 줄여야 한다. 나에게 맞는 적정 규모의 생활비 예산은 어떻게 계획하고 조정하는지 알아보자.

월급 중에 내 마음대로 쓸 수 있는 돈은 많지 않다

계좌 분리를 통해 박성실 씨는 생활비계좌에 180만 원을 넣어두기로 했다. 고정지출은 별도 계좌를 만들지 않고 생활비계좌에서 자동이체를 해두었다.

생활비계좌에 180만 원이 들어오면 임대료, 통신료, 렌탈료, 보험료가 출금되고 113만 원이 남는다. 이 돈이 박성실 씨가 한 달간 쓸 수 있는 생활비의 최대 한도인 셈이다. 이를 변동지출이라고 한다. 이 흐름을 요약하면 다음 페이지의 [표 1-13]과 같다.

수입계좌로 들어온 280만 원이 ①에서 ⑦까지 각 계좌로 이체되고 다음 한 달간 쓸 수 있는 113만 원의 변동지출 예산이 계산되었다. [표 1-13]의 예비비(⑤) 금액이 '0원'으로 되어 있다. 예비비 예산 30만 원은 펀드를 매도한 돈으로 채워 넣었기 때문에 수입계좌에 있는 돈을 예비비계좌로 넣지 않아도 되기 때문이다. 수입계좌에 들어온 280만 원 중 내 마음대로(?) 쓸 수 있는 돈은 113만 원이다. 월수입의 절반도 안 되는 셈이다.

| 표 1-13 | 변동지출 예산 도출 과정

① 세후 월소득	280만 원	비고
② 저축투자	90만 원	적금, 펀드, 연금보험 → 저축투자계좌로 이체
③ 비정기 지출	10만 원	예산 420만 원 중 적금 해지금 200만 원 + 상여금 100만 원 부족 자금 120만 원은 매월 10만 원씩 비정기 지출계좌로 이체
④ 월간 생활비 지출 가능액(①-②-③)	180만 원	생활비계좌로 이체
⑤ 예비비	0원	펀드 부분 매도 30만 원 → 예비비계좌
⑥ 고정지출	67만 원	임대료, 통신료, 렌탈료, 보장성 보험료 → 생활비계좌에서 자동이체
⑦ 변동지출 가능액(④-⑤-⑥)	113만 원	다음 달에 쓸 수 있는 변동지출 최대 한도

얼마 전 상담한 맞벌이 부부도 합산하여 800만 원의 월소득이 발생하지만 비정기 지출과 대출 등의 고정지출이 많아서 실제 변동지출 가능 금액([표 1-13]의 ⑦)은 200만 원밖에 되지 않았다. 위의 흐름대로 계산해보는 것만으로도 많은 생각을 하게 만든다.

박성실 씨는 113만 원의 예산으로 어떤 항목에 얼마를 배정해야 할까?

각 항목의 금액을 맞추기보다 전체 규모를 파악하자

변동지출 항목은 어떤 것들이 있는지 알아보자.

예산이란 것을 처음 작성한다면, 어디에 얼마를 배정해야 할지 도저히 감이 잡히지 않을 것이다. 그렇다고 과거 몇 개월치 신용카드 결제액을 확인해보거나 계좌 거래 내역을 뒤져보느라 너무 많은

| 표 1-14 | 변동지출 세부 항목

대분류	소분류
교육	등록금, 학원/과외, 교재비 등
식비	주식, 외식 등
의복/미용	의류비, 패션/잡화, 헤어/뷰티, 세탁/수선 등
건강/문화	운동/레저, 문화생활, 여행/휴가, 의료비 등
주거/통신	관리비, 통신료, 인터넷/TV, 수도/가스 등
생활	가구/가전, 주방/욕실, 잡화소모품, 렌탈료 등
교통	대중교통, 주유비, 차량관리/수리, 자동차보험료 등
사회생활	기부금, 경조사비, 유흥비, 모임회비 등
가족	부모님 용돈, 본인 용돈, 배우자 용돈, 자녀 용돈, 명절 비용, 기념일 등
세금	건강보험료, 국민연금, 소득세, 재산세, 자동차세 등
미분류1	
미분류2	

시간을 할애하지는 말자. 예산은 그야말로 '계획'이다. 하나하나 꼼꼼하게 과거 지출 내역을 파악해서 예산을 정한다고 해도 어차피 한 달이 지나면 실제 지출액과 예산의 차이가 발생할 것이다. 예산과 실제 지출이 딱 맞아떨어지는 날은 어쩌면 우리 인생에서 오지 않을지도 모른다. 그러니 이걸 맞추려고 너무 스트레스받을 필요는 없다. 예산에 맞게 쓰기 위한 노력을 해야겠지만, 처음 몇 달은 생활비 예산으로 과연 얼마가 적절한 수준인지 알아가는 과정이라고 생각하면 된다.

[표 1-14]에는 저축과 투자, 보장성 보험료가 빠져 있다. 변동지출이 아니기 때문이다. 세금 항목 중 소득세, 건강보험료, 국민연금은 직장인의 경우 적지 않아도 되며 자영업자도 이 항목은 고정지출이기 때문에 예산 설계 항목에서 빼고, 고정지출([표 1-13])로 분류한 후

생활비계좌에서 자동이체를 하는 것으로 처리해도 된다. [표 1-14]에 적혀 있는 항목이 정답은 아니며 빠진 것이 있으면 '미분류'에 추가하여 자신의 상황에 맞게 바꾸면 된다.

변동지출 가능액 범위에서 예산을 수립해야 한다

[표 1-14]의 항목 중 교육비, 식비, 의복/미용 항목의 예산 설계 과정을 자세히 살펴보자.

| 표 1-15 | 예산 설계 예시 (단위: 원)

대분류	소분류	월간	연간
교육	등록금		
	학원/과외	150,000	
	교재비		
	기타		
	소계	**150,000**	
식비	주식		
	외식		
	기타		
	소계	**500,000**	
의복/미용	의류비		800,000
	패션/잡화		100,000
	헤어/뷰티		250,000
	세탁/수선	50,000	
	기타		
	소계	**50,000**	**1,150,000**
월간 합계		700,000	
연간 합계			1,150,000

항목별로 월간 생활비와 연간 비정기 지출을 구분하여 기록하면 된다. 이 과정에서 생각하지 못했던 연간 비정기 지출 항목이 또 추가될 것이다. 박성실 씨는 의복/미용 항목에서만 연간 비정기 지출이 100만 원 넘게 추가되었다. 상여금이 들어올 때마다 당분간은 계속 비정기 지출계좌로 이체해야 할 것 같다.

식비는 소분류 항목으로 주식, 외식, 기타로 구분되어 있다. 식비에 얼마를 배정해야 할지도 머리 아픈데 이것을 또 세분화하기는 무척 어려울 것이다. 이럴 때는 소계만 적어두기로 하자. 예산 실행 과정으로 가면 매일매일의 지출 금액을 각 항목에 적게 되어 있으므로 한 달이 지나면 주식, 외식, 기타의 실제 지출 금액이 어느 정도 파악된다. 2차 월부터는 이를 반영하여 세부 항목도 예산 배정을 할 수 있을 것이다.

예산 설계 항목에 없는 지출이 발생할 경우 미분류로 넣을 수도 있고 각 항목의 기타란에 적을 수도 있다. 반려견을 키운다고 가정할 경우 사료는 식비의 기타 항목, 예방접종은 건강/문화의 의료비로 구분해서 적을 수도 있다. 또는 미분류 항목에 '반려견'이라는 큰 항목을 별도로 만들고 작은 항목으로 식비, 의료비를 적을 수도 있다. 각자의 상황에 따라 편하게 작성하면 된다.

작성이 끝났다면 이렇게 적은 변동지출 예산의 월간 합계액을 [표 1-13]의 ⑦에서 산출된 변동지출 가능액(예산)과 비교해보자. 월간 합계액이 예산을 초과한다면 어떻게 될까? 실제 코칭 과정에서 이런 경우가 아주 흔히 발생한다.

그렇다고 고정지출을 줄이기는 어렵다. 휴대전화 요금제를 바꾼다고 해서 지출이 많이 줄어들지도 않는다. 안타깝지만 또 저축을 건드려야 한다. 박성실 씨도 비정기 지출 예산을 확보하기 위해 적금을 해지했고, 예비비를 배정하기 위해 펀드를 부분 매도했다. 변동지출 가능액이 113만 원인데 예산 합계액이 133만 원이라면 늘어난 20만 원만큼 저축이 또 줄어들 수밖에 없다.

저축의 역설

"선저축 후지출."

많이 회자되는 재테크의 기본 원칙인데, 이 말의 의미를 제대로 이해하고 실천하려면 '나의 지출 규모를 안다'는 것이 전제되어야 한다. 월간 지출, 연간 비정기 지출을 제대로 파악하지 못하고 의지만 앞세워 저축을 먼저 시작하면 현금흐름에 심각한 문제가 발생한다.

저축하고 남은 돈으로 한 달을 생활하다 보면, 돈이 부족할 때가 생길 수 있다. 부족한 생활비를 충당하기 위해 적금을 해지하자니 스스로에 대한 약속을 지키지 못한 것 같아 마음이 불편해진다. 그래서 신용카드를 쓰기 시작한다. 다음 달 상여금이 들어오면 갚는 데 문제가 없다고 생각하면서 말이다.

그러나 여기에 연간 비정기 지출 항목이 또 발생하고 하필 상여금이 안 들어오는 달에 생기면 또 신용카드를 써야 한다. 신용카드는 앞서 '대출카드'라고 말했다. 그렇게 되면 저축을 유지하기 위해 대출받아 생활비를 쓰는 셈이다. 이런 습관이 누적되면 현금흐름은 엉망이 된다. 이 모든 것의 원인은 공교롭게도 의지를 갖고 시작한 '선저축' 때문일 수도 있다. 자신의 월간, 연간 지출 규모를 제대로 계산하지 않고 시작한 저축은 자산 증식으로 이어지지 못한다.

"이 정도 저축은 제 수입에 비해 많은 건가요?"

"월급의 몇 퍼센트를 저축하는 것이 적당한가요?"

이런 질문을 참 많이 받는다. 결론부터 말하면 '정답은 없다'. 애초에 이런 것은 정해져 있지 않다. 남들과 비교하는 것도 아무 의미가 없다.

지출을 파악해야 문제점이 보인다

지출 규모를 파악했더니 저축 여력이 남지 않는다면, 지출을 줄이기 위해 적극적인 노력을 해야 한다. 줄일 수 있는 고정비는 없는지, 변동지출에 대한 소비 습관에는 문제가 없는지를 살펴봐야 한다. 이런 문제점을 진단하고 해결하고자 계좌 분리부터 시작해 지금까지 달려온 것이다. 따라서 현재 자신의 소비 행태와 돈 관리에서 문제점을 인식하지 못했다면 이 과정은 매우 지루하고 복잡하기만 할 것이다.

박성실 씨는 결국 변동지출 예산을 133만 원으로 배정했다. 이렇게 되면 또 저축을 20만 원 줄여야 한다. 비정기 지출에 필요한 예산을 확보하기 위해 매월 50만 원씩 납입하던 적금을 해지했고, 다음 달부터 새로 적금을 시작하려고 했다. 이제 30만 원으로 납입액을 줄여야 할 것 같다.

처음 적었던 월간 수입지출 내역에는 수입 합계 280만 원, 지출 합게 270만 원으로 적혀 있었다. '남는 돈 10만 원'이 왜 실제로는 남아 있지 않은지 이제 좀 알 것 같다. 생활비라고 적은 113만 원부터 이미 실제보다 적게 잡아놓은 금액이기 때문이다. 생활비에서 20만 원을 적게 적었으니 매월 10만 원씩 남는 게 아니라, 오히려 매월 10만 원씩 부족했다. 신용카드와 상여금이라는 복잡한 현금흐름에 묻혀 뒤죽박죽되었고 문제점이 보여도 어디서부터 손을 대야 할지 막막했던 것이다.

납입액을 줄여서 다음 달에 적금을 다시 시작할 것이 아니라, 133만 원의 예산이 적절한지부터 다시 파악해야 한다. 이것은 몇 달간 예산을 세우고 그 범위에 맞게 지출하는지 계속 관찰해봐야 알 수 있다. 제대로 해놓으면 평생을 써먹을 수 있으니 몇 달의 고생은 해볼 만한 가치가 있다. 다음 달에 적금으로 들어갈 30만 원은 일단 저축투자계좌에 이체해놓되 적금 가입은 조금 더 미루고 지켜보는 것이 좋다.

예산 배정 과정에서
해결해야 할 2가지 문제

이번 달 신용카드 결제액을 정리해야 한다

계좌를 분리하고 예산 설계 과정에서 저축 여력도 20만 원 줄인 박성실 씨의 계좌별 이체액은 아래와 같이 바뀌었다.

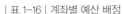

| 표 1-16 | 계좌별 예산 배정

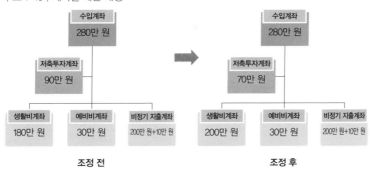

이렇게 배정을 해놓았으나 박성실 씨는 월급날이 되자 모든 것이 무너졌다. 또 무슨 일이 생긴 걸까?

앞서 얘기했듯이 계좌 분리의 핵심은 '이번 달 들어온 돈으로 다음 달에 쓰기'를 실천하기 위한 것인데, 2가지 문제가 생겼다. 하나는 이번 달 신용카드 결제액이 50만 원 발생한 것이다. 이번 달 수입은 280만 원이 아니라 사실상 230만 원인 셈이다. 이번 달에 도래하는 신용카드 결제액부터 정리했어야 했다. 그나마 할부 잔액이 없는 것이 다행이다. 펀드에서 다시 50만 원 부분 환매하기로 했다. 펀드가 손실을 보고 있지 않아 다행이긴 하다.

| 표 1-17 | 조정 전후 재무상태표

최초 재무상태표 (단위: 원)

자산	금액	부채	금액
임대보증금	1,000만	신용카드 결제액	50만
정기예금	1,000만		
적금 적립금	200만		
펀드 평가액	120만		
연금보험 환급금	300만		
자산 합계	2,620만	부채 합계	50만
		순자산	2,570만

적금을 해지해서 비정기 지출 예산(CMA)에 충당
펀드 30만 원을 매도해서 예비비 예산에 충당
펀드 50만 원을 매도해서 신용카드 대금 결제

조정 후 재무상태표 (단위: 원)

자산	금액	부채	금액
임대보증금	1,000만		
정기예금	1,000만		
CMA	200만		
예비비계좌	30만		
펀드 평가액	40만		
연금보험 환급금	300만		
자산 합계	2,570만	부채 합계	0
		순자산	2,570만

적금을 해지하고 비정기 지출계좌에 이체하였으므로 조정 후 재무상태표에는 적금 적립금이 없어졌고 비정기 지출계좌인 CMA에 그 돈이 옮겨져 있다. 펀드에서 30만 원 부분 매도하여 예비비계좌에 옮겼고, 신용카드 결제를 위해 펀드에서 50만 원을 추가 매도했다. 최초 재무상태표의 펀드 평가액 120만 원은 두 차례의 부분 매도가 진행되면서 40만 원으로 잔액이 줄어들었다.

결과적으로 조정 전과 후의 순자산에는 변동이 없다. 왼쪽 주머니에 있던 돈을 오른쪽 주머니에 옮겨 담은 셈이다. 그러나 실제 상담을 진행하다 보면 예산 설계까지 완료했어도 신용카드 결제대금 때문에 각 계좌에 예산을 배정하지 못하는 경우가 아주 흔하다. 할부 잔액이 있을 경우에는 더욱 어렵다.

신용카드 할부 잔액도 엄연한 대출이다. 재무상태표를 적어보라고 양식지를 주면 대부분 신용카드 할부 잔액이 있어도 부채 항목에 적지 않는다. 무이자로 할부 결제를 하고 이를 몇 개월에 나눠 상환하는 것은 일시금으로 결제하는 것보다 경제적으로는 유리하다. 그러나 매월 갚아야 하는 할부금은 다음 달 고정지출이 되고 이것을 갚으려면 생활비가 부족해진다. 결국 또 신용카드에 의존할 수밖에 없는 덫에 빠지고 만다.

신용카드 할부 잔액이 450만 원가량 되는 분을 상담한 적이 있다. 매월 150만 원가량 3개월간 갚아야 하는 상황이라 몇 개의 신용카드로 계속 돌려막기를 하고 있었다. 다행히 안정된 직장을 다니고 있었고 신용등급도 좋은 편이어서 2년간 상환하는 조건으로 신용대출을 안내했다. 그 당시 기준 연 3% 수준의 금리로 450만 원을 2년

간 상환할 경우 매월 19만 3,000원가량의 원리금을 상환하는 조건
이었다.

무이자로 3개월간 갚으면 될 것을 굳이 3% 이자를 내고 2년간 갚
게 하는 것이 좋은 것인가에 대한 논란이 있을 수 있다. 하지만 이렇
게 함으로써 다음 달 도래하는 150만 원의 고정지출을 20만 원 수
준으로 줄일 수 있고, 신용카드 돌려막기에서 벗어날 수 있었다. 1년
이상 지났을 때 현금흐름이 안정적으로 관리되면서 남아 있는 신용
대출 잔액은 상여금으로 완납했다고 한다.

월급날 이후 출금되는 자동이체를 해결해야 한다

신용카드 결제액과 할부 잔액을 모두 정리하고 이번 달 들어온 월급
을 각 계좌에 이체까지 했다. 이제 모든 것이 완벽(?)하다. 그런데 대

| 표 1-18 | 이번 달 들어온 돈은 이번 달 자동이체로 모두 빠져나간다

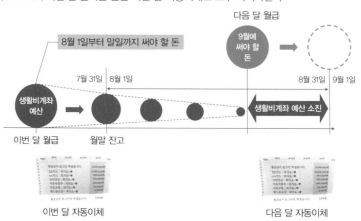

부분의 자동이체가 이번 월급날 이후에 맞춰져 있기 때문에 월급이 들어오면 말일이 되기 전에 잔고가 많이 줄어든다. 더욱 큰 문제는 그렇게 쪼그라든 잔고로 '다음 달 말일'까지 생활해야 한다는 것이다.

월급날이 25일이고 대부분의 자동이체가 25일과 말일 사이에서 이루어진다고 가정해보자. 실제로 많은 분들의 자동이체가 월급날을 기준으로 몰려 있을 것이다. 말일까지 자동이체로 월급의 일부가 출금되고 남은 돈으로 다음 한 달을 생활해야 한다. 더욱 큰 문제는 남아 있는 잔고로 다음 달 25일 이후 도래하는 똑같은 자동이체를 한 번 더 만나야 한다는 것이다. 결국 이번 달 월급으로 두 달치의 자동이체를 해결해야 한다. '이번 달 들어온 돈으로 다음 달에 쓰기'는 정말 어려운 일이다.

신용카드 결제는 어떻게든 정리했는데 자동이체 항목들을 해결하지 못하겠다면 방법은 의외로 간단하다. 결산주기를 '매월 1일~말일'로 하지 않고 '이번 달 월급날~다음 달 월급 전날'로 정하면 간단히 해결된다.

박성실 씨도 임대료, 통신료, 렌탈료, 보험료를 합하면 67만 원이 월급날부터 말일까지 순차적으로 출금된다. 이걸 정리하려면 또 자산을 매도해야 하는데 펀드 적립금은 40만 원밖에 없다. 박성실 씨도 결산일을 조정하기로 했다. 이번 달 25일부터 다음 달 24일까지 결산주기로 하고 몇 개월 후에 상여금이 어느 정도 쌓이면 말일까지 지출되는 항목을 정리하고, 그때 결산주기를 매월 1일~말일로 변경할 예정이다.

이제 계좌도 분리했고 각 계좌에 필요한 금액도 모두 이체했다.

| 표 1-19 | 결산일을 월급날로 변경

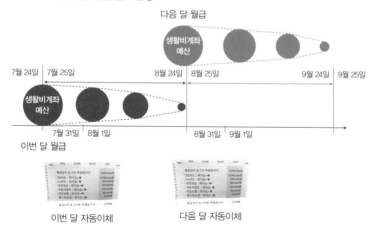

신용카드 대금도 결제했고 월급날을 기준으로 결산일도 정했다. 이제부터 한 달 동안 각 예산 항목에 배정해놓은 금액 범위 내에서 쓰는 내역을 매일 기록하고 모니터링해야 한다. 기록을 위해 가장 쉽게 구할 수 있는 도구로 가계부가 있다. 박성실 씨에게는 어떤 가계부가 필요하고, 어떻게 기록하면 좋을지 알아보자.

나에게 맞는
가계부 쓰는 방법

지출현황표와 예산실행표로 나만의 예산장부 만들기

박성실 씨의 결산 시작일은 매월 25일이다. 그러다 보니 시중에 판매되는 책자 형태의 가계부는 전혀 도움이 되지 않는다. 결산주기가 매월 1일부터 말일까지 만들어졌기 때문이다.

아래와 같이 빈 양식을 만들어 여러 장 출력한다(한 달에 필요한 분량은 대략 4~5장이면 된다). 이것을 '지출현황표'라고 이름 붙이자.

결제 방법에 '자이(자동이체)', '계이(계좌이체)', '현금', '신용(신용카드)', '체

| 표 1-20 | 지출현황표

(단위: 원)

날짜	세부 내용	대분류	금액	결제 방법	비고
07/25	헤어컷	의복/미용	40,000	체크	
	임대료	주거/통신	350,000	계이	
	휴대전화 통신료	주거/통신	60,000	신용	
07/26	세탁(상하의)	의복/미용	4,000	현금	

크(체크카드)'라고 기재한다. 이런 규칙은 자신의 상황에 맞게 정하면 된다. 여기에 기록한 내용은 다시 '예산실행표' 양식에 금액만 옮겨 적는다. 7월 25일 미용실에서 지불한 비용을 지출현황표에 적고, 예산실행표에는 해당 날짜와 예산 항목(대항목 의복/미용, 소항목 헤어/뷰티)에 맞게 금액만 기재하고 일별 합계 금액도 적는다.

같은 날 임대료를 계좌이체하고, 휴대전화 통신료가 자동이체되

| 표 1-21 | 예산실행표   (단위: 원)

항목		월간	연간	1주 차								결산	2주 차		5주 차	월간 결산
				25	26	27	28	29	30	31		1	2	23 24	
주거/ 통신	관리비														
	임대료	350,000		350,000											
	통신료	60,000		60,000											
	인터넷/ TV														
	렌탈료	15,000													
	공과금														
	기타														
	소계	425,000		410,000											
의복/ 미용	의류비														
	패션/ 잡화														
	헤어/ 뷰티		50,000	40,000											
	세탁/ 수선	15,000		4,000											
	기타	30,000													
월간 생활비 합계		1,330,000													
비정기 지출 합계			5,200,000												

> 날짜와 항목에 맞추어 금액을 기재하고 '소계'에 그날의 지출 합계액을 적는다

68

었다면 지출현황표와 예산실행표에 각각 기록한다.

예산실행표는 [표 1-15]에서 만든 예산설계표에 일자별 빈칸을 추가하여 만들면 된다. 한 장에 일주일 분량의 빈칸을 만들면 한 달 분량으로 4~5장의 예산실행표가 만들어진다. 이것을 일별 지출현황표 뒤에 묶으면 한 달 결산주기 단위로 나만의 예산장부가 만들어진다.

주간 단위, 월간 단위 결산과 모니터링

일주일마다 결산을 한다. 예산실행표의 각 주차별 소계를 합산하면 계산하기 쉽다. 예산 중에는 식비와 같이 한 달에 걸쳐 매일 발생하는 지출도 있고, 미용실에서 쓰는 비용처럼 한두 달에 한 번 정도 발생하는 항목이 있다. 한 달 식비 예산으로 50만 원을 배정했다고 가정해보자. 1주 차에 식비로 20만 원을 썼다면 남은 3주 동안은 30만 원 내에서 해결해야 한다. 주간 단위 결산을 해야, 남은 3주 동안 '식비는 일주일에 10만 원 이내에서 쓰기'와 같은 '수치화된 계획'을 세울 수 있다. 막연히 '아껴 쓰자'고 하면 어떤 항목을 얼마나 써야 아껴 쓰는 것인지 측정하거나 평가할 수 없다. 평가할 수 없으면 문제 해결도 안 된다.

2주일이 지났는데 식비로 배정한 예산을 거의 다 썼다면 어떻게 해야 할까? 다른 예산 중에 아직 쓰지 않은 것이 있다면 그 예산을 줄이거나 다음 달로 소비를 연기할 수 있는지 검토하고 가능하다면 그 예산으로 부족한 식비 예산에 충당한다. 이렇게 해도 예산이 부족할 경우 예비비에서 끌어와야 한다.

지출현황표와 예산실행표에 빠짐없이 기록하는 것이 무엇보다 중요한데, 잊지 않고 기록하기가 생각보다 쉽지 않다. 하지만 기록이 제대로 이루어지지 않으면 결산도 계획도 의미가 없다. 계좌 분리와 예산 실행은 훈련과 시행착오가 필요한 일종의 기술이다.

한 달간 제대로 기록했다면, 예산장부와 생활비계좌의 현금흐름이 비슷하게 움직이고 있을 것이다. 예전에는 저녁 식사를 하고 신용카드로 계산을 했다. 소비를 했지만 내 계좌의 잔고는 줄어들지 않았다. 이제는 소비와 지출이 일치하고 있다. 이것만으로도 큰 성과이다.

한 달을 보내고 나서 잘한 점과 아쉬웠던 점을 예산장부의 맨 마지막 장 뒷면에 적어보자. 일종의 자기성찰이다. 배정해놓은 예산 범위 내에서 지출했다면 진심으로 축하할 일이다. 하지만 대부분의 경우 예산을 초과해서 지출했을 것이다. 그렇다고 너무 낙담할 필요는 없다. 지금까지 늘 그래 왔던 것처럼 무언가를 배울 때는 처음부터 잘되지 않는다. 배정해놓은 예산과 실제 지출의 차이가 발생했을 것이다. 왜 그랬는지, 다음 달에는 어떤 부분을 신경 써야 할지도 적

| 표 1-22 | 월간 결산 모니터링

잘했던 점	아쉬웠던 점
예산과 결과의 차이가 난 이유	다음 달에 반영해야 할 점

어본다. 이달의 지출 결과는 다음 달 예산 배정의 기초 자료가 된다.

엑셀과 앱이 아닌 종이와 계산기를 이용하자

예산 관리를 위한 다양한 도구가 있다. 인터넷 포털사이트나 금융기관에서 제공하는 가계부 프로그램도 있고 앱도 많이 나와 있다. 오피스 프로그램인 엑셀도 좋은 도구가 될 수 있다. 하지만 예산 관리를 처음 시작했다면 가급적 종이에 적고 계산기로 두드려가며 기록할 것을 권장한다.

이것은 단순히 기록과 계산의 의미만 있는 것이 아니라, 자신의 소비를 돌아보고 다음을 계획하는 '시간'을 갖게 해준다. 이 과정이 귀찮고 번거로워서 앱을 사용할 경우 카드 지출 내역이 자동으로 가계부 앱에 기록되고 예산 대비 지출 내역을 실시간 그래프로 확인할 수도 있다. 매우 편리한 기능이다. 하지만 계좌 분리와 예산 설계를 하는 초기 과정에서는 이 방법을 추천하고 싶지 않다. 단순히 '예산 관리와 가계부 작성'을 하고 있다는 심리적 위안을 줄 수는 있을지언정, 문제 해결에는 그다지 도움이 되지 않는다. 일기를 쓰는 것이 '하루를 기록'하는 의미도 있지만 '생각을 정리하는 시간'을 가진다는 것과 같은 이치다.

2차 월의 예산 설계는 처음보다 수월할 것이다. 결산일에 생활비 계좌에 잔고가 남아 있다면 모두 예비비로 이체하고 잔고를 비운다. 예산보다 많이 지출하는 바람에 예비비에서 끌어와 썼다면 그 금액만큼 이번 달 수입계좌에서 예비비계좌로 이체해야 한다.

예산을 더 늘려야 한다면 저축이 줄어들 수밖에 없다. 저축을 늘리지는 못할망정 지출 때문에 줄여야 하는 것이 마음 아플 수 있지만 달리 생각하면 그 돈은 애초에 자산 증식으로 이어질 게 아니었다. 언제든 생활비가 부족할 때 해지해야 하는 사실상 비상금이었다.

박성실 씨는 비정기 지출계좌의 예산을 확보하기 위해 적금을 해지하고, 20만 원의 변동지출 예산을 늘리기 위해 월 저축 여력을 90만 원에서 70만 원으로 줄일 수밖에 없었다. 그러나 앞으로 들어올 몇 차례의 상여금을 비정기 지출계좌에 이체하고 나면 그다음부터는 저축 여력이 생길 것이다. 계좌 분리 이전과 비교해 훨씬 안정적인 현금흐름이 만들어졌으므로 이렇게 만들어진 저축 가능 금액은 갑작스럽게 돈이 필요하다는 이유로 해지할 일이 상대적으로 적을 것이다. 물론 예산 설계 초기이다 보니 비정기 지출 항목들이 계속 생겨나면서 당분간은 또 조정을 해야 할 수도 있다.

돈관리의 궁극적 목표는 마음의 평화

이렇게 3개월가량 예산을 작성하고 지출현황표와 예산실행표에 기록해가는 과정을 거치면 비로소 자신의 변동지출이 얼마인지 파악하게 된다. 이것은 단순히 금액을 파악했다는 것이 아니라, 불필요한 지출을 줄이고 부족한 수입을 늘리기 위해 노력했다는 데 의미가 있다. 소득을 늘리기 위해 여러 개의 직업을 가지는 사람을 일컫는 'N잡러'도 요즘 대두되고 있는 현상이다. 이제는 수입과 지출이 어떻게 흘러가는지 머릿속으로 상상도 하고 정리도 할 수 있게 되었을 것이다. 이 변화는 무척 중요하다.

무거운 몸으로 퇴근했는데 싱크대에는 며칠째 설거짓거리가 쌓여 있고, 거실에는 어젯저녁에 먹고 남은 맥주 캔이 그대로 놓여 있다면 집이 주는 정서적 편안함을 누릴 수 있겠는가. 이런 마음의 평화는 평수를 넓힌다고 생기는 것이 아니라, 너저분한 것들을 정리하는 것만으로도 얻을 수 있다. 돈의 흐름이 정리될 때의 정서적 편안함이란 아늑한 집의 소파에 편히 누워 있는 느낌과 비슷할 것이다.

박성실 씨도 처음 예산을 세울 때는 20만 원의 변동지출을 늘렸으나 3개월 동안 꾸준히 예산 관리를 하면서 10만 원가량의 월지출을 줄일 수 있었고 두 번의 상여금이 비정기 지출계좌에 이체되어 연간 필요한 비정기 지출 예산도 대부분 확보하게 되었다.

시나리오별
현금흐름

8가지 시나리오

월급날을 결산 시작일로 하여 박성실 씨의 각 계좌에서 한 달간 어떤 현금흐름이 발생하는지 간단한 시나리오를 통해 정리해보자.

| 표 1–23 | 박성실 씨의 계좌별 예산

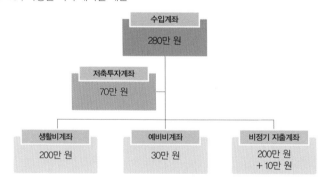

시나리오 ① : 월급이 입금되었다.

| 표 1-24 | 시나리오 ①

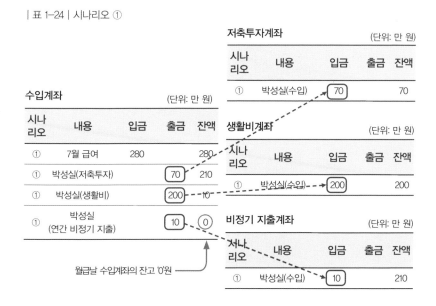

수입계좌로 월급 280만 원이 입금되면 같은 날 각 계좌로 이체하여 수입계좌는 '0원'으로 만든다. 수입계좌는 장바구니라는 것을 다시 한 번 상기하자. 각 계좌에는 [표 1-24]의 오른쪽과 같이 입금된다. 적금을 해지하여 비정기 지출계좌에 넣어두었기 때문에 10만 원이 들어와서 잔고는 210만 원이 된다. 예비비계좌에도 이미 30만 원의 잔고가 있다.

시나리오 ② : 임대료 35만 원, 통신료 6만 원이 출금되었다.

| 표 1-25 | 시나리오 ②

생활비계좌 (단위: 만 원)

시나리오	내용	입금	출금	잔액
①	박성실(수입)	200		200
②	7월 임대료		35	165
②	○○통신		6	159

임대료와 통신비는 모두 생활비계좌에서 빠져나간다.

시나리오 ③ : 보장성 보험 20만 원, 연금보험 20만 원이 자동이체되었다.

| 표 1-26 | 시나리오 ③

생활비계좌 (단위: 만 원)

시나리오	내용	입금	출금	잔액
①	박성실(수입)	200		200
②	7월 임대료		35	165
②	○○통신		6	159
③	07○○생명보험		12	147
③	07○○손해보험		8	139

저축투자계좌 (단위: 만 원)

시나리오	내용	입금	출금	잔액
①	박성실(수입)	70		70
③	07□□생명보험		20	50

박성실 씨의 보장성 보험은 생명보험과 손해보험에 각각 가입되어 있다. 같은 보험료이지만 보장성 보험료는 생활비계좌에서, 연금보험료는 저축투자계좌에서 출금되는 것에 주목할 필요가 있다.

시나리오 ④ : 자동차보험료 60만 원이 결제되었다.

| 표 1-27 | 시나리오 ④

비정기 지출계좌 (단위: 만 원)

시나리오	내용	입금	출금	잔액
①	박성실(수입)	10		210
④	○○손해보험		60	150

이번 달 월급으로는 해결하지 못했을 지출인데, 비정기 지출계좌에 있는 예산으로 결제하면 된다. 자동차보험료를 현금으로 납입했던 적이 언제였던가. 생활비계좌와 분리되어 있기 때문에 이 돈이 지출되어도 생활비에는 전혀 영향을 주지 않는다.

시나리오 ⑤ : 독감 검사 비용으로 3만 원의 병원비를 지불했다.
시나리오 ⑥ : 실손의료보험에서 2만 원의 보험금이 입금되었다.

| 표 1-28 | 시나리오 ⑤~⑥

생활비계좌 (단위: 만 원)

시나리오	내용	입금	출금	잔액
①	박성실(수입)	200		200
②	7월 임대료		35	165
②	○○통신		6	159
③	07○○생명보험		12	147
③	07○○손해보험		8	139
⑤	○○내과		3	136

수입계좌 (단위: 만 원)

시나리오	내용	입금	출금	잔액
①	7월 급여	280		280
①	박성실(저축투자)		70	210
①	박성실(생활비)		200	10
①	박성실(비정기 지출)		10	0
⑥	07○○손해보험	2		2

병원비는 생활비계좌에서 출금되었고, 그다음 날 보험금은 수입계좌로 입금되었다. 시나리오 ③에서 보험료는 생활비계좌에서 출금되었는데 보험금은 생활비계좌가 아닌 수입계좌로 입금되는 것에 주목할 필요가 있다.

병원비로 쓴 돈을 그다음 날 다시 보험금으로 돌려받는 것이니 그냥 생활비계좌로 입금받아도 되지 않을까 생각할 수 있다. 다시 한 번 강조하지만 계좌 분리와 예산 설계의 핵심은 '이번 달에 들어온 돈으로 다음 달에 쓰기'를 실천하기 위함이다. 보험금 2만 원도 '이번 달에 들어온 돈'이다. 그러므로 이 돈도 다음 달에 써야 한다. 이렇게 하려면 보험금을 생활비계좌로 수령해서는 안 된다.

시나리오 ⑦ : 결혼 축의금으로 5만 원 지출하고 적립식펀드 20만 원이 자동이체되었다.

| 표 1-29 | 시나리오 ⑦

비정기 지출계좌 (단위: 만 원)

시나리오	내용	입금	출금	잔액
①	박성실(수입)	10		210
④	○○손해보험		60	150
⑦	ATM		5	145

저축투자계좌 (단위: 만 원)

시나리오	내용	입금	출금	잔액
①	박성실(수입)	70		70
④	07□□생명보험		20	50
⑦	○○증권		20	30

결혼 축의금은 비정기 지출 항목으로 분류했다. 이 계좌와 연계된 입출금 카드로 현금 출금을 했고, 펀드는 저축투자계좌에서 출금된다. 적금을 당장 시작하지 않기로 했으므로 저축투자계좌에는 30만

원이 잔고로 남아 있다.

시나리오 ⑧ : 한 달간 식비와 교통비 등 변동지출로 모두 126만 원을 소비했고, 결산일 전날 렌탈료 6만 원이 자동이체되었다. 이제 이번 달 지출은 더 이상 없다. 생활비계좌에 4만 원이 남았다.

| 표 1-30 | 시나리오 ⑧

생활비계좌 (단위: 만 원)

시나리오	내용	입금	출금	잔액
①	박성실(수입)	200		200
②	7월 임대료		35	165
②	○○통신		6	159
③	07○○생명보험		12	147
③	07○○손해보험		8	139
④	○○내과		3	136
⋮	⋮		126	10
⑧	○○렌탈		6	4
⑧	박성실(예비비)		4	0

예비비계좌 (단위: 만 원)

시나리오	내용	입금	출금	잔액
⑧	박성실(생활비)	4		34

한 달 동안 생활비계좌에서 126만 원의 지출이 발생한 과정은 생략했다. 렌탈료 6만 원이 출금되고 남은 4만 원이 어떻게 흘러가는지를 유의해서 보자. 다음 날이 결산일이므로 생활비계좌에 남은 4만 원은 예비비계좌로 보내서 잔고를 '0원'으로 만들었다. 예비비계좌에는 미리 넣어둔 30만 원이 있었으므로 잔액은 34만 원이 된다.

계좌 분리를 하면 수입지출의 변화에
효과적으로 대응할 수 있다

박성실 씨의 한 달간 현금흐름을 종합하면 아래와 같다.

| 표 1-31 | 계좌별 현금흐름 종합

수입계좌 (단위: 만 원)

시나리오	내용	입금	출금	잔액
①	7월 급여	280		280
①	박성실(저축투자)		70	210
①	박성실(생활비)		200	10
①	박성실(비정기 지출)		10	0
⑥	07○○손해보험	2		2

저축투자계좌 (단위: 만 원)

시나리오	내용	입금	출금	잔액
①	박성실(수입)	70		70
③	07□□생명보험		20	50
⑦	○○증권		20	30

생활비계좌 (단위: 만 원)

시나리오	내용	입금	출금	잔액
①	박성실(수입)	200		200
②	7월 임대료		35	165
②	○○통신		6	159
③	07○○생명보험		12	147
③	07○○손해보험		8	139
④	○○내과		3	136
⋮	⋮		126	10
⑧	○○렌탈		6	4
⑧	박성실(예비비)		4	0

비정기 지출계좌 (단위: 만 원)

시나리오	내용	입금	출금	잔액
①	박성실(수입)	10		210
④	○○손해보험		60	150
⑦	ATM		5	145

예비비계좌 (단위: 만 원)

시나리오	내용	입금	출금	잔액
⑧	박성실(생활비)	4		34

각 계좌별 최종 잔고를 살펴보자. 수입계좌의 2만 원은 이번 달 들어온 보험금이고, 저축투자계좌의 30만 원은 적금 가입을 위해 남겨놓은 돈이다. 예비비계좌에 34만 원이 있으니 다음 결산일에는 이

계좌에 추가로 돈을 넣어둘 필요가 없다. 비정기 지출계좌 145만 원은 자동차보험료와 축의금이 출금되고 남은 잔액이다.

계좌 분리를 하지 않았다면 이 모든 현금흐름이 아래와 같이 월급계좌 한 곳에서 이루어졌을 것이다.

| 표 1-32 | 월급계좌에서 모든 지출이 이루어질 경우

월급계좌 (단위: 만 원) · (단위: 만 원)

시나리오	내용	입금	출금	잔액	시나리오	내용	입금	출금	잔액
①	7월 급여	280		280	⑤	○○내과		3	196
②	7월 임대료		35	245	⑥	07○○손해보험	2		198
②	○○통신		6	239	⑦	ATM		5	193
③	07○○생명보험		12	227	⑦	○○증권		20	173
③	07○○손해보험		8	219	⋮	⋮		126	47
③	07□□생명보험		20	199	⑧	○○렌탈		6	41

[표 1-31]과 [표 1-32]를 얼핏 봐서는 계좌 분리를 해놓은 모습이 훨씬 복잡해 보일 수 있지만 용도별 현금흐름을 직관적으로 파악하는 데는 [표 1-31]이 더 도움이 된다. 게다가 계좌 분리를 하지 않았다면 이번 달 월급으로 자동차보험료를 지불할 수 없으니 신용카드로 결제했을 것이다. 따라서 [표 1-32]에는 시나리오 ④가 빠져 있다. 월급계좌의 마지막 잔고는 41만 원으로 되어 있지만, 계좌 분리와 예산 설계를 하지 않았다면 50만 원의 적금 납입을 계속 이어갔을 것이다. 그러므로 [표 1-32]의 계좌 잔고는 다음 월급날이 다가오기 전에 이미 텅 비어 있을 것이고 신용카드에 의지하여 생활했을 것이다. 장부상 잔고와 실제 계좌의 잔고가 다르다는 게 늘 고민이지 않

았는가?

계좌 분리의 또 다른 장점은 바로 각 계좌가 '모듈화'되어 있어서 현금흐름에 변화가 생길 경우 즉각적인 대응이 가능하다는 점이다.

박성실 씨가 유튜버가 되어 광고 수입으로 매월 50만 원 정도의 추가 소득이 발생한다고 가정해보자. 수입계좌로 들어온 돈은 저축투자계좌로 이체한 후 이 계좌를 기반으로 저축이나 투자를 이어갈 수 있다. 꾸준한 수입이 예상되어 100만 원의 예산 범위 내에서 캠핑용품 혹은 악기를 구입하기로 했다면 그에 해당하는 금액만큼 비정기 지출계좌에 넣어놓고 쓰면 된다. 쓰고 갚는 것이 아니라, 모아놓고 쓰는 방식으로 소비 습관도 바뀌게 된다.

한 달 생활비가 계속 모자랄 경우 예산 배정을 너무 빠듯하게 했는지, 무리하게 저축을 늘렸는지 각각의 계좌를 보며 원인을 찾을 수 있다. 예산 배정이 너무 적었다면 어떤 항목에 얼마를 늘려야 할지 금방 확인할 수 있다. 예산을 늘려야 한다면 저축투자계좌에서 얼마를 줄여야 할지, 아니면 자산 중 일부를 매도하여 현금화하는 것이 나을지 의사 결정 과정이 비교적 간단해진다.

이처럼 계좌 분리가 되면 현금흐름에 변화 또는 문제가 생겼을 때 '정확히 진단'하고 스스로 '적합한 처방'을 내릴 수 있다. 계좌 분리는 단순히 현금흐름을 개선하기 위한 것이 아니라 돈과 관련된 의사 결정을 할 때 '무엇을', '어떻게' 해야 할지 구체적인 실행 계획을 만들어주는 도구이기도 하다.

지출 관리가 되어야 저축을 시작할 수 있다.

앞서 계좌 분리와 예산 설계를 통해 '이번 달 들어온 돈으로 다음 달에 쓰기'를 어떻게 실천할 수 있는지 알아보았다. 예산 범위 내에서 지출할 수 있도록 도와주는 도구가 가계부이며 지출현황표와 예산 실행표를 어떻게 활용하는지도 배웠다. 이제 비로소 나에게 맞는 생활비 수준이 파악되었다. 평생의 현금흐름을 관리하는 데 필요한 가장 기초적인 습관을 이제 만든 것이다.

두 번째 습관은 저축과 투자이다. 다음 2가지 경우를 생각해보자.

"다음 달에 집주인이 전세보증금 2,000만 원을 올려달라고 한다."

"퇴직을 하여 월급이 없는데 다음 달 생활비로 200만 원이 필요하다."

이 2가지 모두 '이번 달 들어온 돈으로 다음 달에 쓰기'를 실천할 수 없는 상황이다. 이를 실천하려면 이번 달에 2,000만 원의 전세보증금이 수입계좌에 들어오고, 은퇴 후에도 생활비 200만 원이 수입계좌에 들어와야 한다. 계좌 분리와 예산 설계를 아무리 귀신같이 잘하더라도 이 문제를 해결할 수 없다.

저축 여력이 생겼다면 어떤 방법으로 자산 증식을 해야 하며, 그 과정에서 무엇을 조심하고 실천해야 할지 알아보자.

신용카드의 소득공제 효과

신용카드, 체크카드, 현금영수증의 소득공제는 근로소득자에게만 해당된다. 국세청 홈택스 사이트에 접속하면 연말정산 자동계산이라는 메뉴가 있다. 이곳에서 각 소득별 신용카드 사용액에 대한 소득공제와 절세 금액을 확인할 수 있다.

국세청 모의 연말정산

신용카드, 체크카드, 현금영수증을 합해서 연간 총급여의 25% 초과 사용분에 대해 소득공제가 된다. 예를 들어 연간 총급여가 4,000만 원이고 신용카드, 체크카드, 현금영수증을 모두 합해보니 연간 1,000만 원 이내로 사용했다면 소득공제 효과는 전혀 없다. 그럼 연간 총급여의 25% 이상 사용하면 전액 소득공제가 될까? 그렇지도 않다.

연간 총급여의 25% 이상 사용한 부분 중에 아래 비율만큼만 소득공제가
된다.

| 소득공제율 |

구분	신용카드	체크카드	현금영수증
소득공제 금액	15%	30%	30%

도서, 공연, 박물관, 미술관의 신용카드 사용 금액은 30% 적용
전통시장, 대중교통 이용분은 모두 40% 적용

출처: 국세청 홈택스

총급여 4,000만 원인 직장인이 소득의 절반인 2,000만 원을 신용카드로
사용했을 경우 총급여의 25%(1,000만 원)를 초과 사용한 1,000만 원에 대해
소득공제 계산을 하고, 초과 사용분의 15%인 150만 원을 소득공제 해준다.
그렇다면 무조건 많이 쓰면 소득공제를 많이 받을 수 있는 걸까? 아니다. 총
급여에 따라 한도가 정해져 있다.

| 소득공제 한도 |

구분	소득공제 한도
총급여 7,000만 원 이하	300만 원
총급여 1억 2,000만 원 이하	250만 원
총급여 1억 2,000만 원 초과	200만 원

출처: 국세청 홈택스

코로나19의 영향으로 2020년 중 특정 월의 소득공제율이 최고 80%까지
상향되었고, 소득공제 한도도 각 구간마다 30만 원씩 늘어났다. 위의 비율
과 한도는 2019년 기준이다.

총급여가 7,000만 원인 직장인이 신용카드를 5,000만 원 사용했다고 가

정할 경우, 총급여의 25%(1,250만 원) 초과분인 3,750만 원에 대해 15%인 562만 5,000원을 소득공제 해주는 것이 아니라 최고 한도인 300만 원까지만 소득공제 해준다.

300만 원의 소득공제를 받기 위해서는 연간 3,250만 원의 신용카드를 사용해야 한다. 소득공제로 인한 절세 효과를 계산해보자. 아래 표는 소득구간에 따라 신용카드를 전혀 쓰지 않았을 때와 총급여의 30%와 50%를 사용했을 때의 절세 효과를 비교한 것이다.

| 신용카드 사용으로 인한 절세 효과 |

총급여 36,000,000원		소득세 최고세율	15%+1.5%
구분	사용 안 함	총급여의 30%	총급여의 50%
신용카드 사용액	0원	10,800,000원	18,000,000원
신용카드 소득 공제액	0원	270,000원	1,350,000원
절세 효과	0원	44,550원	222,750원

총급여 50,000,000원		소득세 최고세율	15%+1.5%
구분	사용 안 함	총급여의 30%	총급여의 50%
신용카드 사용액	0원	15,000,000원	25,000,000원
신용카드 소득공제액	0원	375,000원	1,875,000원
절세 효과	0원	61,875원	309,375원

출처: 국세청 홈택스

총급여 3,600만 원의 직장인이 연봉의 절반을 신용카드로 쓴다고 해도 연말정산을 통해 얻을 수 있는 절세 효과는 22만 원이 조금 넘는다. 유리지갑인 직장인들 입장에서 본다면 이 정도라도 세테크를 할 수 있는 게 어디냐고 반문할 수 있을 것이다. 다른 항목은 차치하고 적어도 신용카드에 대한 연말정산을 생각해보자.

연말정산을 통해 환급받는 세금은 '13월의 월급'이라고 할 정도로 직장인의 소확행이다. 그런데 이 세금을 돌려받기 위해 1년 동안 이보다 비교도 안되는 많은 금액을 신용카드로 지출했다(연봉 3,600만 원을 받는 직장인이 2만 5,000원가량의 세금을 돌려받으려면 신용카드로 연간 1,000만 원을 써야 한다). 게다가 현금흐름 관리를 어렵게 하고 과소비와 불필요한 지출이 늘어나는 부작용을 생각하면, 앞으로 벌고 뒤로 밑지는 장사를 한 건 아닐까? 더구나 이렇게 해서 환급받은 세금이 재투자되거나 저축으로 이어지기보다는 다시 소비로 이어지는 경우가 더 많다.

'다음 달에 연말정산 환급액이 나올 테니 이번 달에 좀 더 써도 되겠지.'

세금 환급이 없었다면 안 했을지도 모르는 소비를 한 것은 아닌지 생각해볼 일이다. 신용카드를 안 쓰고 세금을 안 돌려받는 것과, 세금을 덜 내기 위해 신용카드를 쓰고 그렇게 돌려받은 세금을 또 쓰고 있다면 무엇이 현명한 소비일까?

2장

현금흐름 관리의 첫 번째 리스크 :

인플레이션

돈은
얼음이다

짜장면과 김밥

군 전역 후 휴학 기간에 중화요리 배달 아르바이트를 했다. 그 당시 짜장면 한 그릇 가격은 2,500원이었다. 그로부터 23년이 지난 지금 짜장면은 최소 5,000원이 넘는다. 그 당시 짜장면에는 삶은 달걀 하나, 완두콩, 옥수수 등 화려한 고명까지 올려져 있었다. 그러던 것이 지금은 짜장과 면만 있는 그야말로 이름에 충실한 짜장면이 되었다. 2,500원은 이제 김밥 한 줄도 못 사 먹는 돈이 되었다.

그때 5,000원으로 짜장면 두 그릇을 사 먹지 않고 금고에 넣어두었다고 가정해보자. 23년이 지난 지금 그 돈을 꺼내보았다. 돈에 곰팡이가 생기거나 동그라미 하나가 지워진 것도 아닌데 지금 그 돈으로는 짜장면 1인분을 가까스로 사 먹을 수 있다. 바뀐 것은 시간밖에 없는데 화폐의 구매력이 절반으로 하락한 것이다. 인플레이션이 발생했기 때문이다.

우리는 계좌 분리를 통해 다음 달에 쓸 생활비와 1년 이내에 쓸 비정기 지출을 나누고 미래에 써야 할 돈을 저축투자계좌로 이체했다. 그런데 사실 이 계좌는 저축과 투자로 이어질 돈을 따로 떼어서 넣어두는 금고 역할밖에 하지 못한다. 이 계좌에 돈이 계속 쌓여 있는 것은 마치 얼음을 실온에 보관하는 것과 같다.

얼음을 계속 얼음 상태로 두려면 '0℃ 이하'라는 기준을 맞추면 된다. 화폐의 구매력을 유지해주는 기준은 무엇일까? 바로 물가상승률이다. 물가가 오르는 만큼 내 돈도 늘어나게 스위치를 맞춰놓으면 된다. 바꿔 말하면 내 자산이 늘어났어도 물가만큼 오르지 않았으면 '사실상 손실'이라는 뜻이다.

복리로 오르는 물가

예금이자는 단리로 계산된다. 최초 납입한 원금을 기준으로 이자를 계산하는 방식이다. 연 2% 예금에 100만 원을 10년간 넣어둔다면 매년 받게 되는 이자는 첫 해에도 2만 원, 마지막 해에도 2만 원이다.

그러나 물가상승률은 복리로 계산된다. 사실 우리 일상에서 변화율에 관해 설명할 때는 대부분 복리의 개념으로 표기한다. 최초의 금액이나 숫자가 특정 비율만큼 변하면 그 값이 다음 변동율의 기준이 된다. '전년 대비 10% 수출 증가, 전월 대비 2% 체지방 감량, 정상가 대비 50% 할인' 이런 표기는 모두 복리 개념이다. 매월 발표하는 물가상승률은 전년도 같은 달 대비 변화율이다.

다음 그래프를 보면 지난 30년간 물가상승률이 점점 낮아지고

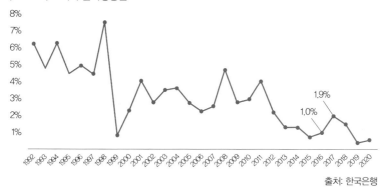

| 표 2-1 | 소비자 물가상승률

출처: 한국은행

있음을 알 수 있다. 상승률이 낮아진다는 것은 물가가 하락한다는 것이 아니라 '덜 오른다'는 뜻이다. 2016년의 물가상승률이 1%라는 것은 2015년에 비해 물가가 1% 올랐다는 뜻이고, 2017년의 물가상 승률이 1.9%라는 것은 2016년 대비 1.9% 올랐다는 뜻이다. 2015년 의 물가를 100이라고 가정하면 2016년의 물가는 101이고, 2017년 은 여기에서 1.9% 오른 102.919가 된다. 이렇게 물가상승률은 복리 로 계산된다.

원금 확정보장 vs 구매력 확정손실

통계청이 발표하는 물가상승률이 우리가 체감하는 것과는 다르지 만 현재 한국은행의 물가 안정 목표는 2%이다. 이것을 단리 예금금 리와 복리 물가상승률로 비교해보면 다음 페이지의 [표 2-2]와 같다.

예금과 물가는 모두 같은 2%인데 시간이 지날수록 격차가 벌어 지는 것을 볼 수 있다. 1,000만 원을 예금에 넣어두고 매년 20만 원

| 표 2-2 | 단리 예금과 복리 물가

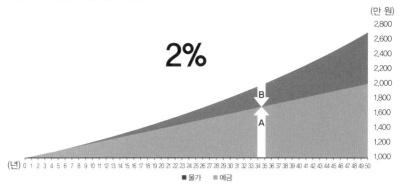

(연 2%)씩 이자를 받으면 50년 뒤 2,000만 원이 된다. 그런데 1,000만 원에 살 수 있었던 물건값은 2,700만 원으로 올랐다.

　금리가 낮아도 예금에 돈을 맡기는 이유는 원금이 보장되기 때문이다. 그러나 예금에 맡겨놓는 기간이 길어질수록 물가와의 차이가 발생한다. 1,000만 원을 예금에 넣어두고 1~2년 뒤에 찾아 쓴다면 그 사이의 물가 변동은 크게 체감하지 못할 수도 있다. 하지만 거치기간이 길어질수록 예금 적립금의 증가 속도가 물가를 따라가지 못한다.

　원금 1,000만 원에서 이자가 발생한 A 부분의 화살표만큼 적립금이 늘어난 것은 맞지만, 물가를 따라가지 못한 B 부분의 화살표만큼 화폐의 구매력은 하락했다. 원금에 대한 개념을 납입원금 1,000만 원으로 본다면 2% 예금은 원금이 보장되면서 이자를 받을 수 있는 '확정수익' 저축 상품이다. 하지만 구매력에 맞춘 파란 그래프를 원금의 개념으로 본다면 2% 예금은 구매력을 점점 잃어가는 '확정손실' 상품이 된다(물론 현실에서 50년 만기 정기예금은 존재하지 않으며, 단리로 운용되는 1년 만기 정기예금도 만기 후 재예치하면 이자가 원금과 합쳐져 복리 효과를 만들 수는 있다. [표 2-2]는 단리와 복리의 개념 차이를 설명하기 위한 예시다).

그러므로 저축을 통한 자산 증식의 첫 번째 목표는 최소한 물가가 오르는 만큼 내 자산도 오르는 것이고, 두 번째 목표는 현재의 저축 여력으로 생애주기에 필요한 재무 목표를 달성하는 것이다. 결국 2가지 목표가 모두 달성되어야 '이번 달 들어온 돈으로 다음 달에 쓰기'가 가능해진다.

투자는 선택이 아닌 필수

2020년 통계청이 발표한 '국민이전계정'에 의하면, 우리나라 국민 28세부터 58세까지는 노동소득이 소비지출보다 많아서 흑자 재정을 꾸려가지만, 59세부터는 다시 적자로 돌아선다고 한다. 따라서 소득이 지출보다 많은 28~58세까지 저축 가능한 시기에 노후를 대비한 적극적인 자산운용을 해야 한다. 물가상승률 이상의 수익을 얻기 위한 투자는 이제 선택이 아닌 필수가 되었다.

그러나 준비 없이 투자를 시작했다가는 큰 낭패를 보게 된다. 투자자 대부분은 이익보다 손실에 민감하다. 그러므로 얼마나 많이 수익을 내는가보다는 얼마나 잃지 않는 투자를 하느냐가 더 중요하다. 그래야 꾸준히 시장에 머무르면서 편하게 잠자리에 들 수 있다.

투자 결정에 필요한 몇 가지 기본 개념과 투자자산군의 특성에 대해 알아보자.

화폐의
시간가치

경제가 성장할수록 물가는 오르고 화폐가치는 하락한다. 짜장면을 예로 들어 설명했듯이, 같은 금액이라도 시간에 따라 구매력이 달라진다. 화폐가 가진 현재의 구매력을 현재가치, 미래의 구매력을 미래가치라고 한다. 여기서 말하는 현재와 미래라는 단어는 '지금'과 '앞으로'를 뜻하는 사전적인 의미가 아니라 시간 지평을 놓고 볼 때 앞선 시점을 '현재', 나중 시점을 '미래'라고 표기하는 것이다.

1998년 짜장면 한 그릇이 2,500원이었다는 것은 '과거가치'이고 지금 한 그릇에 5,000원이라는 것은 '현재가치'라고 생각할 수 있는데 과거가치라는 표현은 쓰지 않는다. 앞선 시간인 1998년의 가격을 현재가치, 지금의 가격을 미래가치, 이렇게 상대적인 시간 개념으로 보면 된다.

| 표 2–3 | 짜장면 가격의 미래가치

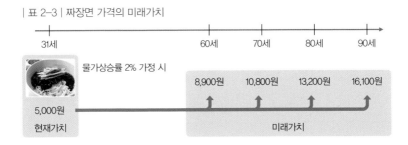

지금 짜장면 한 그릇이 5,000원이라고 가정할 때 매년 2%씩 물가가 오르면 40년 후 짜장면 한 그릇은 1만 원이 넘는다(사실은 10년만 지나도 1만 원이 훌쩍 넘을 것 같긴 하다). 물가가 오른다는 것은 이와 반대로 화폐가치가 하락한다는 뜻이다. 일반 금융소비자가 이런 개념을 이해하는 것이 금융 상품 가입을 위한 의사 결정에 어떤 영향을 줄까?

31세인 박성실 씨는 2년 전 연금보험에 가입하여 매월 20만 원씩 납입하고 있다. 가입설계서를 보니 60세부터 매월 40만 원을 연금으로 받을 수 있다고 한다. 이를 단순히 '납입한 돈의 2배를 받는다'고 생각해서는 안 된다. 물가를 반영해서 60세에 받게 될 40만 원의

| 표 2–4 | 연금의 현재가치

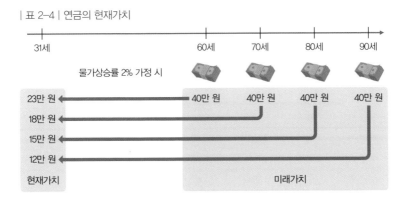

실질구매력을 계산해봐야 한다.

박성실 씨가 60세가 되었을 때 첫 달에 받는 40만 원의 연금은 지금 물가로 계산해보면 약 23만 원인 셈이다. 매월 같은 금액의 연금을 받는다고 가정할 경우 70세에 받는 40만 원은 현재가치로 볼 때 약 18만 원의 구매력을 가진다. 연금보험이 노후 생활에 얼마나 도움이 될 수 있을지 알기 위해서는 현재가치로 계산해봐야 한다.

물가 상승에 따른 현재가치와 미래가치의 차이를 이해했다면 이제 이를 자산운용 수익률의 개념으로 이해해보자. 지금 갖고 있는 1,000만 원을 연 5%의 기대수익률로 30년간 운용할 경우 얼마가 될까? 지금 돈 1,000만 원은 현재가치이고 30년 뒤 만들어지는 돈은 미래가치의 개념이다.

[표 2-5]는 현재가치 1의 운용수익률에 따른 미래가치를 보여준다. 연 5%로 30년간 운용할 경우 1,000만 원은 약 4,321만 원(5%와 30년이

| 표 2-5 | 복리계수표

구분	2%	3%	4%	5%	6%	7%
5년 뒤	1.1041	1.1593	1.2167	1.2763	1.3382	1.4026
10년 뒤	1.2190	1.3439	1.4802	1.6289	1.7908	1.9672
15년 뒤	1.3459	1.5580	1.8009	2.0789	2.3966	2.7590
20년 뒤	1.4859	1.8061	2.1911	2.6533	3.2071	3.8697
25년 뒤	1.6406	2.0938	2.6658	3.3864	4.2919	5.4274
30년 뒤	1.8114	2.4273	3.2434	4.3219	5.7435	7.6123
35년 뒤	1.9999	2.8139	3.9461	5.5160	7.6861	10.6766
40년 뒤	2.2080	3.2620	4.8010	7.0400	10.2857	14.9745
45년 뒤	2.4379	3.7816	5.8412	8.9850	13.7646	21.0025
50년 뒤	2.6916	4.3839	7.1067	11.4674	18.4202	29.4570

만나는 빨간 점선 박스)이 된다. 20년 뒤 1,000만 원을 모으려고 할 때 연 4%의 기대수익률로 운용하면 지금 얼마의 돈이 필요한지를 계산할 경우, 20년 뒤 1,000만 원은 미래가치이고 지금 필요한 돈은 현재가치라고 이해하면 된다.

20년과 4%가 만나는 2.1911이 1의 미래가치다. 결국 현재가치 얼마에 2.1911을 곱하면 1,000만 원이 되는가 하는 것(x × 2.1911 = 1,000만 원)이므로 1,000만 원을 2.1911로 나눈 약 456만 원이 현재 필요한 돈이다. 이처럼 미래가치는 복리로 늘어나므로 위 숫자(이를 '복리계수'라고 한다)를 곱하는 개념이고, 현재가치는 복리로 할인되므로 복리계수로 나누는 개념이다.

자녀 학자금 설계 사례

이제 보다 현실적인 계획을 세워보자.

> "다섯 살 남자아이의 대학 교육자금을 마련하기 위한 계획을 세우려고 한다. 아이가 스무 살이 될 때 지금 물가로 2,000만 원을 만들어주고 싶다. 아이 명의로 개설한 증권계좌에 현재 800만 원이 예치되어 있다. 연평균 교육비 물가상승률 3%, 투자수익률 5%를 가정한다면 아이 계좌에 있는 800만 원으로 재무 목표를 달성할 수 있을까?"

자녀를 키우는 부모라면 누구나 한 번쯤 이런 고민을 했을 것이다. 복리계수를 활용해서 계산해보자. 어렵지 않으니 조금만 집중하면 된다. 아이가 대학에 입학할 시점이 지금부터 15년 뒤이므로 15년간 연 3%의 교육비 물가상승률을 가정한다면 1원의 미래가치는 1.5580원이 된다. 지금의 2,000만 원은 15년 뒤에 약 3,116만 원(2,000만 원 × 1.5580)이 되어야 한다. 15년간 5%의 기대수익률로 운용할 경우 지금 얼마를 투자해야 3,116만 원을 만들 수 있을까? 15년과 5%가 만나는 복리계수는 2.0789이다. 미래가치 3,116만 원을 2.0789로 나누면 교육자금 마련에 필요한 현재 투자액(약 1,500만 원)이 계산된다.(아래 표 ①~③ 순서로 계산)

| 표 2-6 | 복리계수를 활용한 교육자금 설계 예시

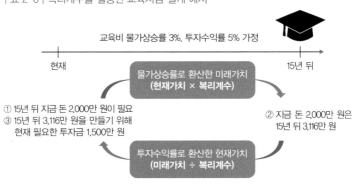

현재 자녀 명의의 계좌에 800만 원이 있으므로 일시금 700만 원이 부족하다. 이를 해결하려면 다음의 2가지 대안이 있다.

1. 일시금 700만 원
2. 매월 5만 4,000원씩 15년간 납입

이런 계산을 할 수 있어야 현재 아이 계좌에 있는 돈으로 교육비를 준비할 수 있는지 판단하고, 부족하다면 어떤 방법으로 준비해야 할지 계획을 수립하고 의사 결정을 할 수 있다. 그래야 15년이 지났을 때 '이번 달 들어온 돈으로 다음 달에 쓰기'가 가능하다.

72법칙

복리계수를 쓰지 않고 시간에 따른 화폐가치의 차이를 빠르게 가늠해보는 방법이 있는데, 이를 '72법칙'이라고 한다. 자산가치가 절반으로 줄어드는 데 걸리는 기간과 이때 적용된 물가상승률, 또는 자산이 2배가 되는 데 걸리는 기간과 이때 필요한 기대수익률의 관계를 간단한 곱셈식으로 만든 것이다.

$$A(\%) \times B(년) = 72$$

예를 들어보자.

- 매년 2%씩 물가가 오를 경우 내 자산이 반 토막이 되는 데 걸리는 기간은?
  → 36년 뒤 절반으로 가치가 하락한다. (2% × 36년 = 72)
- 연평균 6%씩 수익을 낼 수 있다면 몇 년 뒤 내 자산이 2배가 되는가?
  → 12년 뒤 2배가 된다. (6% × 12년 = 72)
- 10년마다 자산 가격이 2배로 오르려면 매년 필요한 수익률은?

→ 매년 7.2%의 수익률을 달성해야 한다. (7.2% × 10년 = 72)

    백분율로 표기되는 A에 투자수익률을 넣으면 자산이 2배가 되는 데 걸리는 기간이 되고, 물가상승률을 넣으면 자산가치가 절반으로 하락하는 데 걸리는 기간이 된다. 숫자가 많이 나와서 어려울 수도 있겠지만 이 개념은 투자나 보험 같은 금융 상품 가입 결정을 할 때 꼭 필요하다.

    자녀 학자금 설계 과정에서 기대수익률을 연 5%로 가정하는 것은 합리적인가? 어차피 가정이니 연 10%, 15% 수익률을 예시하는 것은 무리일까? 투자를 통한 적정 기대수익은 어느 정도가 타당하며, 이런 수익을 얻는 데 원금 손실의 위험은 없을까? 위험과 수익의 관계를 이해해보자. 투자의 길은 멀고도 험하다.

위험과
수익

원금 보장되는 고수익 상품은 세상에 없다

금리가 낮아도 정기예금에 돈을 맡기는 이유는 원금 손실의 위험이 없기 때문이다. 바꿔 말하면 정기예금보다 높은 수익을 얻기 위해서는 원금 손실의 위험을 감수해야 한다는 뜻이다. (100만 원에 주식을 사서 150만 원에 팔았다면, 회계상 150만 원은 '수익'이고 50만 원은 '이익'이라고 표기한다. '수익-비용=이익'이다. 그러나 일상에서는 원금의 초과분을 수익이라고도 쓰고 있어서, 이 책에서도 이익의 개념으로 수익이라는 용어를 혼용하여 표기하였다.)

원금 손실의 위험은 없으면서 정기예금보다 높은 수익을 얻는 방법은 사실상 존재하지 않는다. 저축은행과 같은 제2금융권의 예금 금리가 시중은행보다 높은 이유도 발행기관의 부도 위험이 은행보다 상대적으로 높아서 추가 금리라는 형태로 '위험 프리미엄'이 반영된 것이다.

"저금리 시대에 확실한 고수익 투자처!"

길에 붙어 있는 이런 플래카드의 표현은 모순이다. '확실한'과 '투자'는 동전의 양면처럼 함께 쓰일 수 없다. 예금금리보다 높은 수익을 제시한다면 어떤 식으로든 위험이 내포된 것이다. 예외는 없다. 그렇다면 위험한 자산은 나쁜 것일까?

리스크는 피하는 게 아니라 관리하는 것이다

1장에서 '대출'이라는 직관적인 단어 대신 '신용'이라는 순화된 표현을 써서 본래의 뜻을 희석했다고 했는데, 이번 장에서는 '일상에서 말하는 위험'과 '투자에서 말하는 위험'이 어떻게 다른지 알아보자.

전기와 가스는 그 자체로 매우 위험하지만 우리 일상에 없어서는 안 될 필수재이다. 자동차 운전은 목숨을 잃을 위험이 있지만, 생업을 이어가는 수단이 되고 삶을 윤택하게 해준다.

투자에서 말하는 위험이란 원금 손실 자체를 의미하기보다는 자산 가격의 변동성 혹은 불확실성을 말한다. 그러므로 위험하니까 피해야 할 대상이 아니라 어떻게 '관리'하느냐의 문제로 접근해야 한다. 관리를 잘한다고 해서 위험이 완전히 제거되지는 않지만, 생애 재무 목표 달성에 필요한 자산 증식에는 큰 도움이 될 것이다.

이를 이해하기 위해 자산배분과 포트폴리오 이론에 대한 기초 지식이 필요하다. 알고도 행동하지 않는 가장 큰 이유는 '제대로 알지 못하기' 때문이다. 그렇다고 우리가 투자론과 같은 전공 서적의 내용까지 공부할 필요는 없다. 여기서는 최대한 쉽고 간단한 사례로 개념만 이해해보자. 이것을 이해하는 것만으로도 투자에 대한 좋은

습관과 원칙을 세울 수 있고, 뒤에 설명하는 실제 사례를 매우 흥미
진진하게 읽을 것이라고 확신한다. 그만큼 지루한 이론이라는 복선
을 던진 것이다.

수익이 같다면 낮은 위험,
위험이 같다면 높은 수익을 선택하라

양궁 국가대표 선발전에 출전한 A, B, C 세 사람이 각각 8발의 화살
을 쏘았다. 아래 그림은 과녁에 꽂힌 모습이다.

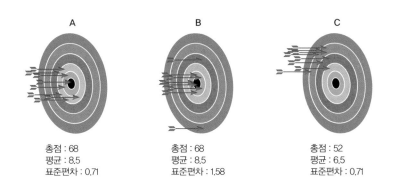

A와 B는 각각 총점 68점을 기록했다. 그러나 B의 화살이 A보다
더 넓게 퍼져 있다. 평균에서 얼마나 멀리 분포되어 있는지를 나타내
는 지표를 표준편차라고 하며, 이 값이 클수록 변동성이 크다고 보면
된다. 앞서 위험은 변동성이라고 했으니 결국 표준편차가 큰 것이 더
위험하다는 뜻이다. A와 B가 다음번 활을 쏜다고 하면 관중의 입장
에서 어느 쪽이 더 불안할지 생각해보면 쉽게 이해할 수 있을 것이다.

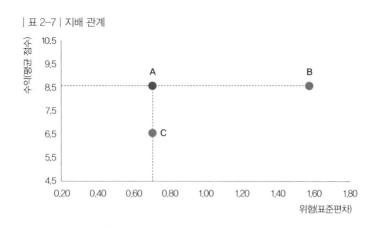

| 표 2-7 | 지배 관계

반면 A와 C를 비교해보면 표준편차는 같은데 점수가 다르다. 표준편차가 같다는 뜻은 과녁에 꽂힌 화살의 밀집도가 비슷하다는 것이다. 그러나 C의 화살은 과녁의 중심에서 많이 벗어나 있다. 세 사람의 평균 점수와 표준편차를 수익과 위험이라는 2개의 축으로 만들어진 그래프에 나타내면 [표 2-7]과 같다.

A와 B는 수익(평균)이 같지만 이 수익을 얻기 위해 감수한 위험(표준편차)은 B가 더 크다. A와 C는 위험이 같은데 수익이 다르다. 같은 위험을 감수한 대가로 얻은 수익은 C보다 A가 더 크다. 현명한 투자자라면 수익이 같을 경우 위험(표준편차)이 적은 자산을 선호할 것이고(A와 B 중에 A), 위험이 같을 때는 수익률이 높은 자산(A와 C 중에 A)을 선호할 것이다. 이것을 '지배이론'이라고 하며 위 그래프에서 A는 B와 C를 지배하고 있다. 당신이 양궁 감독이라면 A를 대표선수로 기용할 것이다.

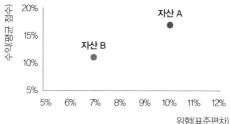

| 표 2-8 | 성격이 비슷하지만 수익과 위험이 다른 자산

구분	자산 A	자산 B
수익	17%	11%
표준편차	10%	7%

수익과 위험이 다르다면 샤프 지수를 활용하라

이번에는 수익과 위험이 서로 다른 자산이 있다고 가정해보자. 위 그래프는 자산 A가 B보다 더 높은 수익을 내고 있지만 표준편차도 더 크다. 그만큼 변동성도 크다는 뜻이다. 현실 세계에 존재하는 대부분의 자산이 이렇게 되어 있다. 이 중에 어떤 자산을 선택하는 것이 더 유리할까? 위험과 수익이 서로 다르므로 지배이론에 의한 직관적인 비교가 불가능하다.

이를 위해서는 예금금리를 하나 등장시켜야 한다. 정확히 말하면 무위험수익률 값이 필요한데 우리가 주변에서 쉽게 접할 수 있는 1년 만기 정기예금 금리를 무위험수익율의 대용으로 써도 무방하다. 이 값을 1.5%라고 가정해보자.

자산 A에 투자했다면 10%라는 위험(표준편차)을 부담한 대가로 정기예금보다 15.5%p(17%-1.5%)의 초과수익을 얻는 것이고, 자산 B에 투자했다면 7%의 위험을 부담한 대가로 9.5%p(11%-1.5%)의 초과수익을 얻는 것이다. 표준편차가 10%, 7%라는 것이 무슨 뜻인지는 정규분포까지 설명해야 하므로 여기서는 생략하겠다. '표준편차가 클수록 더 위험하다'는 정도만 알고 있어도 충분하다.

　투자자산의 연수익률에서 정기예금 금리를 뺀 것이 '초과수익'
이다. 정기예금보다 높은 수익을 기대하려면 위험을 감수해야 한다
고 설명한 부분을 상기해보라. '초과수익을 표준편차로 나누면' 위험
'1단위'를 부담한 대가로 얻는 초과수익의 크기를 계산할 수 있는데,
이를 '샤프 지수(sharpe ratio)'라고 한다. 자산 A와 B의 샤프 지수는 각
각 1.55(15.5 ÷ 10)와 1.36(9.5 ÷ 7)으로 계산된다. 이 숫자가 높은 자산
이 '동일한 위험을 부담한 대가로 더 높은 초과수익을 얻은 자산'이
라고 보면 된다. 단, 샤프 지수는 성격이 완전히 다른 자산(이를테면 미
국 대형주와 대한민국 국채)을 비교할 때는 적합하지 않은 지표이다.

위험을 낮추고 수익을 높이는 자산배분 효과

그렇다면 자산 A와 B를 절반씩 섞어서 투자하면 수익과 위험은 어
떻게 바뀔까? 두 자산을 섞어서 구성한 새로운 자산 C를 'A와 B를
5 : 5 비율로 구성한 포트폴리오'라고 하자. 2가지 나물을 섞어 만든
비빔밥이라고 생각하면 된다.

　포트폴리오 C(비빔밥)의 수익률과 표준편차를 구하면 A, B, C의
샤프 지수를 비교해서 어떤 자산이 가장 좋은 성과를 내고 있는지
알 수 있다.

　포트폴리오 C의 수익률은 각 자산의 수익률을 더해서 둘로 나누
면 된다. 포트폴리오 C의 표준편차는 두 자산이 어떤 상관관계를 가
지고 움직이는지에 따라 다른데 이 관계를 설명해주는 지표를 '상관

계수'라고 한다. 그냥 그런가 보다 하고 읽고 넘어가도 된다. 두 자산이 비슷한 방향으로 오르고 내리면 1에 가까운 값이 나오고, 서로 무관하게 움직이면 0에 가까워지고 서로 반대로 움직이면 -1에 가까워진다. A, B 두 자산의 상관계수는 0.7로 가정했다. 나와 아내의 경우, 혜비메탈에 대한 상관계수는 0.8 수준이고 명품 가방에 대한 상관계수는 거의 −1에 가까울 것 같다.

이렇게 계산한 포트폴리오 C의 수익과 위험은 각각 14%, 7.9%이다. 이를 토대로 샤프 지수를 계산해보니 1.59가 나왔다. 두 자산을 절반씩 섞은 C의 '위험 1단위당 초과수익'이 A와 B에만 투자할 때보다 더 높다는 것을 확인할 수 있다.

| 표 2-9 | 세 자산의 수익, 표준편차, 샤프 지수

구분	자산 A	자산 B	포트폴리오 C
수익	17%	11%	14.0%
표준편차	10%	7%	7.9%
샤프 지수	1.55	1.36	1.59

* 상관계수: 0.7, 무위험수익률: 1.50%

큰 수익을 기대할 수 있는 한 가지 자산에 모두 투자하는 것보다 그보다 수익이 덜한 자산에 나누어 투자하는, 이른바 '자산배분'을 하면 같은 위험을 감수할 때 더 큰 초과수익을 얻을 수 있다는 이론적 배경이 여기에서 나온 것이다. 자산배분의 다양한 방법에 대해 실제 투자 사례를 통해 알아보자.

자산배분의 사례와 시사점

지난 23년간의 자산 가격 움직임

다양한 자산에 배분하는 전략이 얼마나 마음 편한 투자 방법인지 실제 사례를 통해 확인해보자. 아래의 표는 1997년부터 2019년까지 23년간 7가지 자산군의 연간 수익률이다.

각 연도 바로 밑에 나오는 숫자는 그해에 가장 성과가 좋은 자산

| 표 2-10 | 지역별 연도별 자산군의 연간 운용수익률 (단위: %)

1997	1998	1999	2000	2001	2002	2003	2004	2005	2006	2007	2008	2009	2010	2011	2012	2013	2014	2015	2016	2017	2018	2019
33	29	66	50	4	32	56	26	35	33	40	20	79	19	17	19	32	14	1	12	38	0	31
12	20	41	15	1	22	39	21	26	27	33	10	32	15	8	19	23	11	1	12	26	-2	23
11	18	27	14	-2	15	29	17	14	16	12	-11	28	12	5	18	-1	6	1	11	22	-4	19
2	13	24	-3	-4	13	26	12	11	10	10	-37	26	9	2	16	-2	-2	0	10	10	-5	18
-4	-12	21	-9	-12	-6	21	12	5	7	10	-43	13	8	-1	4	-5	-3	-6	2	9	-13	14
-12	-25	-5	-14	-21	-16	19	11	2	1	6	-46	4	8	-12	2	-7	-4	-15	2	6	-14	9
-14	-36	-8	-31	-32	-22	1	5	-9	-15	5	-53	-10	5	-18	0	-8	-33	-33	0	2	-14	5

■ 미국 주식　　　■ 신흥국 채권　　　■ 미국 10년 국채　　　■ 미국 외 선진국 주식
□ 미국 외 선진국 국채　　　■ 신흥국 주식　　　■ 원자재

출처: 블랙록자산운용

부터 가장 저조한 자산까지 수익률 순서대로 나열한 것이다. 예를 들어 1997년 가장 수익이 좋았던 자산은 연 33%의 수익률을 기록한 미국 주식이며 그다음이 신흥국 채권이고 가장 성과가 저조했던 자산은 −14%를 기록한 원자재이다.

그 이듬해인 1998년 1월에 10명의 투자자가 각각 100만 원으로 투자 게임을 했다고 가정해보자.

| 표 2-11 | 투자자별 투자 대상과 방법

투자자	투자 대상과 방법
1번 투자자	미국 주식에 투자 후 계속 보유
2번 투자자	신흥국 채권에 투자 후 계속 보유
3번 투자자	미국 10년 국채에 투자 후 계속 보유
4번 투자자	미국 외 선진국 주식에 투자 후 계속 보유
5번 투자자	미국 외 선진국 국채에 투자 후 계속 보유
6번 투자자	신흥국 주식에 투자 후 계속 보유
7번 투자자	원자재에 투자 후 계속 보유
8번 투자자	위 7가지 자산에 1/7씩 나누어 투자 후 계속 보유
9번 투자자	위 7가지 자산 중에 직전 연도 수익이 가장 좋았던 자산에 투자
10번 투자자	위 7가지 자산 중에 직전 연도 수익이 가장 저조한 자산에 투자

1~7번 투자자는 각각 1개의 자산에 100만 원을 22년간 투자했다. 8번 투자자는 100만 원을 1/7씩 나눠 미국 주식부터 원자재까지 각각 같은 금액을 투자했다. 9번 투자자는 '직전 연도에 가장 성과가 좋았던 자산'에 투자했다. 투자 첫 해인 1998년에는 직전 연도인 1997년에 가장 좋은 성과를 낸 미국 주식에 100만 원을 전부 투자한 것이다. 그리고 그해에도 미국 주식이 가장 좋은 성과를 냈다.

따라서 이듬해인 1999년에는 미국 주식을 계속 보유했다. 1999년에는 신흥국 주식이 가장 좋은 성과를 냈다. 보유하고 있던 미국 주식을 팔고 2000년 1월에는 신흥국에 투자했다. 그러나 2000년의 신흥국 주식은 7개 자산군 중에 가장 저조한 성과를 기록하고 말았다. 2000년에는 원자재가 50%의 성과를 내며 가장 좋은 결과를 냈다. 2001년에는 신흥국 주식을 모두 팔고 원자재 주식을 사들였다. 그 결과는 [표 2-10]에서 직접 확인해볼 수 있다. 이런 식으로 22년을 투자했다.

이렇게 '최근 성과가 좋은 자산'에 투자하려는 경향은 비단 9번 투자자만의 얘기는 아닐 것이다. 각종 언론과 포털사이트에 소개되는 소위 잘나가는 펀드들은 모두 최근 3개월, 6개월 동안 환상적인 성과를 기록했다고 나온다. 그런 뉴스를 보고 펀드를 선택했거나 혹은 최근 성과가 좋다며 권유한 판매직원의 말을 듣고 가입했다면 여러분도 9번 투자자와 비슷한 방법으로 투자하고 있는 셈이다.

마지막으로 10번 투자자는 9번 투자자와 정반대의 투자 방법을 선택했다. 직전 연도에 가장 저조한 성과를 낸 자산에 투자한 것이다. 직전 연도에 성과가 안 좋았다는 것은 가장 싼 가격에 사들일 기회라고 생각했기 때문이다. 일견 합리적인 생각이다. 직전 연도인 1997년에 가장 성과가 저조했던 자산은 원자재였으므로 1998년에 100만 원을 원자재에 모두 투자했다. 그러나 그해에 가장 저조한 성과를 낸 자산도 다름 아닌 원자재였다. 36%의 손실을 보았으니 이제 10번 투자자의 원금은 64만 원으로 쪼그라들었다(세금과 수수료는 무시). 1999년에도 원자재 투자를 계속 이어나갔다. 그해 원자재는 두 번째로 좋은 41%의 수익을 기록했다. 64만 원의 원금은 이제 90만 원까지 회복되었다.

이렇게 투자했을 경우 2019년 말에 각 투자자의 적립금은 얼마가 되어 있을까? 아래의 그래프는 100만 원으로 시작한 각 투자자의 연도별 적립금이 어떻게 변화했는지 보여준다.

| 표 2-12 | 각 투자자의 운용 성과

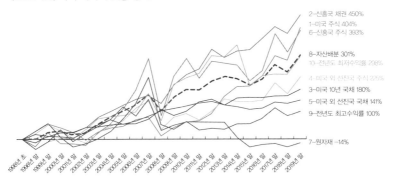

22년간 신흥국 채권은 450% 수익을 낸 반면, 원자재는 14% 손실이 발생했다. 1/7씩 나누어 투자한 8번 투자자는 자산이 4배로 불어났다(누적수익률이 301%이므로 투자원금 100만원은 401만 원이 되어 있다). 매년 전년도 최고 수익을 냈던 자산에 투자한 9번 투자자는 200만 원을 손에 쥐었다. 각 자산에 균등 배분하여 투자한 8번 투자자(빨간 점선 그래프)는 전체 투자 기간을 통틀어 줄곧 중간 이상의 누적 성과를 이어왔음을 알 수 있다.

다음 페이지의 [표 2-13]은 매년 가장 높은 성과를 낸 자산과 가장 낮은 성과를 낸 자산을 선으로 연결했을 때 8번 투자자의 수익

| 표 2-13 | 연도별 자산배분 투자자의 위치

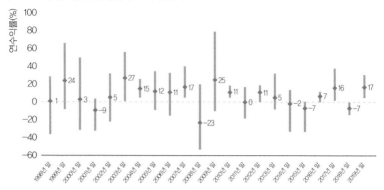

률(주황색 점)이 어디쯤 위치하는지를 보여준다. 22년간 어느 한 해도 최고 수익의 영광을 얻지는 못했지만 꾸준히 중간 수준의 성과를 유지해왔음을 알 수 있다.

실전에서 검증된 자산배분 효과

해마다 연초가 되면 자산시장에 대한 전망을 한다. 각국의 개별적인 정치 경제 이슈부터 글로벌 경기 진단까지 수많은 전문가들이 각자의 의견을 이야기한다. 시장을 바라보는 눈이 생기고 이런 정보를 해석하는 능력이 있다고 해도 자산운용에 대한 의사 결정은 매번 어렵다. 그러나 투자원금을 전체 시장에 균등하게 배분(8번 투자자)하기 위해 필요한 것은 계산기 하나면 충분하다. 판단과 선택에 대한 스트레스를 줄이면서 만족스러운 성과를 낼 수 있다. 22년간 운용한 각 투자자의 성과와 위험을 '연평균수익률'과 '연간 평균수익률의 표준편차'로 순위를 만들어보았다.

| 표 2-14 | 각 투자자의 투자 성과와 위험

투자자	연평균수익률
2번-신흥국 채권	8.1%
1번-미국 주식	7.6%
6번-신흥국 주식	7.5%
8번-자산배분	6.5%
10번-전년도 최저수익률	6.5%
4번-미국 외 선진국 주식	5.5%
3번-미국 10년 국채	4.8%
5번-미국 외 선진국 국채	4.1%
9번-전년도 최고수익률	3.2%
7번-원자재	-0.7%

투자자	표준편차
5번-미국 외 선진국 국채	8.4%
3번-미국 10년 국채	8.0%
2번-신흥국 채권	10.7%
8번-자산배분	12.0%
1번-미국 주식	17.5%
4번-미국 외 선진국 주식	20.3%
9번-전년도 최고수익률	23.7%
10번-전년도 최저수익률	25.2%
7번-원자재	26.3%
6번-신흥국 주식	32.2%

* 연평균수익률: 누적수익률의 연평균 기하수익률, 표준편차: 연간 수익률의 표준편차

8번 투자자는 10명 중에서 수익률과 위험 모두 네 번째 순위였다. 추측컨대 이런 성과를 만들어내는 동안 하위 6명의 투자자보다 스트레스도 덜 받았을 것이다.

위 결과를 토대로 위험-수익 프로파일을 만들면 아래와 같다.

| 표 2-15 | 각 투자자산의 수익과 위험

자산배분 투자자의 성과가 평균 이하의 위험을 부담하면서 평균 이상의 성과를 냈음을 보다 직관적으로 이해할 수 있다.

자산배분을 하는 궁극적인 이유

시장은 플러스 성과를 내고 있는데 내가 투자한 자산은 마이너스일 경우 투자를 계속하기는 정말 어렵다. 남들은 시험을 잘 봤다고 하는데 나만 점수가 안 나왔다면 어떤 심정일지 상상해보라. 투자원금 100만 원에서 30%의 손실이 발생했다고 가정해보자. 70만 원으로 떨어진 돈이 다시 원금이 되려면 43%(70만 원 × 1.43 = 100만 원)의 수익이 발생해야 한다. 하락 폭보다 더 큰 수익을 올려야 원금에 도달한다. 투자 손실을 복구하려면 연 5%, 10% 기대수익으로는 만족하지 못하고 더 큰 수익을 얻고자 할 것이다. 수익과 위험은 같은 말이라고 했다. 결국 더 높은 변동성을 가진 자산에 투자하게 되고 이는 대개 더 큰 손실로 이어지는 경우가 많다. 오죽했으면 워런 버핏도 투자란 '인내심이 없는 사람의 돈을 인내심 많은 사람이 벌어가는 게임'이라고 이야기했을까. 기대수익이 높다면 그만큼 손실로 이어질 확률도 크다는 것을 늘 상기해야 한다.

같은 비율로 자산을 배분한 8번 투자자는 이제 무엇에 신경 써야 할까? 자신이 투자한 자산이 매일매일 어떻게 움직이는지 확인하고 투자한 지역에 어떤 이슈가 있는지 알기 위해 시간을 보낸다면 아마도 투자를 계속 이어가지 못할 것이다. 세상은 온갖 나쁜 뉴스로 가득하다. 일단 투자를 시작했다면 우리에게 필요한 것은 자명종과 수

면제이다. 10년 뒤에 자명종이 울리게 해놓고 깊은 잠에 빠지는 것이 투자자가 해야 할 유일한 노력이다(이것도 워런 버핏이 한 말이다). 그리고 이것이 가장 어렵다. 전 세계의 다양한 자산에 분산투자를 했는데 아이러니컬하게도 시장에서 관심을 끄고 뉴스와 신문을 멀리해야 한다는 것이다.

시장을 들여다보며 그날그날의 성과를 확인하는 것은 어떤 도움도 되지 않는다. 모든 자산이 동시에 오르거나 동시에 떨어지는 경우는 매우 드물다. 자산배분이라는 것은 필연적으로 오르는 자산과 떨어지는 자산을 모두 보유해야 한다는 뜻이다. 내가 투자한 여러 종류의 자산이 모두 오르기를 바란다면 시장이 하락할 때 내가 투자한 자산은 아마도 모두 하락할 것이다.

매년 오르는 자산으로 갈아타기를 하면 수익을 극대화할 수 있지 않을까? 물론이다. 하지만 현실에서는 거의 불가능에 가깝다. 시시각각 쏟아지는 글로벌 경제 이슈 중에 무엇이 신호이고 무엇이 소음인지 구별하는 것은, 조금 과하게 말하자면 인간의 능력 밖이라고 생각한다. 금리가 오른다는 뉴스에 어떤 때는 주식시장이 오르기도 하고 또 어떤 때는 폭락하기도 한다. 같은 뉴스에 자산의 움직임이 상반되게 나타나는 경우는 투자의 세계에서 아주 흔하다.

당장 이번 달 혹은 올해(아니 1시간 뒤) 어떤 자산이 오를지 알 수 있는가? 알았다고 해도 현재의 자산을 매도하고 오를 것 같은 자산을 매수할 용기가 있는가? 한두 달 월급 정도의 투자금이라면 '맞히기 게임'에 참여할 수도 있다. 최악의 경우 모두 잃더라도 생존을 위협하는 정도는 아닐 테니까. 그러나 그것이 퇴직금이거나 6개월 뒤에 지불해야 할 전세자금이라면 그렇게 운용할 수 있을까? 지금까지 이런 방법으로 몇 번 큰 수익을 얻었다면 전적으로 운이 좋았을 뿐이다. 실력이라고 생각하는 순간 나락으로 빠질 수 있다. 동전을 던져서 계속 앞면이 나올 수는 없다. 어떤 자산이 오르고 내릴지 알 수 없다. 그것을 알 수 있는 어떤 기술적 방법도 없다. 그래서 자산배분을 하는 것이다.

이 장에서 제안하는 투자 방법은 기가 막힌 대박을 맛볼 수 있는 비법이 아니라(물론 그런 비법을 나는 모른다) '이번 달 들어온 돈으로 다음 달 생활하기'를 평생에 걸쳐 실천하기 위해 손실의 위험을 줄이면서 자산을 늘려가는 것이다. 생애에 걸쳐 꾸준히 투자를 지속하려면 앞면이 나오든 뒷면이 나오든 크게 잃지 않는 방법으로 해야 한다.

주식과
채권

2가지 투자 조건

'최고전자'라는 회사를 운영하는 친구가 자금이 부족하여 돈 많은 당신을 찾아와 투자 제안을 한다(상상만으로도 기쁘지 않은가). 투자 조건은 2가지다.

조건 1		조건 2
1억 원을 투자하면 회사 이익의 1%를 회사가 존속하는 동안 매년 지급한다. 원금은 반환되지 않는다.	VS	1억 원을 투자하면 회사 이익에 상관없이 투자금의 5%를 10년간 매년 지급하고 10년 뒤에 원금 상환 후 계약은 종료된다.

조건 1의 경우 사업이 성장하고 이익을 많이 낼수록 투자수익도 올라가므로 투자원금보다 훨씬 더 많은 수익을 얻을 수도 있다. 그러나 회사가 부도라도 나면 투자원금을 모두 잃는다. 이익을 내지

못하고 거우 현상 유지만 할 경우에도 투자수익이 전혀 발생하지 않는다.

조건 2의 경우 회사의 사업 성과와 무관하게 매년 일정 금액을 이자 형식으로 받는 것이므로 일종의 차용증과도 같은 조건이다. 회사가 이익을 못 내더라도 매년 정해진 이자를 받을 수 있지만, 회사가 크게 성장한다고 해서 투자자에게 이익을 배분하지는 않는다.

둘 다 좋은 조건인데 선뜻 어떤 것도 결정하지 못하겠다. 왜 그러냐는 친구의 물음에 당신이 대답한다.

"둘 다 좋은 조건이지만 나도 5년쯤 뒤에 1억을 써야 할 데가 있거든……."

그러자 친구는 그 자리에서 한 가지 조건을 추가해준다.

"조건 1, 조건 2 둘 중 어느 방법으로 투자를 하든 투자확인증을 교부해 이를 시장에서 사고팔 수 있게 해주겠다."

조건 1의 방법대로 투자한다면 투자확인증은 일종의 지분 증서이다.

"이 증서를 가진 분은 최고전자의 지분 1억 원을 보유함으로써 매년 수익금의 1%를 지급받을 수 있습니다."

이렇게 쓰여 있다. 회사가 계속 성장하여 수익의 1%를 매년 받고 있다고 가정해보자. 돈이 필요해서 이 증서를 시장에 내다 팔려고 한다. 회사가 꾸준히 이익을 내고 있으므로 이 증서는 인기가 있다(한 해에 100억 원의 이익이 생겼다면 1억 원을 배당받을 수 있다). 웃돈을 주고서라도 증서를 사겠다는 사람이 줄을 설 것이다. 물론 반대의 경우도 가정해야 한다. 회사 수익이 생각만큼 많지 않거나 심지어 경영 손실이 발생하고 있다면, 이 증서를 사려고 하는 사람은 그리 많지 않을 것이다. 1억 원을 투자하고 받은 증서인데 5,000만 원에 내놔도 팔리지 않을 수 있다.

조건 2의 방법대로 투자한다면 투자확인증은 일종의 채무 증서이다.

"이 증서를 가진 분은 최고전자로부터 만기(2031년 12월 31일)까지 매년 500만 원(1억 원의 5%)씩 이자를 받으며 만기에 원금 1억 원을 지급받을 수 있습니다."

5년 뒤 이 증서를 시장에 내다 팔려고 한다. 그런데 최고전자가 지금 발행하는 투자확인증을 보니 '6% 이자'를 주겠다고 적혀 있다. 내 증서에는 5%라고 적혀 있으니 시장에 내놓아도 내 증서를 살 사람은 아무도 없을 것 같다. 하는 수 없이 투자확인증의 가격을 더 싸게 내놓을 수밖에 없다.

1년 만기인 투자확인증에 6%라고 적혀 있다면 1억 원을 투자했을 때 1년 뒤 1억 600만 원을 받는다. 내가 갖고 있는 투자확인증에는 5%라고 적혀 있다면 1년 뒤 1억 500만 원을 받는다. 따라서 모든 투자자는 6%라고 적혀 있는 투자확인증을 사려고 할 것이다.

1년 뒤 1억 500만 원을 받는 투자확인증을 1억 원에 내놔서는 아무도 사지 않을 것이다. 9,900만 원으로 가격을 내려야 팔릴 것이다 (9,900만 원에 사서 1년 뒤 1억 500만 원을 받으면 투자수익률이 약 6%가량 된다).

금리가 오르면(5% → 6%) 투자확인증의 가격은 하락(1억 원 → 9,900만 원)하고 금리가 내려가면 가격이 오르는 속성이 있다.

주식은 배당을 받고, 채권은 이자를 받는다

지금 설명한 조건 1의 투자확인증이 주식이고, 조건 2의 투자확인증이 채권인 셈이다. 주식을 보유하면 지분만큼 회사의 주인이 되는 것이다. 회사의 이익이 생기면 이를 나누어 받을 수도 있는데 이를 배당이라고 한다. 물론 이익이 생겼다고 항상 배당을 받을 수 있는 것은 아니다. 게다가 투자원금은 더 이상 투자자의 돈이 아니다.

다행히 주식을 사고팔 수 있는 거래소(주식시장)에서 내 주식을 누군가에게 팔면 지분증권을 현금화할 수 있다. 거래소에 가서 내 주식을 살 사람을 찾아야 하는데 조건에 맞는 사람을 찾기는 매우 어려울 것이다. 나는 최고전자의 주식을 1억 2,000만 원에 팔고 싶은데 이 주식을 사려는 사람들은 9,000만 원 이상은 못 주겠다고 하니 말이다. 열흘간 시장을 떠돌아다니며 용케 살 사람(투자자 H)을 만나서 주식을 팔았다면 최고전자의 주주명부에 내 이름을 지우고 새로운 주주인 H의 인적사항을 적어놔야 한다. 그래야 최고전자는 다음 번 배당금을 H에게 지급할 수 있다. 주식을 한 번 사고팔 때마다 조건에 맞는 거래 상대방을 찾아야 하고 주주명부 변경 등의 행정적인 업무를 매번 해야 하는데 증권회사에서 이런 업무를 대행해주고 거래수수료를 떼어간다.

채권은 국가나 기업이 돈을 빌리기 위해 발행하는 증권이다. 국가가 발행하면 국채, 회사가 발행하면 회사채라고 한다. 발행한 국가나 회사 입장에서 볼 때 채권은 만기 때 갚아야 하는 부채, 즉 빚이다. 반면 주식은 만기라는 것이 없고 회사가 투자자에게 갚아야 할 의무도 없다. 따라서 주식을 발행하여 들어온 투자자의 돈은 회사 입장에서 볼 때 자본금이 된다.

금리와 채권 가격은 반대로 움직인다

최고전자가 발행한 조건 2의 회사채 사례에서 보듯이 채권의 가격을 결정하는 많은 요인 중 큰 영향을 주는 것은 금리다. 금리가 오르면 채권 가격은 하락하고 금리가 내려가면 채권 가격은 오른다. 금리가 변동할 경우 만기가 짧은 채권보다 긴 채권의 가격이 더 크게 움직이며 신용등급이 낮은 기업이 발행한 채권의 가격이 더 큰 폭으로 오르내린다. 채권의 이런 속성은 경제 전체와 우리 일상에 많은 영향을 준다.

미국 정부가 돈이 필요한데 국민의 세금만으로는 충당할 수 없어서 국채를 발행하면 중앙은행인 연방준비은행이 달러를 인쇄해서 국채를 사들인다. 그러면 달러는 미국 정부로 들어가고 중앙은행 금고에는 미국 국채가 쌓인다. 시중에 돈을 공급하는 방식도 이와 같다. 중앙은행이 채권시장에서 국채를 사들이면(뉴스에서는 이를 '자산 매입 프로그램'이라고 보도한다) 국채는 중앙은행 금고로 들어가고 국채를 보유하고 있는 은행에는 돈이 공급된다. 은행으로 공급된 돈은 대출의 형태로 시중에 풀린다.

중앙은행이 국채를 사들인다는 것은 국채의 수요가 늘어나는 것이고 수요공급의 법칙에 의해 국채 가격은 오를 것이다. 채권 가격과 금리는 반대로 움직인다고 했으므로 국채 가격의 상승은 시중금리의 하락 요인으로 작용하게 된다. 반대로 중앙은행 금고에 쌓여 있는 국채를 시장에 내다 팔면 시장의 돈은 중앙은행으로 다시 들어온다. 시장에 국채 공급이 늘어나면서 국채 가격은 하락하고 이와 반대로 금리는 오르게 된다.

주식시장을 쥐고 흔드는 것은 채권이다

각국의 중앙은행은 침체된 경기를 살리기 위해 돈을 풀고 금리를 낮추는 정책을 펼치는데 이를 양적완화라고 한다. 반면 과열된 경기를 잠재우려 할 때는 시중의 돈을 거두어들이고 금리를 인상하기도 한다. 중앙은행이 시장에 국채를 공급하거나 사들이는 과정을 통해 금리가 변한다는 얘기에는 위와 같은 메커니즘이 작동하는 것이다.

미국 중앙은행이 국채 매입을 축소(이를 '테이퍼링'이라고 한다)하겠다는 발표만으로도 주식시장이 크게 하락할 때가 있다. 국채를 계속 사들여야 중앙은행의 돈이 시중에 공급되는데, 국채 매입을 축소하면 시중에 돈을 덜 풀겠다는 의미가 된다. 시장에서는 이를 조만간 돈을 공급하지 않겠다는 뜻으로 해석한다('이제 슬슬 수도꼭지를 잠그겠군!'). 국채를 사들이지 않으면 국채의 수요가 늘어나지 않아 국채 가격은 더 이상 오르지 않고 금리도 더 내려가지 않는다. 금리가 더 내려가지 않을 것이라는 메시지를 주었을 뿐인데, '머지않아 금리 인상으로 이어지겠군' 하며 시중금리는 슬금슬금 오르기 시작한다.

이를 정리하면 다음과 같다.

- 중앙은행의 국채 매입 → 국채 수요 증가 → 국채 가격 상승 → 국채 금리 하락
- 중앙은행의 국채 매도 → 국채 공급 증가 → 국채 가격 하락 → 국채 금리 상승

경기가 회복되지 않은 상황에서 금리가 상승할 것이라는 해석은 투자심리에 부담을 주고 주식시장에 좋지 않은 뉴스가 되어 주가 하락으로 이어진다.

그러나 물가가 오르고 경기도 살아나는 모습이 관찰되는 상황에서 금리를 인상하겠다고 발표하면 본격적인 '경기 상승기'라는 신호로 받아들여 주가가 상승한다. 이렇듯 똑같은 금리 인상 발표에 주식시장은 정반대로 반응하기도 한다.

"세상을 지배하는 것은 남자다. 그러나 남자를 지배하는 것은 여자다."

이런 우스갯소리처럼 주식시장을 쥐고 흔드는 것은 채권이다. 주식과 채권의 이런 관계를 이해하지 못하면 경제 뉴스는 늘 남의 얘기처럼 어렵게만 들린다. 바다 건너 미국의 중앙은행이 채권을 어떻게 컨트롤하느냐가 주식에 투자한 사람들뿐만 아니라 은행에 예금을 넣어두고 이자를 받아 생활하는 대한민국 어르신에게조차 직접적인 영향을 주고 있는 셈이다.

종목 고르기의 위험을
줄이는 방법

너도 나도 뛰어드는 주식시장

코로나19로 침체된 경기를 어떻게든 살려보겠다고 전 세계가 돈을
풀고 있다. 돈이 넘치다 보니 화폐가치는 하락하고 반대로 자산 가
격은 모두 오르고 있는 모습이다. 영끌(영혼까지 끌어 모은다)과 빚투(빚
을 내서 투자한다)는 이제 투자 트렌드가 되어버린 것 같다.

　몇 년 전부터 가끔씩 연락하는 분이 있다.

　"원금 손실 없는 상품 중에 적금금리보다 높은 수익을 내는 것 좀
추천해주세요."

　"펀드에 매월 적금 붓듯이 납입하세요."

　"펀드는 원금 보장이 되나요?"

　"모든 펀드는 원금 손실의 위험이 있습니다."

　"그냥 적금이나 들어야겠네요."

　이런 대화를 주로 나누던 분인데 며칠 전 전화가 왔다.

"애플과 테슬라 중에 어떤 주식을 사면 좋을까요?"

이럴 때는 어디서부터 설명해야 할지 참 난감하다. 최근 1년간 이 두 종목에 투자했으면 큰 재미를 볼 수 있었다. 새벽에 마감한 미국 주식시장을 확인할 때마다 찌뿌둥한 아침을 상쾌하게 맞이했을 것이며, 잠자는 사이에도 돈이 늘어나는 신기한 경험을 하면서 그동안 이런 세계를 왜 몰랐을까 생각했을 수도 있다. 공중파 방송과 각종 SNS에는 6개월 투자했는데 원금이 2배 되었다는 뉴스들로 넘쳐난다.

얼마 전 모 예능 프로에서는 국내 대표 기업의 지난 10년간 주가를 근거로 모의 투자를 하는 내용이 소개되기도 했다. 그만큼 주식 투자는 많은 국민의 관심사가 되어버렸다. 그러나 이런 열기에 휩쓸려서 투자에 입문했다면 조심해야 한다.

초심자의 행운이라는 덫에 빠지지 마라

2020년은 미국 주식 역사상 매우 극적인 한 해였다. 다음 페이지의 [표 2-16]은 미국의 S&P500 지수가 크게 하락했던 과거의 사례를 보여준다. 2020년 2월 초까지 사상 최고치를 매일 경신하던 지수가 불과 한 달간(33일) 34% 가까이 하락했다. 이는 지난 100년의 역사상 가장 짧은 기간 동안 발생한 하락인데, 5개월 만에 또다시 회복되었다. 2020년 2월 초에 투자를 하고 6개월간 세상과 담 쌓고 살다가 계좌를 확인해보았다면 "6개월을 투자했는데 계속 원금이네. 세상이 너무 조용하군." 이렇게 반응했을지도 모른다. 30% 넘는 하락이 이렇게 빨리 회복된 적은 1933년 이후 처음 있었던 일이다. 1930년

| 표 2-16 | 미국 약세장의 역사

고점	저점	하락률	하락 기간(일)	회복 기간(개월)
1929-09-07	1932-06-01	-86.20%	998	159
1932-09-07	1933-02-27	-40.60%	173	3
1934-02-06	1935-03-14	-31.80%	401	6
1937-03-06	1938-03-31	-54.50%	390	77
1939-10-25	1940-06-10	-31.90%	229	32
1940-11-09	1942-04-28	-34.50%	535	10
1968-11-29	1970-05-26	-36.10%	543	20
1973-01-11	1974-10-03	-48.20%	630	46
1987-08-25	1987-12-04	-33.50%	101	17
2000-03-24	2002-10-09	-49.10%	929	48
2007-10-09	2009-03-09	-56.80%	517	37
2020-02-19	2020-03-23	-33.90%	33	5

출처: A wealth of common sense "How long does it take to make your money back after a bear market?"

대는 미국의 대공황 시절이니 산업화된 이후를 기준으로 본다면 미국 역사상 경험해보지 못했던 일이 2020년에 발생한 것이다.

그러니 2020년의 짜릿한 경험은 빨리 잊어버리길 바란다. 최근에 맛본 재미를 주식투자의 기대수익으로 생각했다간 이른바 '초심자의 행운'이라는 덫에 빠져 큰 낭패를 볼 수도 있다.

종목 고르기는 뽑기 운이다

시장이 상승했다고 해서 개별 주식의 가격이 모두 오른 것은 아니다. 특정 기간 동안 코스피 상위 종목을 구성하고 있는 개별 종목과 펀드의 수익률이 어떻게 다른지 살펴보자.

| 표 2-17 | 특정 기간 동안 주식의 성과

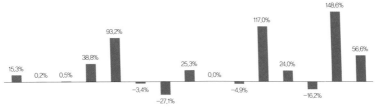

* 운용 기간: 2019년 10월 31일~2020년 10월 29일   출처: 삼성자산운용

위의 15개 기업은 모두 대한민국을 대표하는 우량 기업이다. 어떤 종목에 투자했느냐에 따라 성과는 천차만별이다. 내가 투자한 종목이 손실을 내고 있는데 내 말을 듣고 투자한 친구의 주식은 100% 넘는 수익을 내고 있다고 가정해보자. 이런 일은 아주 흔하게 일어난다. 이 결과를 놓고 두 사람이 시장을 읽는 통찰력과 기업을 분석하는 능력이 다르다고 해석할 수 있을까? 그저 뽑기 운이 좋거나 나빴을 뿐이다.

위의 15개 종목을 한 바구니에 담은 펀드의 성과를 살펴보자.

| 표 2-18 | 특정 기간 동안 주식형펀드의 성과

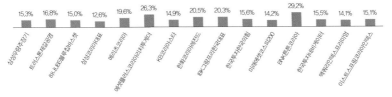

* 운용 기간: 2019년 10월 31일~2020년 10월 29일   출처: 삼성자산운용

특정 종목에 투자하는 경우([표 2-17]) 어떤 종목을 선택하느냐에 따라 크게 이익을 볼 수도 있고 손실을 볼 수도 있다. 하지만 이 종

목들을 모두 한 바구니에 담아서 투자한다면([표 2-18]) 크게 수익을 내지는 못해도(그래도 1년에 15% 수익이면 훌륭하다) 크게 잃지 않는 투자를 할 수 있다. 15개의 모든 펀드는 비슷한 수준의 수익을 냈다. 잘못된 선택에 대한 아픔이 상대적으로 덜하다. 이는 앞서 설명한 자산배분의 효과이다.

투자에 대한 공부를 하고 경험을 쌓으면 시장을 보는 시야도 넓어지고 잘못 선택할 확률을 줄일 수도 있을 텐데, 종목 고르기를 뽑기라고 표현하는 것이 너무 폄하하는 것처럼 들리는가?

나는 원숭이보다 투자를 잘할 수 있을까?

자신이 직접 종목을 선정해서 투자하는 것을 직접투자라 하고, 전문가에게 운용을 맡기는 것을 간접투자라고 한다. 그렇다면 전문가는 나보다 투자를 더 잘할까? 나보다 더 많은 정보와 경험을 가진 전문가이니 분명 더 나은 성과를 낼 것 같기도 하다. 정말 그렇다면 대학에서 투자론을 가르치는 교수와 증권회사의 주식전문가는 모두 주식부자여야 하는데, 실상은 전혀 그렇지 않다.

눈을 가리고 다트를 던져 맞힌 종목에 투자하는 그룹(이를 '원숭이 그룹'이라고 하자)과 투자전문가로 이루어진 그룹, 두 그룹이 6개월간 수익률 게임을 했다. 결과는 예상대로(?) 원숭이 그룹의 투자 성과가 더 좋았다. 실제로 이런 실험은 여러 번 있었고 그 결과는 번번이 원숭이 그룹의 승리였다. 심지어 영국에서는 5세 어린이와 점성술사, 투자전문가, 세 그룹이 주식투자를 했는데 수익률 1위는 5세 어린이,

3위는 투자전문가로 나온 적도 있었다고 한다. 이 사례가 시사하는 점은 똑똑한 투자자보다 원숭이 그룹이 투자를 더 잘한다는 뜻이 아니라, 종목 고르기는 투자 성과에 큰 영향을 주지 못한다는 것이다.

간접투자를 하는 것이 자산배분을 실천하는 것이다

자산배분을 하겠다고 [표 2-17]의 종목 중 8개의 주식을 한 주씩만 매수하더라도 약 313만 원의 목돈이 필요하다.

| 표 2-19 | 주당 가격

(단위: 원)

삼성전자	SK하이닉스	네이버	LG화학	삼성SDI	셀트리온	현대차	카카오
82,900	140,500	378,500	819,000	667,000	324,500	219,000	499,000

* 2021년 4월 1일 종가

출처: 네이버

그러나 위 종목을 모두 담고 있는 인덱스펀드는 1,000원만 있어도 투자할 수 있고, 코스피200 지수를 추종하는 ETF는 약 4만 원 정도면 한 주를 살 수 있다(ETF는 주식시장에 상장된 펀드이다. 이 책에서는 공모펀드와 ETF를 모두 간접투자 상품인 '펀드'로 통칭한다). 이 펀드와 ETF의 구성 종목은 다음 페이지의 [표 2-20]과 같다.

이렇듯 간접투자의 장점은 바로 모든 투자자가 자산배분을 쉽게 실천할 수 있으며, 적은 돈으로 투자할 수 있다는 점이다. 같은 방법으로 미국의 우량주식, 중국과 대만의 기술기업 주식, 미국 국채, 부동산, 금 등 원하는 모든 자산에 투자할 수 있다. 어떤 펀드는 전 세계 약 800개의 주식, 채권, 원자재 등에 투자하고 있어서 이 펀드 하

| 표 2-20 | 공모펀드와 ETF의 구성 종목

공모펀드

ETF

미래에셋코스피200인덱스펀드		KODEX200	
종목	**비중**	**종목**	**비중**
삼성전자	22.72%	삼성전자	29.96%
TIGER200	17.67%	SK하이닉스	5.98%
SK하이닉스	4.39%	NAVER	3.84%
NAVER	2.82%	LG화학	2.97%
KODEX200	2.43%	삼성SDI	2.75%
삼성SDI	2.02%	셀트리온	2.70%
셀트리온	1.99%	카카오	2.52%
현대차2우B	1.99%	현대차	2.48%
LG화학	1.96%	POSCO	1.77%
카카오	1.84%	기아차	1.68%

출처: 삼성자산운용

나만으로도 거의 완전한 자산배분이 가능하다.

간접투자 자산의 종류와 성격

뷔페에 가면 빈 접시에 내가 먹고 싶은 음식을 마음껏 담을 수 있다. 이 빈 접시가 바로 펀드 계좌(ETF는 주식 계좌에서 담을 수 있다)이고, 이 접시에 여러 음식을 담은 것을 펀드라고 이해하면 된다.

다양한 재료를 섞어 내 입맛에 맞는 비빔밥을 만드는 코너도 있다. 고추장을 넣지 않으면 매운 것을 싫어하는 아이도 먹을 수 있다. 비빔밥 하나만 놓고 보더라도 남녀노소 입맛에 맞게 다양한 메뉴를

만들 수 있다. 펀드도 이와 같다. 어떤 자산을 담느냐에 따라 변동성
이 큰 주식형펀드부터 변동성이 적은 채권형펀드까지 다양한 스펙
트럼이 만들어진다.

| 표 2-21 | 구성 종목에 따른 펀드의 유형

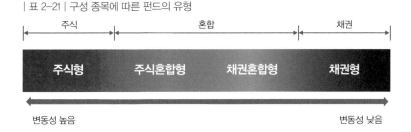

주식형펀드만 보더라도 그 안에 담긴 주식이 어떤 종류이냐에 따
라 다양하게 나눠진다. 기업의 규모에 따라 대형주와 중소형주로,
기업의 이익 대비 주가가 높으냐 낮으냐에 따라 성장주와 가치주로
나뉜다.

채권형펀드는 채권을 발행한 기업의 신용등급이 높으냐 낮으냐
에 따라 채권의 변동성이 달라진다. 신용등급이 낮은 기업이 발행한
채권이 아무래도 금리가 높을 것이다. 채권 만기가 짧은 것도 있고
긴 것도 있다. 앞서 설명했듯이 만기가 긴 채권이 가격 변동성이 더
크다.

펀드에는 이미 여러 주식과 채권들이 담겨 있으므로 하나의 펀드
만으로도 '종목'에 대한 자산배분이 이루어진 셈이다. 미국 주식형펀
드와 한국 주식형펀드에 각각 투자하면 다양한 '종목의 분산'과 '지
역의 분산'까지도 구현할 수 있다. 사실상 원하는 모든 자산배분이

가능하다.

투자 상담을 하다 보면 가장 많이 듣는 질문 중 하나가 "지금이 고점인 것 같은데 지금 사도 괜찮을까요?"이다. 과거의 주가 움직임은 미래의 주가 움직임을 전혀 설명하지 못한다. 즉, 앞으로 어떻게 될지는 아무도 모른다는 얘기다.

간접투자 방법을 통해 종목 고르기의 위험을 줄였다면 불확실한 가격 변동에 노출되는 매매 타이밍의 위험은 어떻게 줄일 수 있을지 알아보자.

매매 타이밍의 위험을
줄이는 방법

어디가 무릎이고 어깨인지 어차피 모른다

'무릎에 사서 어깨에 팔아라'는 주식투자의 격언이 있다. 사람의 키를 기준으로 가장 낮은 발에서 가장 높은 머리까지 주가가 변동한다고 가정할 때, 가장 큰 수익을 내려면 '발에서 사서 머리에서 팔면' 된다. 그러나 언제가 가장 낮은 가격이고 언제가 가장 높은 가격인지 알 수 없으니 큰 수익을 얻겠다고 욕심 부리지 말고, 적당히 벌고 만족하자는 뜻이다.

그러나 이런 격언도 현실에서는 적용하기 어렵긴 마찬가지다. 도대체 어디가 발이고 무릎인지, 지금 주가가 어깨쯤 올라온 것인지 머리 꼭대기인지 모르기 때문이다. 시간이 지나봐야 알 수 있다. '언제'라는 궁극의 질문에 답할 수 있는 사람은 지구상에 아무도 없다. 앞으로도 없을 것이다. 그러니 지금이 사야 할 때 혹은 팔아야 할 때라고 이야기하는 사람의 말을 함부로 믿어서는 안 된다.

저점에 매수하거나 고점에 매도할 수 있는 확률이 70%인 투자자가 있다고 가정해보자. 열 번 중 일곱 번은 싸게 사거나 비싼 값에 팔았다는 얘기다. A라는 종목에 투자해서 수익을 내려면 매수 타이밍과 매도 타이밍 두 번을 맞혀야 하며 이는 각각 독립적으로 발생하는 확률이다. 따라서 A라는 종목에 투자해서 수익을 볼 수 있는 확률은 49%(저점 매수에 성공할 확률 70% × 고점 매도에 성공할 확률 70%)가 된다. 절반의 확률로 수렴하는 동전 던지기와 무엇이 다른가?

자산배분은 가장 효과적인 투자 방법

이 책에서 얘기하고자 하는 '왜 투자해야 하는가?'의 이유는 '이번 달 들어온 돈으로 다음 달에 쓰기'를 모든 생애주기에 걸쳐 실천해야 하는데, 우리의 재무 목표들이 필연적으로 인플레이션 리스크에 노출되기 때문이다. 이를 해결하기 위한 투자의 눈높이는 일확천금의 대박을 얻는 비법(그런 것은 존재하지 않는다)이 아니라, 손실을 줄이면서 물가상승률 이상의 꾸준한 성과를 얻는 것에 맞춰야 한다. 수익을 내기 위한 노력은 자산배분만으로 대부분 해결할 수 있으니 우리가 해야 할 것은 '어떻게 자산배분을 하면 손실을 덜 보면서 마음 편히 투자할 것인가'이다.

종목 고르기를 통해 지속적인 성과를 내기 어려우니 여러 종목에 분산해서 투자하는 간접투자 방법을 이야기했다. 마찬가지로 언제가 저점이고 고점인지 알 수 없기 때문에 매매 타이밍을 알려고 노력하기보다는 다양한 가격에 매매하는 것, 즉 매수 시점과 매도 시점을 분산해야 한다. 결국 자산배분 전략의 핵심은 종목 분산과 가격 분산이다. 적금은 '적립식 예금'의 줄임말이다. 펀드도 적금처럼 매월 나눠서 적립식으로 투자하면 매수 시점마다 다른 가격에 사들일 수 있다. 비싼 값에 사는 실수를 줄일 수 있는 것이다.

배추 도매상에게 배우는 적립식 투자

여러분이 배추 도매상이라고 가정해보자. 농부에게 매월 일정 금액을 주고 배추를 사서 창고에 보관하고 있다가 시장에 내다 팔아서 수익을 얻는다. 계산의 편의상 농부에게 사들이는 배추 가격과 시장에 내다 파는 가격이 동일하고 거래와 보관에 따른 비용과 세금이 없다고 가정해보자. 1년간 배추 1포기당 가격이 다음과 같이 움직였다.

| 표 2-22 | 배추 1포기당 가격   (단위: 원)

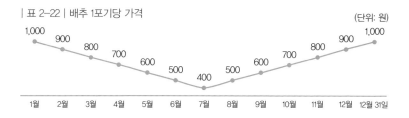

1포기에 1,000원 하던 배추 가격이 400원까지 하락하다가 12월 말에 다시 1,000원으로 회복되었다. 1월부터 12월까지 매월 1일에 농부에게 100만 원을 주고 배추를 사들였다. 1월에는 1천 포기(100만 원 ÷ 1,000원)의 배추를 살 수 있었는데, 배추 가격이 절반으로 하락한 6월에는 같은 돈을 주고 2천 포기(100만 원 ÷ 500원)를 살 수 있었다. 이렇게

매월 사들인 배추의 포기 수와 매월 창고에 쌓이는 총배추 포기 수를 그래프로 나타내면 다음과 같다.

| 표 2–23 | 매월 사들이는 배추와 창고에 쌓인 배추 포기 수

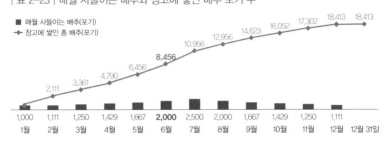

■ 매월 사들이는 배추(포기)
◆ 창고에 쌓인 총 배추(포기)

	1월	2월	3월	4월	5월	6월	7월	8월	9월	10월	11월	12월	12월 31일
매월 사들이는 배추	1,000	1,111	1,250	1,429	1,667	2,000	2,500	2,000	1,667	1,429	1,250	1,111	
창고에 쌓인 총 배추		2,111	3,361	4,790	6,456	8,456	10,956	12,956	14,623	16,052	17,302	18,413	18,413

6월에 2천 포기를 사들이고 그날 창고에 쌓여 있는 배추를 모두 내다 판다고 가정해보자. 창고에는 모두 8,456포기의 배추가 쌓여 있고 6월의 배추 시세([표 2-22])는 포기당 500원에 거래되므로 약 420만 원(8,456포기 × 500원)을 받고 팔아야 한다. 매월 100만 원씩 주고 샀으니 6개월간 총매입 원가는 600만 원이다. 매월 사들일 때마다 전월보다 가격이 하락하여 더 많이 살 수 있어서 좋았는데, 이 가격에 팔 경우 30% 가까운 손실을 보게 된다. 즉, 배추 가격이 떨어지는 시기에는 더 많이 사들일 수 있지만, 현재 창고 안의 배추를 모두 내다 팔면 손해가 난다.

하락 구간에서 손실을 줄이는 적립식 매수

일단 매월 사들이면서 시세가 오르기를 기다려보기로 했다. 10월이 되자 배추 가격이 포기당 700원으로 회복되었다. 아직은 1월 초의

1,000원에 한참 못 미치는 수준이다. 창고에는 약 1만 6천 포기의 배추가 쌓여 있다. 급하게 돈이 필요해서 포기당 700원이라도 받고 시장에 팔아야 할 것 같다. 그런데 계산해보니 창고에 쌓인 배추는 모두 1,123만 원어치(16,052포기 × 700원)이다. 10개월간 농부가 지불한 돈은 모두 1,000만 원인데 창고에 쌓인 배추는 1,123만 원어치라고 한다. 어찌 된 일일까? 배추 시세는 연초만큼 회복되지 못했는데 이걸 모두 내다 팔면 12% 넘는 수익을 올릴 수 있다.

게다가 배추 시세는 계속 회복세를 보이고 있다. 급하게 써야 할 돈은 지인에게 빌렸다. 창고에 쌓인 배추를 좀 더 갖고 있는 게 나을 것 같다는 생각을 했기 때문이다. 그렇게 12월 초까지 총 12회에 걸쳐 배추를 사들였다. 이제 창고 안에는 배추가 약 1만 8천 포기 쌓여 있다. 12월 말이 되자 배추 가격은 연초 수준인 1포기당 1,000원으로 회복되었다. 이걸 모두 내다 팔면 1,841만 원(18,413포기 × 1,000원)을 받을 수 있다. 배추를 사들인 비용은 모두 1,200만 원이다. 1년간 배추 가격이 하락하다가 다시 원점으로 돌아왔는데 창고의 배추를 모두 팔면 53%가량의 수익을 챙길 수 있다. 배추 시세에 따른 월별 수익률이 그동안 어떻게 되었는지 계산해보니 다음과 같은 그래프

| 표 2-24 | 상승 후 하락장에서 월별 배추 가격, 배추 가격변동률, 배추수익률

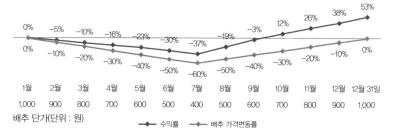

가 만들어졌다.

1월에 1포기당 1,000원 하던 배추 시세는 7월에 400원까지 떨어지며 60% 하락했다. 1월에 1,200만 원을 주고 1년치 배추를 한 번에 사들였다면 창고 안의 배추수익률은 배추 시세의 하락률과 동일하게 움직였을 것이다. 배추 시세는 정확히 1년 뒤에 원래 가격을 회복했는데 창고에 보관 중인 배추의 수익률은 9월에서 10월로 넘어가는 시점에 원금을 회복하고 플러스 수익으로 돌아서는 것을 알 수 있다.

1월부터 7월까지의 움직임을 좀 더 자세히 살펴보자.

| 표 2-25 | 하락 구간에서 일시금 투자와 적립식 투자의 손익 비교

일시금 매입	7월 가격	400원	7월 판매가격	480만 원
	매입원가	1,000원	총 매입원가	1,200만 원
	손익	-600원	손익	-720만 원
	수익률	-60%	수익률	-60%

분할 매입	구분	1월	2월	3월	4월	5월	6월	7월	7월 판매가격	438만 원
	7월 가격	400원	400원	400원	400원	400원	400원	400원	총 매입원가	700만 원
	매입원가	1,000원	900원	800원	700원	600원	500원	400원	손익	-262만 원
	손익	-600원	-500원	-400원	-300원	-200원	-100원	0원	수익률	-37%
	수익률	-60%	-55%	-50%	-43%	-33%	-20%	0%		

매월 100만 원씩 나누어 배추를 사들였기 때문에 7개월간 사들인 700만 원의 매입 원가 중 첫 달에 매입한 100만 원은 60%의 손해(1,000원 → 400원)를 봤지만 6월에 사들인 100만 원은 20%만 손해를 보아(500원 → 400원) 7개월간 총수익률은 -37%로 배추 시세의 하

락률(-60%)보다 손해를 줄일 수 있었다.

일시금을 투자했다면 투자 시점의 가격으로 회복될 때까지 계속 손실을 볼 수밖에 없다. 투자자가 할 수 있는 방법은 '본의 아니게 장기투자'를 하든가 '더 빠지기 전에 팔고' 나오는 것이다. 그러나 매월 나눠서 매수하면 1,000원부터 400원까지 총 7가지의 가격으로 분할매수가 이루어져 손실을 줄일 수 있다. 일시금 투자자에 비해 손실 구간을 견디는 과정이 덜 힘들 것이다.

하락 구간을 견뎌야 수확의 기쁨을 맛본다

놀라운 일은 그다음부터 벌어진다.

400원까지 하락한 배추 시세가 상승하더니 12월 초에 900원까지 회복하였다. 회복은 했어도 여전히 연초 대비 10% 하락해 있다.

| 표 2-26 | 900원까지 회복했을 때 일시금 투자와 적립식 투자의 손익 비교

일시금 매입	12월 가격	900원
	매입원가	1,000원
	손익	-100원
	수익률	-10%

구분	1월	2월	3월	4월	5월	6월	7월	8월	9월	10월	11월	12월
12월 가격	900원	900원	900원	900원	900원	900원	900원	900원	900원	900원	900원	900원
매입원가	1,000원	900원	800원	700원	600원	500원	400원	500원	600원	700원	800원	900원
손익	-100원	0원	100원	200원	300원	400원	500원	400원	300원	200원	100원	0원

손실   이익

1월 초에 일시금을 투자했다면 12월 초가 되어도 10%의 손실을 보게 된다.

그러나 매월 분할 매수를 했다면 900원의 시세 회복이라는 것은, 첫 달에 사들인 것만 손실을 보았고(1,000원 → 900원) 3월부터 11월까지 900원보다 싼값에 사들인 배추는 모두 플러스 수익이 났다는 것을 의미한다. 자산 가격은 10% 하락했는데 이 자산에 투자한 나는 38%의 수익을 얻었다.

여러 종목에 분산투자를 했더니 개별 자산에 모두 투자하는 것보다 위험을 줄이고 수익을 높일 수 있었던 것처럼, 여러 가격에 분산투자를 했더니 하락 구간에서 손실을 줄이고 상승 구간에서 더 높은 수익을 얻을 수 있었다.

그렇다면 적립식으로 분할 매수를 하는 전략은 자산 가격이 어떻게 변하든 관계없이 모든 구간에서 효과적인 투자가 될 수 있을까?

최고가 아닌 최선의 선택,
적립식 투자

상승 후 하락장에서 적립식 투자는 최악이다

투자를 시작하자마자 자산 가격이 하락하면 누구든 불편한 마음이 들게 마련이다. 평가금이 10% 하락한 것을 확인한 순간, 괜히 투자했나 싶기도 하고 더 손해 보기 전에 투자를 멈추고 싶은 생각도 든다(이러면 내 마음은 이미 100% 하락한 셈이다). 손실 구간을 견디는 것은 경험 많은 투자자도 쉽지 않은 일이다.

이번에는 분할 매수를 하자마자 자산 가격이 계속 오른다고 가정해보자. 앱을 열어 잔고를 확인할 때마다 평가금액이 늘어난 것을 보면 기분이 좋아질 것이다. 이럴 줄 알았으면 나누어 투자하지 말고 한 번에 다 매수할걸 그랬나 하는 후회와 욕심이 생길 수도 있다. 사람 마음이 다 똑같다.

그런데 이렇게 계속 오르기만 하던 자산 가격이 어느 순간 하락하더니 원래 가격으로 돌아왔다. 안타깝지만 이런 일들은 늘 일어난다. 가격이 이렇게 움직이면 일시금 투자자와 적립식 투자자의 수익률은 어떻게 변할까?

| 표 2–27 | 상승 후 하락장에서 월별 배추 가격, 배추 가격변동률, 배추수익률

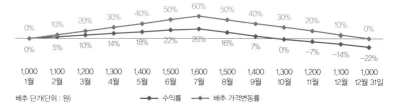

배추 단가(단위 : 원)　　　　◆ 수익률　　◆ 배추 가격변동률

주황 선은 자산 가격의 변동률로 일시금 투자자의 수익률과 같다. 파란 선은 적립식 투자자의 누적수익률이다. 7월까지 계속 비싼 가격에 산 배추가 8월부터 하락한다. 10월의 배추 가격은 여전히 연초 대비 30% 올라 있지만 적립식으로 사들인 배추의 누적수익률은 0%, 즉 본전이 되고 말았다. 12월 말에 배추 가격은 1월 초의 가격으로 돌아왔다. 2월~12월까지 나눠서 사들인 배추가 모두 손실을 보았다는 뜻이다. 앞에서 예시한 가격 움직임(하락 후 상승)과 정반대 상황이다.

7월 초의 배추 가격은 연초 대비 60% 올랐다. 그러나 매월 나눠서 매수했기 때문에 7월 초 적립식 투자자의 누적수익률은 26%로 배추 가격 상승률의 절반에도 미치지 못한다. 배추 가격이 하락할 때 적립식으로 나눠서 매수하면 손실을 줄일 수 있다고 앞서 설명했다. 이와 마찬가지로 배추 가격이 오를 때 적립식으로 분할 매수하면 수익률도 덜 오른다.

적립식 투자를 하면서 가장 위험한 때가 바로 이 구간이다. 투자를 시작하자마자 자산이 오르면 심리적으로 투자를 더 늘리고 싶어 할 것이다. 그러나 이렇게 오른 자산이 어느 순간 하락하기 시작하면 그동안 비싸게 매수한 자산은 모조리 손실을 볼 수밖에 없고 도중에 투자금을 늘린 경우라면 아픔은 더 커진다.

꾸준한 상승장에서 적립식 투자는 더디게 오른다
배추 가격이 1년간 계속 오르기만 한다고 가정해보자.

| 표 2-28 | 상승장에서 월별 배추 가격, 배추 가격변동률, 배추 수익률

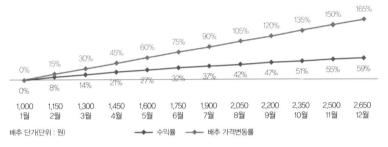

배추 단가(단위 : 원)　　　━◆━ 수익률　　━◆━ 배추 가격변동률

주황 선이 일시금 투자자, 파란 선이 적립식 투자자의 누적수익률이다. 배추 가격은 매월 150원씩 올라 12월 초 가격은 연초 대비 165% 상승했는데 적립식으로 나눠서 투자했더니 절반도 못 되는 59% 수익에 그쳤다. 게다가 누적수익률의 증가가 점점 더디게 나타난다. 2월에서 3월 구간을 보면 적립식으로 투자했을 때의 누적수익률은 8%에서 14%로 6%p 증가했다(백분율로 표기된 값의 차이를 표기할 때에는 퍼센트 포인트(%p)라는 단위를 쓴다). 그러나 11월에서 12월 구간을 보면 4%p밖에 오르지 않았다(55% → 59%). 각 월별로 전월 대비 누적

| 표 2-29 | 상승장일 때 전월대비 누적수익률의 변동

(단위: %p)

매수 시점	2월	3월	4월	5월	6월	7월	8월	9월	10월	11월	12월
일시금 투자	15.0	15.0	15.0	15.0	15.0	15.0	15.0	15.0	15.0	15.0	15.0
적립식 투자	7.5	6.8	6.3	5.9	5.5	5.1	4.8	4.6	4.3	4.1	3.9

수익률의 변동을 비교해보면 [표 2-29]와 같다.

상승장이 오랜 기간 지속될 경우 적립식 투자의 누적수익률은 일시금 투자의 수익률보다 덜 오른다는 것을 알 수 있다.

꾸준한 하락장에서 적립식 투자 손실은 일시금 투자에 수렴

이번에는 배추 가격이 1년 내내 하락하는 경우를 알아보자.

| 표 2-30 | 하락장에서 월별 배추 가격, 배추 가격변동률, 배추수익률

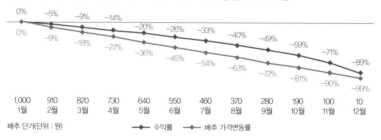

주황 선은 일시금 투자자의 수익률이다. 배추 가격은 매월 90원씩 하락하여 12월에는 10원이 되고 말았다. 적립식으로 투자한 경우 일시금 투자자보다 하락 구간에서 손실을 덜 본다고 앞서 설명했다. 3월만 놓고 보더라도 일시금 투자자에 비해 절반 수준으로 손실을 줄일 수 있었다(일시금 투자자 -18% vs 적립식 투자자 -9%).

그러나 투자 기간이 길어질수록 적립식 투자자의 손실이 더 가파

146

르게 움직이는 모습이다. 적립식 투자를 할 경우 하락장에서 손실을 줄일 수 있다고 했지만 이렇게 장기간 하락이 이어질 경우, 적립식 투자의 손실률은 점차 일시금 투자의 손실률에 가까워진다.

| 표 2-31 | 하락장일 때 전월대비 누적수익률의 변동   (단위: %p)

매수 시점	2월	3월	4월	5월	6월	7월	8월	9월	10월	11월	12월
일시금 투자	-9.0	-9.0	-9.0	-9.0	-9.0	-9.0	-9.0	-9.0	-9.0	-9.0	-9.0
적립식 투자	-4.5	-4.8	-5.1	-5.6	-6.0	-6.7	-7.4	-8.5	-10.0	-12.5	-17.9

위 표를 보면 일시금 투자자는 일정하게 하락하고 있는 반면, 적립식 투자자의 하락 폭은 점점 커지고 있다. 적립식 투자 기간이 길어질수록 '하락 구간에서 손실을 줄일 수 있다'는 장점이 훼손되고 있음을 보여준다.

시장에서 4가지 시나리오는 늘 발생한다

앞의 여러 가지 움직임을 4가지 시나리오로 요약해보았다. 현실에서는 특정 시나리오만 나타나지 않는다. 시나리오 1과 2가 합해져 대세하락장이 되면 시나리오 4의 모습이 만들어지고, 시나리오 3과 4가

| 표 2-32 | 적립식 투자의 시나리오별 특징

시나리오 1	시나리오 2	시나리오 3	시나리오 4
하락 후 상승	상승 후 하락	상승	하락
투자수익 극대화	투자손실이 커짐	자산 가격 상승보다 적은 이익	장기적으로 자산가격 하락률에 수렴

| 표 2-33 | 현실에서 다양하게 나타나는 4가지 시나리오

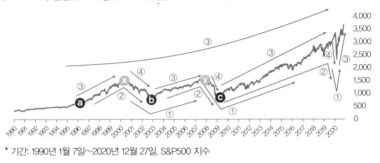

* 기간: 1990년 1월 7일~2020년 12월 27일, S&P500 지수

합해지면 시나리오 2의 모습이 된다. 실제 시장은 [표 2-33]처럼 4가지 시나리오가 모두 함께 섞여서 나타난다.

지난 30년간 미국의 S&P500 지수는 위와 같이 움직여왔다. 동그라미 숫자는 각 시나리오이다. 시나리오 2의 '상승 후 하락' 구간이 몇 군데 보이지만 이는 각각의 상승 구간(시나리오 3)과 하락 구간(시나리오 4)으로 나뉘고, 하락 후 상승 구간(시나리오 1)과 또 맞닿아 있으며 이것이 모여 하나의 큰 상승 구간(시나리오 3)을 만들고 있다.

'상승 후 하락' 구간에서는 적립식 투자가 좋은 방법이 아님을 확인했다. ⓐ에서 적립식 투자를 시작했다면 ⓑ 시점의 수익률은 마이너스였을 것이다(무려 7년을 투자했는데). ⓑ 시점에 적립식 투자를 시작하면 6년이 지난 ⓒ 시점이 되었을 때도 손실이 났을 것이다. ⓐ에서 ⓒ까지 13년의 세월은 적립식 투자자에게 몹시 괴로운 시기다.

반면 ⓧ에서 적립식 투자를 시작했다면 ⓨ까지는 '하락 후 상승' 구간이므로 큰 수익을 얻을 수도 있었다. 물론 이것은 지나온 역사를 놓고 볼 때 그렇다는 것이다. ⓨ에서 ⓒ까지의 폭락은 '서브프라임 모기지론 사태'라고 하는 금융위기였다. 이 폭락은 불과 5개월 만

148

에 발생했고 이 시기에 손실을 피한 투자자는 거의 없었을 것이다.

오르고 내리기를 반복했지만 장기적으로 볼 때 자산 가격은 상승했다. 그러므로 긴 시간의 지평에서 본다면 시나리오 3의 흐름처럼 되기 때문에 일시금 투자가 분할 매수의 적립식 투자보다 더 큰 성과를 얻을 확률이 높다. 상승장에서는 적립식 투자보다 일시금 투자의 성과가 더 좋기 때문이다. 그럼에도 불구하고 일시금을 투자하려고 한다면 분할 매수를 추천한다.

적립식 투자의 적기는 늘 '바로 지금'이다

장기간 적립식 투자를 통해 좋은 성과를 얻었다는 것은 수많은 손실의 아픔과 인내의 시간을 견뎌냈다는 뜻이다. 싸게 살 수 있는 구간이라는 뜻은 내 적립금이 마이너스 상황이라는 뜻이기도 하다. 막상 손실 구간에 진입하면 끝없는 터널에 들어온 것 같은 기분이 들 것이다. 이제 빠져나왔나 싶었는데 더 긴 터널이 기다리고 있을지도 모른다. 우리 앞은 늘 안개로 덮여 있고 앞에 길이 있는지 낭떠러지가 있는지 알려주는 사람은 아무도 없다. 그리고 이 구간을 우회하거나 피할 수 있는 방법도 사실상 거의 없다.

주가가 하락하면 채권으로 갈아타고 다시 상승하면 주식으로 바꾸면 손실을 피할 수 있겠지만, 이것은 동화 속에서나 나오는 이야기다. 각각의 시나리오별로 적립식 분할 매수 투자 방법이 효과적인지 아닌지를 알아본 이유는 그 구간에 맞게 어떤 때는 분할 매수, 또 어떤 때는 일시금 투자, 이런 식의 투자를 하기 위해서가 아니다. 미래 가격의 움직임은 아무도 알 수 없다. 자산 가격이 지금 어떤 시나리오대로 움직이는지는 시간이 지나봐야 알 수 있다.

투자하기 좋은 때가 언제인지 고민하는 분들의 이야기를 들어보면, 대부분 지금 투자하면 안 되는 이유뿐이다. 자산 가격은 언제든 하락할 수 있다. 지금이 고점인지 저점인지는 알 수 없다. 알 수 없는 것을 알려고 시간과 비용을 낭비하지 말자. 적립식으로 분할 투자를 하기 좋은 시기는 언제나 '바로 지금'이다. 이 사실을 알게 하려고 각각의 시나리오를 만들어 지루한 계산을 해본 것이다.

단체 줄넘기는 움직이는 줄 안으로 들어가야 한다. 줄 안으로 진입할 때가 가장 주저하는 순간이다. 일단 줄 안으로 들어가야 최소한 술래와 가위바위보라도 할 기회가 생긴다. 적립식 분할 매수의 투자 메커니즘을 이해해야 투자의 줄 안으로 들어가는 것을 주저하지 않게 된다. 투자시장으로 들어가야 내 자산의 실질가치가 늘어나는 것을 경험하게 되고, 적립식으로 분할 매수를 해 진입하면 시장이 오르고 내리는 것에 내 마음이 크게 요동하지 않을 것이다. 이것이 적립식 분할 매수를 추천하는 가장 현실적이고도 중요한 이유다.

지금까지 종목 고르기와 매매 타이밍의 위험을 어떻게 줄일 수 있는지 알아보았다. 손실을 줄일 수 있는 투자, 이제 마지막 이야기로 들어가 보자.

손실을 줄이는
가장 확실한 방법

13년간 매년 29%씩 수익을 낸 펀드

'마젤란'이라는 펀드는 1963년에 만들어져 현재까지 운용되고 있다. 미국 월스트리트의 주식 전문가 피터 린치는 이 펀드를 1977년부터 1990년까지 13년간 운용했다. 이 기간 동안 매년 플러스 수익을 냈고, 연평균수익률 29%라는 전설적인 성과를 냈다. 1977년 5월에 1,000만 원을 투자했다면 1990년 5월에 2억 5,000만 원이 되어 있다는 얘기다. 그러나 투자자의 절반 이상이 손실을 맛보았다고 한다. 가격이 오를 때 욕심이 생겨 매수하고, 내릴 때 두려움이 생겨 매도하는 행동을 반복했기 때문이다. '내가 사면 내려가고, 팔면 오른다'는 증시 속담이 괜히 있는 게 아니다. 이런 환경에서 과연 투자를 통한 자산 증식이 가능할까? 괜히 투자에 뛰어들었다가 자칫 '1년간 모은 돈 이번 달에 탕진하기'로 전락할 수 있다.

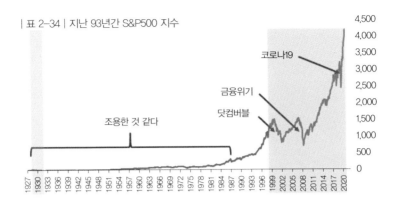

| 표 2-34 | 지난 93년간 S&P500 지수

조용한 것 같다

닷컴버블

금융위기

코로나19

역사상 가장 큰 하락은 대공황 시절

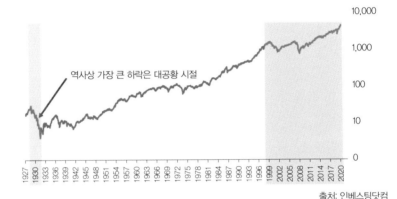

출처: 인베스팅닷컴

복리 그래프의 착시

위 2개의 그래프는 S&P500 지수 세로축만 다르게 해서 표현한 것
이다. 첫 번째 그래프의 세로축은 500씩 증가하고 두 번째 그래프는
10배씩 증가한다. 지난 93년간 언제 가장 크게 하락했는지 첫 번째
그래프를 봐서는 알 수 없다. 지나온 시간 중 대부분은 아무 일 없었
던 것 같고, 전례 없던 폭락이 최근 들어 발생했다고 생각한다면 이
는 복리 그래프가 주는 착시에 속은 것이다. 두 번째 그래프처럼 세

152

로축의 간격이 같은 비율로 늘어나게 변형해서 보아야 한다(첫 번째를 '선형 그래프', 두 번째를 '로그 그래프'라고 한다). 로그 그래프로 보니 역사상 가장 큰 하락은 회색 구간, 바로 대공황 시절이었다. 이렇게 큰 하락 구간이 오더라도 손실 없이 투자할 수 있는 방법은 없을까?

지난 93년 중 5년간 적립식으로 투자했다면

지나온 93년 중에 특정 시점을 선택해서 5년간 적립식 투자를 한다고 가정해보자. 1927년 12월에 투자를 시작했다면 5년 후인 1932년 11월까지 투자했을 것이고, 2015년 1월에 투자를 시작했다면 2019년 12월까지 투자했을 것이다.

| 표 2-35 | 지난 93년간 S&P500 지수에 5년간 적립식 투자했을 경우 연평균수익률

*1927년 12월 1일~2021년 6월 1일, 매월 첫 영업일의 종가 기준으로 적립식 투자

출처: 민 재무설계사무소

위 그래프의 세로축은 5년간의 연평균수익률이고, 가로축은 투자 종료 시점이다. 1998년 12월에 연평균수익률이 23.3%라는 것은

1994년 1월부터 5년간 적립식으로 투자했을 때 1998년 12월 시점의 연평균수익률을 의미한다. 2009년 2월에 −23%라는 것은 2004년 3월부터 적립식 투자를 시작하여 5년이 지난 2009년 2월 시점의 연평균 수익률을 뜻한다. 지난 93년 중 어느 시점에서 투자를 하든 5년간 적립식으로 투자를 한다면 총 1,064개의 투자 가능 구간이 나온다. 이 중에 875회(총투자 횟수의 82%)는 수익을 냈고, 189회(총투자 횟수의 18%)는 손실을 냈다. 투자 직후에 대공황이 발생하는 바람에 1930년대 초반에 보여지는 5년간 투자 성과는 사상 최악을 기록했다. 1970년대 오일쇼크와 2000년대 초반 닷컴버블, 그리고 2008년 금융위기 등 굵직한 경기침체에는 제아무리 적립식 투자를 통해 분할 매수를 했어도 손실을 면하기 어려웠다는 것을 알 수 있다.

투자 기간을 늘리면 손실의 빈도와 크기가 줄어든다

투자 기간을 10년, 20년으로 늘렸을 때 연평균수익률 그래프를 보자. 10년간 적립식 투자를 했다면 연평균 17%가 넘는 수익을 기록

| 표 2-36 | 지난 93년간 S&P500 지수에 10년, 20년간 적립식 투자를 했을 경우 연평균수익률

출처: 민 재무설계사무소

154

한 때도 있었지만 여전히 대공황, 오일쇼크, 금융위기 때 손실을 보았다. 1,004번의 투자 횟수 중 92회(9%)의 손실이 있었고 912회(91%) 이익이 발생했다. 5년간 투자했을 때의 그래프와 비교해보면 손실 폭과 횟수가 줄어들었음을 확인할 수 있다. 20년간 적립식으로 투자했다면 지난 93년 중 손실 구간은 단 한 번 있었다. 단순히 투자 기간을 늘린 것만으로도 손실의 빈도와 하락 폭이 감소하는 것을 알 수 있다.

[표 2-36]의 데이터는 S&P500 지수의 움직임으로 시뮬레이션을 했는데, 현실에서는 S&P500 지수를 기반으로 만들어진 펀드에 투자하므로 배당금이 발생한다. 배당금을 포함하면 20년간 적립식으로 투자했을 때 어느 구간이든 손실이 발생하지 않는다.

위험을 줄이는 장기투자

투자 기간에 따른 연평균수익률을 정리하면 [표 2-37]과 같다. 이 그래프가 우리에게 많은 것을 시사한다. 막대그래프의 길이는 각 투자

| 표 2-37 | 투자 기간에 따른 연평균수익률의 최곳값, 중간값, 최저값

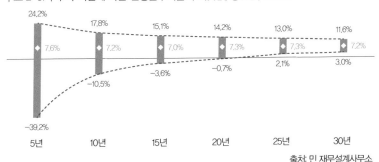

출처: 민 재무설계사무소

기간별 연평균수익률의 최곳값과 최저값을 나타낸다. 검정색 수평선이 연평균수익률 0% 지점이고 이를 기준으로 위로 올라간 막대그래프는 수익을, 아래로 내려간 막대그래프는 손실을 나타낸다. 막대그래프의 길이가 길다는 것은 연간 수익률이 넓게 분포되어 있다는 것이므로 이것이 바로 변동성, 즉 위험을 뜻한다. 앞서 예시한 과녁에 꽂힌 화살의 분포도라고 이해하면 쉬울 것이다. 연평균수익률의 중간값을 마름모 모양으로 표시했다. 분포도를 설명할 때는 평균값보다 중간값이 더 의미 있는 데이터이다.

5년간 투자했을 경우 연평균 24.2%의 수익을 내기도 했지만, 최악의 경우 40% 가까운 손실을 본 적도 있다. 매년 40%씩 계속 손실을 보았다면 매월 100만 원씩 60개월간 적립식으로 투자했을 때 5년 뒤에는 원금 6,000만 원 중 3,400만 원가량의 손실을 보았다는 뜻이다.

투자 기간을 10년으로 늘렸더니 최고의 성과는 연평균 17.8%였는데, 최악의 성과는 연평균 -10.5% 수준으로 5년간 투자했을 때보다 손실률이 줄었다. 그러나 투자 기간이 10년인 점을 고려해야 한다. 10년간 매년 10%씩 손실을 보았다면 매월 50만 원씩 10년간 적립식으로 투자했을 때 10년 뒤에는 원금 6,000만 원 중 2,800만 원을 잃는 것이다.

5년간 투자한 것에 비해 연평균수익률의 최곳값도 낮아졌지만, 최저값의 감소 폭이 더 크다. 투자 기간을 20년, 30년으로 늘리면 연평균수익률의 최저값은 플러스가 된다. 최악의 경우에도 손실이 없다는 뜻이다. 막대그래프의 길이가 점점 짧아진다는 것은 변동성(위험)도 점점 줄어든다는 뜻이다. 과녁에 꽂히는 화살의 분포도가 점점 좁아지면서 그와 동시에 과녁의 중심(중간값)으로 집중되는 모습이다.

93년이라는 '같은 기간' 동안, S&P500 지수라는 '같은 자산'에, 적립식 투자라는 '같은 방법'으로 투자했다. 다른 것은 '보유 기간'밖에 없다. 이것을 정리하면 다음과 같다.

"S&P500지수에 적립식으로 꾸준히 투자하면 투자 기간에 관계없이 연간 7% 수준의 성과를 얻을 수 있었다. 이는 확정된 수익이 아니며 시장 상황에 따라 때로는 꽤 높은 수익을 얻는 기회가 오기도 하고 큰 손실을 보기도 한다. 그러나 이런 변동성은 단지 투자 기간을 늘리는 것만으로도 상당 부분 줄일 수 있다."

우리가 해야 할 일

2008년 금융위기나 2020년 초에 벌어졌던 폭락은 앞으로 또 나타날 것이다. 그리고 나를 포함한 대부분의 투자자는 이를 피해갈 수 없을 것이다.

그런 상황이 오기 전에 주식과 같은 위험자산을 채권이나 금과 같은 안전자산으로 모두 옮겨놓고, 폭풍우가 지나가면 다시 꺼내서 주식시장에 투자하는 것이 가능할까? 그것이 가능할 거라고 생각한다면 당신은 투자 공부를 책으로만 했거나 아니면 신이거나 둘 중 하나다.

세상은 하루도 조용할 날이 없다. 그중에 무엇이 소음이고 신호인지를 지속적으로 구별해낸다는 것은 거의 불가능에 가깝다. 우리는 월드컵의 승자를 알아맞히는 문어가 아니다. 맞히고 못 맞히고의 게

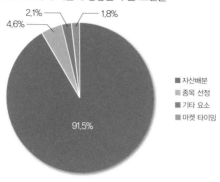

| 표 2-38 | 수익률에 영향을 주는 요인들

자산배분
종목 선정
기타 요소
마켓 타이밍

91.5%
4.6%
2.1%
1.8%

출처: 삼성자산운용
원저: Brinson, Hood, and Beebower, "Determinants of Portfolio Performance"(1986)

임으로 투자에 뛰어들면 이 냉혹한 세계에서 누구도 살아남지 못할 것이다. 인류가 멸망해도 주식시장은 돌아가고 있을지도 모른다. 우리가 할 수 있는 일은 지금까지 설명한 3가지 원칙을 꾸준히 지키는 것뿐이다. 종목별·지역별 자산배분 전략을 세우고, 일시금이 있더라도 일정 기간 나누어 매수 시점을 분산하고, 생애주기에 맞춘 장기투자를 하는 것이 다음 달 쓸 돈을 이번 달에 들어오게 만드는 방법이다.

[표 2-38]에서 보듯이 투자 성과를 결정짓는 데 종목 고르기와 매매 타이밍은 큰 역할을 하지 못한다는 것이 이미 오래전에 검증되었다. 투자의 세계에서 이론이 현실을 모두 설명할 수는 없겠지만, 세계 유수의 자산운용사와 국내 기관투자가들도 모두 이것을 운용 원칙으로 삼고 있다. 지금까지 배운 것을 토대로 박성실 씨의 저축 포트폴리오를 진단해보자.

저축
포트폴리오 진단

박성실 씨가 계좌 분리를 실천하고 꾸준히 저축할 수 있는 금액은 매월 70만 원이다. 현재 이 돈은 펀드에 20만 원, 연금보험에 20만 원 납입하고 있으며 나머지 30만 원은 적금 가입을 위한 대기자금이다. 정기예금에는 1,000만 원이 예치되어 있다.

가입한 펀드를 보니 A배당주펀드(이하 A펀드)와 H코리아주식형펀드(이하 H펀드) 2개에 나누어 각 10만 원씩 납입하고 있었다. 박성실 씨가 가입한 펀드를 수익과 위험 그리고 자산배분의 적절성 3가지 관점에서 진단해보자.

펀드 운용 성과는 기간별, 연도별로 각각 비교해봐야 한다

A펀드를 성격이 비슷한 다른 배당주펀드와 비교해보자.

| 표 2-39 | 기간별 누적수익률

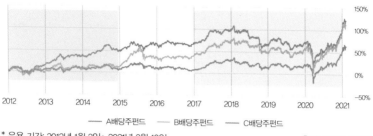

2012   2013   2014   2015   2016   2017   2018   2019   2020   2021

—— A배당주펀드   —— B배당주펀드   —— C배당주펀드

* 운용 기간: 2012년 1월 2일~2021년 2월 10일

출처: 삼성자산운용

위 그래프는 성격이 비슷한 국내 배당주펀드의 과거 10년간 누적수익률이다. 박성실 씨가 가입한 A펀드가 파란 선이다. 누적수익률은 투자 기간의 총성과를 볼 때는 도움이 되지만 각 연도별로 어떻게 운용되어 왔는지는 제대로 설명해주지 못할 수도 있다.

2012년 초~2014년 말까지 3년간(노란색 영역)은 A펀드의 성과가 다른 2개의 펀드보다 월등히 나았다는 것을 직관적으로 알 수 있다. 2017년 초~2020년 말까지 4년간(회색 영역)도 여전히 A펀드의 누적성과가 가장 높게 나타나 있다. 이를 보고 A펀드의 성과가 운용 기간 전체를 통틀어 가장 좋다고 판단할 수 있을까? 위 그래프의 수익률을 연도별로 정리한 [표 2-40]을 보자.

2012년 초~2014년 말까지 3년간 연도별 수익률은 A펀드가 다른 2개의 펀드에 비해 높은 성과를 냈다. 그러나 2017년 초~2020년 말까지 4년간의 성과는 3개의 펀드 중에 A펀드의 성과가 가장 저조하다. 오를 때 가장 덜 오르고 내릴 때 가장 크게 하락했다.

누적수익률([표 2-39])과 연도별 수익률([표 2-40])을 같이 봐야 제대로 진단할 수 있다. 물론 누적수익률과 연도별 수익률은 순전히 과

| 표 2-40 | 연도별 수익률

연도별 수익률	2012년	2013년	2014년	2015년	2016년	2017년	2018년	2019년	2020년	2021년
A배당주펀드	17%	20%	6%	12%	1%	19%	−17%	3%	17%	9%
B배당주펀드	2%	7%	4%	20%	3%	24%	−14%	6%	23%	8%
C배당주펀드	6%	5%	−4%	5%	−3%	22%	−13%	7%	24%	7%

* 계산 방식 : 매년 첫 영업일부터 이듬해 첫 영업일까지 기준가격 변동률로 계산, 소수점 이하 반올림
** 2021년 수익률은 2월 10일까지의 기준가격으로 계산

기준가격 출처: 삼성자산운용

거의 움직임이므로 이것만을 보고 A펀드를 계속 유지하는 것이 좋을지 B나 C펀드로 바꾸는 게 좋을지 판단할 수는 없다. 그저 이런 움직임이었구나 하는 정도로만 참고해야 한다.

표준편차와 샤프 지수

위험을 반영한 성과로 위 펀드를 비교해보자. 대표적인 위험 지표는 표준편차, 그리고 성격이 같은 펀드의 위험 대비 초과 성과를 의미하는 샤프 지수를 비교하면 된다.

표준편차는 변동성이고 이것이 곧 위험이라고 했다. 낮을수록 덜

| 표 2-41 | 기간별 표준편차와 샤프 지수　　　　　　　　　　　2021년 2월 10일 기준

비교 항목	표준편차				샤프 지수			
비교 기간	6개월	1년	3년	5년	6개월	1년	3년	5년
A배당주펀드	22.71	30.13	20.14	16.74	2.49	0.89	0.16	0.29
B배당주펀드	22.07	29.19	19.42	16.34	2.43	1.02	0.39	0.37
C배당주펀드	25.02	32.95	22.02	18.63	2.33	0.87	0.32	0.43

출처: 삼성자산운용

위험한 것이다. 샤프 지수는 '위험 1단위당 초과 성과'이므로 이 값이 높을수록 좋은 성과를 냈다고 볼 수 있다.

특정 시점을 기준으로 평가했을 때 표준편차는 전 구간에서 B펀드가 낮게 나온다. 샤프 지수는 최근 1~3년은 B펀드, 최근 5년 성과는 C펀드가 더 높게 나온다. 다만 최근 6개월은 A펀드가 높게 나오고 2021년 연초 대비 성과도 A펀드가 앞서고 있으니 이 추이를 추적 관찰하면서 B나 C펀드로 바꿀지 고민해볼 필요가 있다. 단순히 수익이 나면 좋은 펀드, 손실이 나면 나쁜 펀드라는 식으로 진단해서는 안 된다.

상관계수를 통한 자산배분의 적절성 진단

박성실 씨가 가입하고 있는 또 다른 H펀드를 진단해보자. 펀드를 2개 이상 가입했다는 것은 자산배분의 차원에서도 적극 권장할 만하다. 그러나 가입한 펀드의 개수가 중요한 것이 아니라 분산 효과가 있는지를 평가해보아야 한다. 두 펀드가 편입하고 있는 톱10 주식의 종목은 [표 2-42]와 같다.

두 펀드가 편입하고 있는 주식이 조금씩 다르기는 하지만 삼성전자의 비중이 A펀드는 18.5%(15%+3.5%), H펀드는 27.6%에 이른다. 삼성전자의 주가가 어떻게 움직이느냐에 따라 두 펀드의 움직임이 결정된다고 해도 과언이 아니다. 그리고 특정 회사의 비중이 높을 경우 두 펀드의 움직임은 비슷할 것으로 예상된다. 다시 말해 자산배분 효과가 크지 않다는 것이다.

| 표 2-42 | 펀드 내에 편입된 톱10 종목

2020년 11월 기준

A배당주펀드

종목	비중
삼성전자우	15.0%
효성	4.6%
녹십자	3.6%
삼성전자	3.5%
현대차2우B	2.8%
GS건설	2.7%
SK하이닉스	2.6%
한솔케미칼	2.4%
삼성SDI	2.3%
청담러닝	2.3%

H주식형펀드

종목	비중
삼성전자	27.6%
SK하이닉스	6.6%
현대차	5.2%
LG화학	4.2%
네이버	3.7%
셀트리온헬스케어	2.8%
카카오	2.5%
기아차	2.5%
현대모비스	2.2%
삼성바이오로직스	2.1%

출처: 삼성자산운용

과거 1년간 두 펀드의 상관관계를 계산해보니 0.96 수준이다. 상관관계가 1에 가까울수록 서로 비슷하게 움직이고 있다는 뜻이며, −1에 가까울수록 역의 상관관계, 0에 가까울수록 관계없이 움직인다고 앞서 배웠다. 따라서 박성실 씨가 가입한 2개의 펀드는 사실상 분산 효과를 기대하기 힘들다. 둘 중 하나의 펀드에 20만 원씩 납입한 것과 각각 10만 원씩 2개로 나눈 것의 차이가 별로 없다는 얘기다.

A펀드는 당분간 유지하되 성격이 비슷한 유형의 다른 펀드(B, C펀드)와 비교하면서 교체 여부를 결정하면 되고, 분산 효과를 위해 가입한 H펀드는 다른 펀드로 변경하는 것이 더 좋을 것 같다. 이때도 H펀드가 수익이 났느냐 손실이 났느냐로 교체 여부를 결정한 것이 아님에 주목해야 한다. 미국 성장주에 투자하는 X주식형펀드, 아시아

신흥국에 투자하는 Y주식형펀드를 예로 들어보자. 직전 1년간(2021년 2월 10일 기준) A펀드와 X펀드의 상관관계는 0.30, A펀드와 Y펀드의 상관관계는 0.35로 계산된다. 상관계수가 0에 가까울수록 두 펀드가 서로 무관하게 움직인다는 의미이므로 자산배분 효과가 더 좋다는 뜻이다.

| 표 2-43 | A배당주펀드와 H, X, Y주식형펀드의 상관계수

	H주식형펀드	X미국성장주펀드	Y아시아신흥국펀드
A배당주펀드	0.96	0.30	0.35

출처: 민 재무설계사무소

X, Y펀드 중 어느 것으로 바꾸더라도 H주식형펀드에 비해 A펀드와의 자산배분 효과가 개선되는 것을 알 수 있다.

연 5% 적금 vs 연수익률 3% 펀드

매월 30만 원은 적금에 납입하려고 금리를 알아보았더니 1년 만기 정기적금 금리가 연 2% 수준이었다. 그런데 적금의 형태로 납입하는 것이라서, 1년간 납입액 대비 이자 비율은 1%대 초반밖에 되지 않는다. 여기서 또 세금을 떼면 손에 쥐는 이자는 사실상 적금금리라고 표기된 이율의 절반도 안 되는 셈이다. 적금금리가 연 5%이고 매월 10만 원씩 1년간 납입한다고 가정해보자. 1년간 적금이자는 다음과 같은 방법으로 계산된다.

'연 5% 금리'라는 표기의 뜻은 '1년간 맡기면 원금의 5%만큼 이자

| 표 2-44 | 적금금리 계산 방식

납입 회차	1차월 초	2차월 초	3차월 초	4차월 초	5차월 초	6차월 초	7차월 초	8차월 초	9차월 초	10차월 초	11차월 초	12차월 초	12차월 말	운용 기간	계산 방식	적용 이율	이자
월 납입액	100,000													12개월	5%×(12/12)	5.00%	5,000
		100,000												11개월	5%×(11/12)	4.58%	4,583
			100,000											10개월	5%×(10/12)	4.17%	4,167
				100,000										9개월	5%×(9/12)	3.75%	3,750
					100,000									8개월	5%×(8/12)	3.33%	3,333
						100,000								7개월	5%×(7/12)	2.92%	2,917
							100,000							6개월	5%×(6/12)	2.50%	2,500
								100,000						5개월	5%×(5/12)	2.08%	2,083
									100,000					4개월	5%×(4/12)	1.67%	1,667
										100,000				3개월	5%×(3/12)	1.25%	1,250
											100,000			2개월	5%×(2/12)	0.83%	833
												100,000		1개월	5%×(1/12)	0.42%	417
합계	1,200,000																32,500

원금 1,200,000원, 총이자 32,500원 ➡ 원금 대비 이자의 비율 2.7%

를 주겠다'는 것이다. 6개월만 맡기면 이자는 원금의 2.5%만 발생한다. 결국 1년간 적금을 불입했을 때 납입원금 대비 이자율이 얼마인지 속셈을 해보려면 제시된 적금금리의 절반 수준(약 54%)으로 줄여서 이해해야 한다.

펀드에 적립식으로 투자한다는 것도 적금과 납입 방식이 동일하다(적립식 펀드는 상품 이름이 아니고 납입 방식을 말하는 것이다). 그런데 적립식펀드의 누적수익률은 항상 '납입원금 대비 수익금의 비율'로 표기된다. 1년간 매월 10만 원씩 펀드에 납입했더니 누적수익률이 3%였다고 가정해보자. 낮은 수익률에 실망할 수도 있겠지만, 그렇다고 '적금에 넣었다면 연 5% 이자를 받았을 텐데 3%밖에 수익이 안 났으니 적금보다 못하군' 하고 해석해서는 안 된다는 뜻이다.

연 5% 금리의 적금이자(원금 대비 2.7%)보다 누적수익률 3%인 적립식펀드의 수익(원금 대비 3.0%)이 더 많다. 물론 손실 위험을 감수하고 얻은 수익치고는 3%의 수익률이 만족할 만한 성과가 아닐 수도 있다. 그렇지만 적금의 '연 5% 금리'와 펀드의 '누적수익률 3%'를 단순히 숫자로만 직관적으로 비교해서는 안 된다는 뜻이다.

자산배분 효과를 높인 포트폴리오

박성실 씨는 적금 10만 원을 줄이고 이 돈을 펀드에 투자하기로 했다. 예금 만기가 되면 이 중 '비상금' 목적으로 400만 원 정도는 변동성이 낮은, 그러나 정기예금보다는 높은 수익을 기대할 수 있는 채권혼합형펀드(채권과 주식이 혼합되어 있는데 채권 비중이 높은 상품)에 일부 예치할 계획이다. 남은 600만 원은 3개의 펀드에서 각각 20만 원씩 총 60만 원을 10개월간 적립식으로 분할 매수할 예정이다.

이렇게 하면 박성실 씨는 성격이 비슷하여 자산배분 효과가 크지 않았던 A펀드와 H펀드의 포트폴리오를 A펀드, X펀드, Y펀드로 나

| 표 2-45 | 박성실 씨의 변경 전후 저축 포트폴리오

변경 전		변경 후						
적립식	금액(만 원)	적립식	금액(만 원)	1차월	2차월	…	9차월	10차월
정기적금	30	신협 정기적금	20					
		X미국성장주펀드	10 ←	20	20	…	20	20
A배당주펀드	10	A배당주펀드	10 ←	20	20	…	20	20
H주식형펀드	10	Y아시아신흥국펀드	10 ←	20	20	…	20	20
거치식		거치식(예정)						
정기예금	1,000	채권혼합형펀드	400					
		CMA에 거치 후 A, X, Y펀드에서 10개월간 분할매수	600					

뒤 '종목의 분산'을 실천할 수 있다.

일시금 600만 원이 CMA에서 A, X, Y펀드로 총 10회에 걸쳐 분할 매수가 이루어지면 '매수 시점의 분산'을 실천할 수 있다. 손실을 줄이는 투자 방법인 종목의 분산과 매수 시점의 분산을 어떻게 적용했는지를 보는 것이 변경 후 포트폴리오의 관전 포인트이다.

적금은 시중은행보다 금리가 조금이라도 높은 신협이나 새마을금고 같은 상호금융기구에 넣기로 했다. 시중은행에 비해 이자에 붙는 세금도 줄일 수 있다(성인 1인당 3,000만 원까지 비과세). 비대면 계좌개설이 일상이 되었지만, 이곳을 방문해보면 금리와 세금 외에도 시중은행에서는 볼 수 없던 몇 가지 혜택(?)을 누릴 수 있다. 해당 금융기관에서 문화센터나 스포츠센터를 운영하는 곳이 있는데 조합원에 가입하고 몇 가지 기준만 충족하면 이런 프로그램이나 시설을 시중보다 저렴한 가격에 즐길 수도 있다.

'이번 달 들어온 돈으로 다음 달에 쓰기'를 실천하는 데 있어 화폐가치의 하락에 노출되는 리스크를 막기 위해 저축과 투자의 필요성, 투자 원칙 그리고 활용 방법에 대해 알아보았다. 두 번째로 고려해야 할 리스크가 있다. 계좌 분리와 예산 설계를 아무리 잘하고, 재무목표 달성을 위한 투자를 잘 이어가고 있다 하더라도 이번 달 돈이 들어오지 않으면 다음 달에 쓸 수가 없다. 어쩌면 화폐가치의 하락보다 더 치명적인 리스크는 바로 '수입의 중단'이다. 다음 장에서는 이를 어떻게 준비해야 하는지 알아보자.

펀드 Q & A

펀드도 적금처럼 만기가 있나요?

일반적으로 만기는 따로 정해져 있지 않다. 3년간 자동이체를 했다고 가정할 경우, 자동이체가 끝나면 펀드의 투자원금은 더 이상 늘어나지 않지만 적립금은 만기 없이 계속 운용된다. 목표달성형펀드 같은 경우는 설정해놓은 수익률을 달성하면 자동으로 환매(다시 매도한다는 뜻으로 금융 상품의 해지와 비슷한 개념)되어 투자가 중단되는 방식으로 운용된다.

자동이체를 설정했어도 변경하거나 필요할 때 돈을 찾을 수 있나요?

언제든지 변경할 수 있다. 중간에 여유 자금이 생겨서 추가로 납입하려고 한다면 자동이체와는 무관하게 추가 매수할 수 있다. 급한 돈이 필요한 경우 자동이체로 납입되고 있는 펀드에서 일부 금액을 찾을 수도 있다. 3년 후 다시 자동이체를 연장할 수도 있으며 이 모든 거래에 어떠한 불이익도 없다.

다만 어떤 펀드는 납입한 지 90일이 안 되어 환매할 경우 이익금의 70%가 '환매수수료'로 차감되기도 한다. 2021년 4월에 1,000만 원을 투자했는데 두 달 뒤 전체 금액을 매도해야 한다고 가정해보자. 환매수수료가 있는 펀드이고 그사이 50만 원의 투자수익이 발생했다면, 투자수익의 70%인 35만 원이 '환매수수료'로 차감된다.

원금 대비 30% 수익이 났는데 환매해서 수익을 실현하고 다시 투자하는 게 나을까요?

30% 수익이 났다는 얘기는 1포기당 1,000원 하던 배추 가격이 1,300원으로 오른 것과 같다. 포기당 1,000원일 때 100만 원을 주고 배추를 사들였다면 배추 창고에는 모두 1천 포기가 보관되어 있다. 이것을 지금 1,300원에 내다 팔면 130만 원을 받을 수 있기 때문에 30% 수익이 난 것이다.

이렇게 배추를 모두 팔았는데 배추 가격이 포기당 1,500원으로 올랐다면 배추를 팔고 받은 130만 원으로 866포기(130만 원 ÷ 1,500원)밖에 못 사게 된다. 결국 1천 포기의 배추를 내다 팔았는데 다시 사들인 배추는 866포기로 줄어들었다. 내가 팔 때보다 배추 가격이 더 오르면 결과적으로 내 창고의 배추는 예전보다 더 적어진다.

앞으로 배추 가격이 오를지 내릴지 알 수 없으므로 단순히 '수익이 났다는 이유'로 매도하는 것은 좋은 결정이 아니다.

원금은 남겨두고 수익금만 찾은 후에 주가가 떨어지면 다시 투자하는 게 더 좋지 않나요?

위의 사례를 연장해서 설명해보자. 창고 안에 배추가 모두 1천 포기 있는데 배추 가격이 1,000원에서 1,300원으로 올랐다. 모두 내다 팔면 130만 원을 받을 수 있으므로 30만 원의 수익을 얻게 된다. 이 중에 수익이 난 부분만 매도한다고 가정해보자. 30만 원만 매도하려면 230포기(30만 원 ÷ 1,300원)의 배추를 팔면 된다. 이제 창고에는 모두 770포기의 배추가 남아 있다.

1,300원 하는 배추 가격이 1,000원으로 다시 떨어진다면 배추를 팔고 얻

은 수익 30만 원으로 300포기(30만 원 ÷ 1,000원)의 배추를 사들일 수 있다. 창고의 배추는 모두 1,070포기(770포기 + 300포기)가 되어 결과적으로 창고 안의 배추를 더 늘리는 효과가 있다.

그러나 배추 가격이 1,500원으로 오른다면 30만 원으로 살 수 있는 배추는 200포기밖에 안 되어 창고 안의 배추는 모두 970포기가 된다. 수익을 실현하기 전에는 1천 포기였는데 배추가 더 줄어들고 말았다.

수익이 난 만큼 배추를 팔았을 때 배추 가격이 더 하락하면 싸게 살 수 있는 기회가 되겠지만, 가격이 더 올라버리면 사들일 수 있는 배추 포기 수는 줄어들어 결과적으로 창고 안의 배추는 수익을 실현하기 전에 비해 줄어들게 된다. 배추 가격이 오를지 내릴지 알 수 없으므로 이 또한 앞의 질문처럼 좋은 방법은 아니다.

주식형펀드에 가입해도 배당금을 받을 수 있나요?

펀드에 포함된 기업의 배당 기준일이 12월 말이고, 주주총회는 다음 해 4월이라고 가정해보자. 배당금 지급 결정은 주주총회에서 하고 실제 배당금 지급일은 주주총회 이후 약 한 달 정도 걸린다. 12월 말까지 펀드를 보유하고 있어서 해당 기업의 배당금을 받을 수 있는 권리를 얻었으므로 배당 지급일에 해당 펀드로 배당금(분배금이라는 이름으로 들어온다)이 들어온다. 대부분 분배금은 펀드에 재투자되어 펀드 좌수(펀드를 세는 단위)를 늘려준다. 배당기준일에는 펀드를 보유하고 있었지만 배당금을 받기 전에 펀드를 환매했다면 대략적인 배당금을 계산해서 환매할 때 지급받고 실제 배당일에는 배당금을 지급받지 못한다.

채권형펀드도 원금 손실이 발생하나요?

채권 투자를 통해 얻을 수 있는 수익은 이자소득과 자본소득(매매 차익)이다. 마치 월세 받는 부동산을 갖고 있으면 임대소득과 부동산의 시세차익을 얻을 수 있는 것과 같은 이치다. 채권의 이자소득은 만기까지 보유하고 있으면 약정된 이자를 받을 수 있으므로 채권을 발행한 회사가 부도나지 않으면 확정적으로 받을 수 있다. 그러나 채권은 만기 전에 시장에서 사고팔 수 있기 때문에 채권 가격은 매일매일 변한다. 앞서 주식과 채권 이야기에서 다루었던 것처럼 채권 가격은 금리와 반대로 움직이므로 채권 금리가 올랐다고 하면 채권 가격은 하락했다는 뜻이다. 채권을 사려는 사람보다 팔려는 사람이 더 많을 경우에도 채권 가격은 하락할 것이다. 매일 채권 가격을 평가해서 수익률로 표기하므로 채권 가격이 하락한 경우 채권형펀드로 손실이 발생할 수 있다.

3장

현금흐름 관리의 두 번째 리스크 :
소득 상실과 예상치 못한
큰 지출

시행착오와 나를
부정해야 했던 혁신

재무 상담을 가장한 보험 판매

2005년 1월, 이름만 대면 누구나 알 만한 직장을 다니던 나는 돌연 사표를 던지고 생명보험 모집인이 되었다. 이후 AFPK®(재무설계사 인증 자격), 증권펀드투자권유대행인 자격을 취득하면서 업무 범위를 넓혀갔다. 생애주기에 따른 현금흐름(이것을 라이프사이클이라고 한다)을 배우면서 재무설계라는 분야에 관심을 갖게 되었다.

평생을 살면서 언제 어떤 일로 목돈이 필요하게 될지를 미리 생각해보고 계획을 세우는 것은 매우 중요하다. 한 번뿐인 인생을 여행하는데 계획 없이 발길 닿는 대로 무작정 집을 나설 수는 없지 않겠는가. 게다가 여행지에 도착하기까지 거쳐 가야 할 곳이 동네 뒷산 정도라면 물 한 통 준비하면 되지만, 히말라야산맥을 건너가야 할 수도 있다면 얘기가 달라진다.

생명보험상품은 사망, 후유장해, 장수와 같은 위험에 대비하여 가입하는 상품이다 보니, 상품을 설명하기에 앞서 고객의 미래에 어떤 불확실성이 있고 그로 인해 어떤 재무 문제가 생길지 설명하는 과정이 있다. 특히 저축 목적의 보험상품을 권하기 위해서는 생애주기별로 언제 어떤 지출이 발생하고 그것을 모으려면 장기저축이 필요하다는 니즈 환기가 이루어져야 한다. 그래야 먼 미래에 발생하게 될 지출에 대비해 무언가를 준비해야겠다는 생각을 하게 되고, 지금 불입하고 있는 적금을 중지하고 저축성 보험을 가입할 테니 말이다.

"당신의 꿈은 무엇입니까?"라는 질문으로 상담을 시작했다. 평생을 살면서 두고두고 생각해야 하고 언제든 바뀔 수 있는 무거운 주제이거늘, 한두 번 만남에 라이프사이클을 그려가며 인생을 이야기하고(그 당시 나는 대학을 졸업하고 2년가량 직장을 다녔던 게 전부였던 미혼이었다) 그것을 기준으로 재무 목표라는 것을 정했다. 그리고는 다음번에 만나서 지난 미팅 때 정한 목표 달성을 위해 현재의 저축 방법을 바꿔야 한다며 연금보험과 변액보험 가입을 권유했다.

재무 상담을 받고 재무 구조가 악화된 아이러니

내가 고객의 인생을 얼마나 이해했을까? 고객은 바쁜 일상에 갑작스럽게 나를 만나 막연하고도 느슨한 형태의 계획이란 걸 세워보긴 했으나, 상담이 시작된 1~2주간 그런 계획을 충분히 검토하지도 않았을뿐더러 이를 달성하기 위한 구체적인 액션플랜을 당장 실행에 옮겨야 할 급박한 상황도 아니었다.

액션플랜이란 게 사실은 금융 상품 가입이었다. 제안한 금융 상품 포트폴리오에는 보험상품과 함께 펀드도 포함되어 있었다. 그러나 고객이 펀드를 가입했을 때 다음 달에 들어오는 판매수수료가 보험 모집수당에 비해 턱없이 적다 보니(1/300도 안 된다) 제안서에 끼워 넣은 펀드는 보험상품을 제안하기 위한 사실상 들러리였다.

CMA와 적금 역시 구색 맞추기로 끼워넣은 것이다. 전문성도 없었고 이해 상충의 문제 때문에 균형 잡힌 제안이란 게 애초에 불가능했던 것이다. 나의 관심은 고객의 '꿈과 인생'이 아니라 그저 '판매수당'이었고, 이번 주에 달성해야 할 3W(한 주에 3건의 보험 모집을 하는 것으로 연속 몇 주를 달성하느냐가 보험 모집인 사이에서는 성공의 바로미터였다) 였던 것이다.

게다가 나의 제안대로 장기저축을 위해 보험상품에 가입한 고객들 중 일부는 갑작스럽게 돈이 필요한 일이 생겨서 가입한 상품을 손해를 감수하며 해지해야 했다. 어떤 분들은 해지로 인한 손해가 아까워 대출을 통해 필요한 돈을 조달한 뒤 해지환급금이 원금을 회복할 때 즈음 가입한 보험을 해지했다. 평생을 함께하자던 고객과의 약속은 '나를 통해 가입한 보험을 유지하는 기간'에나 유효한 것이었는지도 모르겠다. 나를 만나 함께 고민했던 인생의 계획은 시간이 지나면서 많이 달라졌으나, 이미 납입하고 있는 보험상품은 고객의 바뀐 인생 계획에 전혀 대응하거나 변경할 수 없는 태생적 한계를 가지고 있었다.

"원래 계획은 아이를 가지면 육아휴직 후 직장에 복귀하는 것이었으나, 이런저런 이유로 퇴사하고 당분간은 전업주부가 되어야 할 것 같습니다. 그래서 말인데 2년 전에 가입했던 연금보험의 납입을 중지할 수 없을까요?"

고객의 상황이 바뀌게 되자 가입한 보험상품은 애물단지가 되고 말았다. 그렇다고 고객에게 '그렇게 왜 계획을 바꾸셨냐'고 말할 수는 없지 않겠는가.

"지금 해지하면 원금의 절반밖에 찾지 못하고, 수입이 줄어들어 더 이상 납입은 어려울 것 같은데 어떻게 해야 할까요?"

재무 상담을 받고 오히려 재무 구조가 악화된 것이다.

언제까지 고객의 눈과 귀를 가릴 수 있을까?

'고객의 재무 문제를 해결하기 위한 상담인가? 나의 판매수당을 위한 상담인가?'

'변액유니버셜보험은 공모펀드와 비교해볼 때 과연 경쟁력이 있는가?'

'노후 준비를 위해 연금보험은 좋은 대안인가?'

'납입 기간과 금액의 유연성이 없는 보험상품은 저축 목적으로 추천할 만한가?'

그동안의 경험과 알량한 지식을 토대로 당연하게 여기고 있었던 보험의 모든 통념을 내려놓고 스스로에게 자문해보았다. 내가 해온 재무설계 프로세스와 보험상품에 대한 근본적인 의심이 들었다. 그 당시 내가 하던 재무설계라는 것은 사실상 기승전보험으로 끝나는 판매 논리에 지나지 않았고, 그 실천이란 '금융 상품(특히 보험상품) 가입'이었음을 인정해야 했다.

두툼한 재무설계 보고서를 고객에게 건네줌으로써 내가 전문가임을 과시할 수는 있었지만, 이런 식으로는 고객의 재무 문제가 해결되지 않았다. 게다가 펀드와 ETF 같은 간접투자 상품의 시장이 급속히 커지고 있었다.

증권 상품을 깊이 공부하면서 '변액보험'을 보다 객관적인 시각에서 재검토해보기로 했다. 펀드와 변액보험에 대해 어느 정도 비슷한 수준의 지식과 경험이 생겼기에 가능한 시도였다고 생각한다.

그 결과 더 이상 변액보험을 투자 상품으로 추천해서는 안 되겠다는 결론에 이르렀다. 물론 지극히 개인적인 나의 견해이다. 그 당시 나는 중도 인출(고점 매도)과 추가납입(저점 매수)을 활용하여 변액유니버셜보험의 해지환급률을 1년 만에 110%로 만들었던 적도 있다. 시장을 이길 수 있다는 착각에 빠져 있었다. 그럼에도 불구하고 이런 결론을 내렸다는 것은 내가 더 이상 보험 모집 실적으로 생계를 이어갈 수 없음을 의미하는 것이기도 했다. 변액보험을 가입한 고객에게 그것은 옳은 결정이 아니었음을 해명(?)해야 했고, 많은 고객들이 나를 떠나갔다. 내 소득은 절반 이하로 줄었고 집에 생활비를 가져다주지 못하는 일이 흔했다.

현금흐름 관리에서 보험의 역할

보험은 그야말로 소득의 상실과 예상치 못한 목돈 지출로 인한 경제적 손실에 대비하기 위한 상품이다. 보험상품의 적립 효과는 낮은 운용 금리와 높은 비용(사업비 등)으로 인해 경쟁력을 잃었다.

이번 장에서는 위험설계를 바탕으로 한 보험의 기본 개념과 몇 가지 불편한 진실에 대해서도 이야기하고자 한다. 그러나 단순히 어떤 보험이 좋은지 혹은 올바른 보험 가입 요령과 같은 백과사전식의 지식 전달이 아니라, 궁극적으로 '이번 달 들어온 돈으로 다음 달에 쓰기'를 실천하기 위해 보험이 어떤 역할을 하는지를 이해하는 데에 초점을 맞추었다.

'소득의 상실'은 현금흐름이 불가능해지는 치명적인 위험이고, '예상치 못했던 목돈 지출'은 저축과 투자를 통해 쌓은 자산을 한순간에 무너뜨릴 수도 있기 때문이다.

위험관리와
보험

위험의 본질은 경제적 손실 그 자체가 아니라 불확실성이라고 앞서 설명했다. 다음 2가지 제안을 받았다고 가정해보자.

제안 1: 동전을 던져 앞면이 나오면 100만 원을 받고, 뒷면이 나오면 50만 원을 잃는다.

VS

제안 2: 동전을 던져 앞면이 나오든 뒷면이 나오든 모두 30만 원을 잃는다.

제안 1은 앞면이 나오느냐 뒷면이 나오느냐에 따라 돈을 벌 수도 있고 잃을 수도 있다. 그러나 제안 2는 어느 면이 나오든 돈을 잃는다. 어떤 제안이 더 위험한가?

제안 2라고 생각했을 것 같아 다시 한 번 힌트를 주겠다. 위험은 손실 그 자체가 아니라 불확실성이다. 어떤 제안이 결과의 불확실성을 가져다줄까? 제안 2는 손해 볼 확률 100%인 게임이다. 불확실성이 없다. 아무도 제안 2를 받아들이지 않을 것이고, 따라서 위험에 노출되지 않는다. 결과에 대한 불확실성이 있는 제안 1이 더 위험한 것이다.

미래를 알 수 없기에 우리는 꿈과 희망을 품고 살아간다. 그러나 불확실성 때문에 경제적 손실이 발생하기도 하고 미래에 대한 근심과 불안 자체가 비용이나 비효율을 발생시키기도 한다.

샌프란시스코의 랜드마크가 된 금문교는 1937년 완공 당시 세계에서 가장 긴 다리였다. 그러나 공사 기간 내내 추락 사고가 끊이지 않았다. 추락하더라도 목숨을 잃지 않게 하려고 다리 밑에 그물망을 설치했다. 그런데 그물망을 설치한 이후부터는 아예 추락하는 빈도가 현저히 줄어들었다고 한다. 다리 위 작업자에게는 추락 그 자체도 위험이었지만, 추락할지도 모른다는 불안감이 더 큰 위험이었던 것이다. 그 후 작업 속도가 더 빨라져 공사 기간이 단축되었고 그물망 설치 비용을 감안하더라도 총공사비를 줄일 수 있었다고 한다. '마음의 평화'가 우리 일상에 미치는 영향은 절대적이다.

재무설계라는 것도 결국은 불확실한 미래를 계획하고 준비해가는 과정이다. 한 달의 생활비와 연간 비정기 지출을 계획해서 예산도 세우고 재무 목표를 달성하기 위해 투자도 하고 있지만 소득 상실과 고액의 치료비에 대한 불확실성은 계좌 분리나 예산 설계, 그리고 투자 설계를 통해 해결할 수 없다.

'10년 뒤 암에 걸린다면 지금부터 얼마씩 모아야 할까?'라는 재무 목표를 세우지는 않는다. 그런데 정말로 이런 상황이 발생하면 인생의 행복이라는 다리가 완성되기 전에 추락하거나 붕괴될 수도 있다.

우리에게는 어떤 그물망이 필요할까? 위험관리의 개념과 구체적인 방법을 알아보자. 항상 그렇듯이 기본을 알아야 현상을 이해하기 쉽다. 지금 설명하는 기본만 이해하고 있어도 골치 아픈 보험에 대한 기준 하나는 확실히 잡을 수 있을 것이다.

위험을 관리하는 4가지 방법

일상생활에서도 우리는 사고 발생 확률을 줄이거나 사고로 인한 경제적 손실을 줄이기 위한 노력을 한다. 위험관리 방법 중 이것을 위험의 '회피와 축소'라고 한다. 교통사고 지역을 우회해서 운전하거나 나트륨 섭취를 줄이는 식단 조절 등이 위험 회피 전략이다. 가정에 소화기를 비치하면 화재가 발생하더라도 피해를 줄일 수 있고 꾸준히 건강검진을 받으면 중증 질환을 조기에 발견하여 완치할 수 있는데 이런 노력은 위험 축소 전략에 해당한다.

그러나 이러한 노력에도 불구하고 사고가 발생했을 때는 경제적 손실을 감수할 수밖에 없다. 이때의 위험관리 방법을 위험의 '보유와 이전'이라고 한다. 경제적 손실이 크지 않다면 위험을 보유해도 된다. 어떤 사고가 발생했을 때 그로 인한 경제적 손실을 내가 떠안고 간다는 뜻이다.

며칠 전 주차 중에 다른 차의 범퍼를 긁는 사고가 있었다. 손으로 닦아보니 겉의 페인트가 약간 벗겨진 정도였다. 차주에게 전화해서 수리비 명목으로 얼마를 입금해드렸다. 자동차보험으로 처리할 만큼 큰 수리비가 아니었기 때문이다. 이런 비용은 내 주머니의 돈으로 감당하는 것이 더 경제적이고 효율적이다.

그러나 주행 중 마주 오던 차와 부딪혔다면 이 사고로 인한 수리비와 치료비는 내 주머니의 돈으로 감당할 수 있는 범위가 아니다. 내가 보유할 수 없는 위험은 '이전'해야 한다. 위험을 이전할 수 있는 가장 일반적인 수단이 바로 '보험'이다(보험 이외에도 '보증, 헤지, 선물과 옵션' 등 위험 이전 방법이 일상생활에서 활용되고 있다).

그러니까 보험은 '사고 발생 가능성이 불확실하며, 사고가 발생했을 때 그로 인한 경제적 손실이 감당할 수 없을 만큼 큰 위험'을 관리하기 위한 방법이다. 보험학개론에나 나올 법한 이야기지만, 보험 가입의 기준이 이 한 문장에 고스란히 담겨 있다.

보유해도 될 위험은 이전하고, 감당할 수 없는 위험은 보유하고 있는 현실

[표 3-1]의 질문에 모두 '예'인 경우, 위험을 이전하는 것이 효과적이다. 하나라도 '아니오'에 해당된다면 보유해도 되는 위험인 셈이다. 이 3가지 질문이 보험 가입에 어떤 기준과 힌트를 주는지 예를 들어 보자.

2016년부터 실손의료비에서 '응급환자가 아닌 경우 상급종합병원 응급실 진료비'를 보상에서 제외하고 있다. 그래서 등장한 담보

| 표 3-1 | 위험관리와 보험의 관계

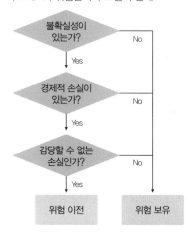

가 있다.

"응급실 내원 진료비 : 응급 5만 원, 비응급 3만 원"

살다 보면 응급실에 갈 일이 발생하기도 한다. 그때 발생하는 진료비는 많을 수도 있고 적을 수도 있다. 그러나 진료비가 많든 적든 보험금으로 받을 수 있는 돈은 3만 원 혹은 5만 원이다. 이 정도의 보험금이 진료비 부담을 덜어줄까? 위험 이전의 역할을 하지 못한다. 따라서 이런 담보는 보험 설계에서 중요하게 고려할 사항은 아니다.

입원일당도 마찬가지다. 40세 남자가 상해나 질병으로 입원할 경우 첫날부터 1일당 2만 원씩 보험금을 받을 수 있게 설계하려면, 납입해야 할 보험료가 월 2만 원에 이른다. 열흘간 입원하면 20만 원의 보험금이 나온다. 이 보험금을 받았다고 해서 치료비 부담을 덜었다고 볼 수 있을까? 매월 2만 원의 보험료로 암 진단비 1,000만 원을 가입할 수 있다면 어떤 보험에 가입하는 것이 위험을 효과적으로 이전하는 것일까?

자녀를 둔 외벌이 가장의 조기 사망 확률은 '불확실'하며, 소득의 상실이라는 '경제적 손실이 발생'하고, 유가족이 감당하기에는 너무 '큰 손실'이다. [표 3-1] 순서도의 3가지 질문에 모두 '예'에 해당한다. 따라서 이 위험은 보유할 수 없다. 보험의 형태로 이전해야 한다.

이제 막 태어난 아이의 실손의료비 보험을 가입하겠다고 찾아오신 부부(남편 외벌이)가 있었는데 정작 아이의 아빠는 사망보험금이 준비되어 있지 않았다.

"제 사망보험금요? 아직 건강해서 그런 건 필요 없을 것 같습니다."

이렇게 위험 이전의 효과가 없는데도 보험에 가입해서 비용을 지불하고 있거나, 감당할 수 없는 위험인데도 보유하고 있는 경우를 많이 본다. 보험을 '상품'으로 접근하면 모집인도 이해하기 어려울 만큼 복잡하고 한도 끝도 없다. 상품을 들여다보기 전에 위험을 먼저 이해하면 나에게 필요한 보험인지 아닌지를 구분할 수 있을 것이다.

보유해서는 안 될 위험이라고 판단했다면 이 위험을 이전하기 위해 어떻게 보험을 '설계'해야 하고 무엇을 알아야 할지 구체적으로 살펴보자.

조기 사망으로 인한
소득 상실의 위험

두 자녀가 있는 외벌이 가족에게 발생할 수 있는 가장 큰 위험은 바로 주 소득원의 조기 사망이다. 이로 인한 소득의 상실은 가정경제를 파산에 이르게 할 수도 있는 치명적인 위험이다. 가계 니즈 분석법을 통해 이 위험을 어떻게 측정하고 어떤 방법으로 이전할 수 있는지 알아보자.

김행복(37세) 씨는 8년 전 결혼해서 두 자녀를 낳았고 아내는 전업주부이다. 그가 오늘 사망한다면 남은 가족에게는 최소한 얼마의 생활비가 필요할까?

다음 페이지에 나오는 [표 3 2]에서 ⓐ~ⓒ는 자산과 부채를 계산하는 과정이다. ⓓ는 자녀 양육자금 계산이다. 자녀가 독립하는 나이를 27세라고 가정했다. 최소한 이때까지는 부모의 양육과 지원이 필요한 시기라고 보는 것이다. 하지만 이 시기는 각자의 생각에 따라 다르게

| 표 3-2 | 가계 니즈 분석법에 의한 필요자금의 현재가치 계산

물가상승률	2.0%	
투자수익률	5.0%	
교육비상승률	4.0%	

구분	필요 시점과 금액			필요 자금의 미래가치	현재가치
ⓐ 보유 자산					30,000만 원
ⓑ 오늘 사망할 경우 상환해야 할 부채					10,000만 원
ⓒ 남은 금액 (ⓐ-ⓑ)					20,000만 원
ⓓ 막내 독립 전까지 양육에 소요되는 월 필요 자금	독립 나이	월 필요 자금	첫째 아이	둘째 아이	
	27세	50만 원	7세	4세	
			9,064만 원	10,020만 원	19,083만 원
ⓔ 자녀 대학교육 자금	대학 입학 나이	필요 자금	첫째 아이	둘째 아이	
자녀 대학입학 시점 필요 금액	20세	3,000만 원	4,995만 원	5,619만 원	
현재 준비해야 할 금액			2,649만 원	2,574만 원	5,223만 원
ⓕ 자녀 결혼 자금	결혼 연령	필요 자금	첫째 아이	둘째 아이	
현재 결혼할 경우 준비해야 할 금액					
자녀 결혼 시점 필요 금액					
현재 준비해야 할 금액					만 원
ⓖ 배우자 생활비(대출상환 비용 포함)	필요 기간	월 생활비			
	10년	200만 원			20,771만 원
ⓗ 비상예비 자금	필요 금액				
	만 원				만 원
ⓘ 필요 자금 합계 (ⓓ+ⓔ+ⓕ+ⓖ+ⓗ)					45,077만 원
ⓙ 준비 자금 (ⓒ)					20,000만 원
ⓚ 부족 자금 (ⓘ+ⓙ)					**25,077만 원**

정할 수 있다.

27세까지 한 아이에게 지금 기준으로 월 50만 원의 양육비가 발생한다고 가정하면, 물가상승률만큼 매년 양육 비용은 증가할 것이다. 첫째(7세)에게는 20년간 양육 비용이 발생할 텐데, 이 기간 동안 연 5%의 투자수익률로 운용할 경우 지금 9,064만 원이 준비되어 있어야 한다는 뜻이다. 둘째(4세)에게는 1억 원가량이 필요하다.

ⓔ는 자녀 대학교육 자금이다. 자녀 1인당 3,000만 원 정도를 가

정하면 첫째 아이가 대학에 입학할 때는 약 5,000만 원, 둘째에게는 약 5,600만 원가량이 필요하다. 이를 연 5%의 투자수익률로 운용하면 지금 일시금으로 두 자녀를 위해 약 5,200만 원이 필요하다는 결론이 나온다.

자녀 결혼 자금은 학교 졸업 후 자녀 스스로 준비하는 것으로 정했다. ⑧는 배우자의 생활비다. 전업주부인 배우자는 취업이나 창업을 해서 소득원의 역할을 해야 할 것이다. 그래도 당장의 생활비가 필요할 것이므로 최소한 10년간 월 200만 원의 생활비를 준비하겠다는 계획을 세워보았다. 물가상승률을 반영할 경우 생활비로 필요한 일시금은 약 2억 원가량 된다. 2억 원을 연 5%의 투자수익률로 운용하면서 매월 200만 원씩 찾아 쓰고, 매년 물가상승률만큼 인출액을 늘린다면 10년간 쓸 수 있다는 뜻이다.

이렇게 계산된 필요 자금의 합계(⑩)는 약 4억 5,000만 원가량 된다. 준비 자금(⑪)은 자산에서 부채를 차감한 금액인데 이 금액이 전세보증금이거나 주거용 부동산 자산이라면 유가족 생활비로 사용할 수 없으므로 부족한 4억 5,000만 원이 곧 필요 자금이다.

월 6만 3,300원으로 4억 5,000만 원 준비하기

과연 김행복씨는 이 위험을 보유할 수 있을까? 잠깐 내 이야기를 하자면, 어머니께서 돌아가셨을 때 내 나이는 열 살이었고 동생은 불과 세 살이었다. 나는 서울에 계신 고모께서 맡아 키워주셨고, 동생은 의정부 큰아버지 댁에서 자랐다. 아버지 혼자 힘으로 두 아들을 키울 수 없었기 때문이다.

지금은 내 자식 하나 키우기도 버거운 세상이다. 다시 말해 주 소득원의 사망으로 인한 자녀 양육의 경제적 부담은 예전보다 더 '보유하기 힘든 위험'이 된 것이다. 이 위험은 반드시 이전해야 한다. 물론 보험의 형태로 이전한다고 해도 양육의 문제가 해결된 것은 아니다. 여기서는 순전히 경제적인 문제로만 한정하겠다.

위험 평가에서 가장 중요한 것은 '발생 확률에 대한 주관적 생각'이 개입되어서는 안 된다는 것이다. '나는 지금 건강한데 죽는 상상을 하라고?' 이렇게 생각해서는 안 된다.

위험을 평가하고 측정했으니 이제 이것을 어떻게 보험으로 이전할 수 있는지 알아보자. 37세 남자의 사망보험금은 아래와 같이 설계해볼 수 있다.

| 표 3-3 | 사망보험금 설계 예시

구분	정기보험	가족수입특약
가입 금액	12,000만 원	15,000만 원
보험료	28,800원	34,500원
월 보험료		63,300원

* 보험 기간 60세, 납입 기간 60세   출처: 생명보험 공시실

보험 기간은 막내아이가 독립하게 될 27세까지로 계산해보면 지금부터 23년 뒤, 그러니까 아빠 나이 60세 시점까지 하면 된다. 일시금(정기보험) 1억 2,000만 원, 가족수입특약 1억 5,000만 원을 설계하면 지금 사망할 경우 약 4억 5,000만 원의 보험금을 준비할 수 있다. 매월 부담해야 할 보험료는 6만 3,300원이다. 보험 기간 동안 사망

| 표 3-4 | 보험 기간에 따른 사망보험금

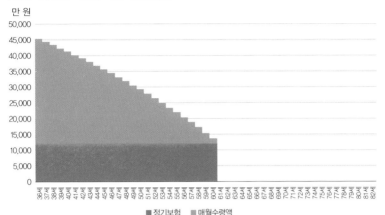

보험금은 [표 3-4]와 같이 만들어진다.

일시금 1억 2,000만 원은 보험 기간 내내 같은 금액이 보장된다 (주황색 영역). 그러나 파란색 영역은 사망 시점에 따라 보험금이 점점 줄어드는 것을 볼 수 있다.

가족수입특약은 보험 기간 중 사망할 경우 가입 금액의 1%가 보험 만기까지 유가족에게 매월 지급된다. 지금 사망할 경우 유가족에게 매월 150만 원씩(1억 5,000만 원의 1%) 23년간 지급된다. 이는 일정 비율로 할인하여 일시금으로 받을 수도 있는데 이 금액이 파란색 영역에 해당하는 약 3억 3,000만 원이고 정기보험과 합해서 총 4억 5,000만 원의 보험금을 준비할 수 있다.

종신보험 vs 정기보험

사망보험금을 지급하는 보험상품의 종류는 보험 기간(만기)이 있고 없고에 따라 정기보험과 종신보험으로 구분된다. 앞에서 설계한 상품은 60세에 소멸되는 정기보험이다. 예시한 보험 나이 36세 남자를 대상으로 종신보험을 설계한다면 정기보험과 어떤 차이가 있고 그에 따른 장단점은 무엇인지 생각해보자. A생명보험의 종신보험으로 가입 금액 1억 원, 납입 기간 60세로 설계했더니 월 보험료가 18만 5,000원으로 계산된다.

조기 사망의 위험을 이전하기 위해 종신보험에 가입하는 것은 매우 비효율적인 방법이다. 월 18만 5,000원은 납입하기 부담스러운 금액인 데다 이 돈으로 보장받을 수 있는 사망보험금 1억 원으로는 위험을 제대로 이전하지도 못한다. 필요한 사망보험금은 4억 5,000만 원이다. 여전히 3억 5,000만 원가량의 위험을 보유해야 한다.

그런데 종신보험은 중도에 해지할 경우 해지환급금이 존재하는데 정기보험은 만기가 되면 보험료가 모두 소멸된다. 이를 '만기소멸형 보험'이라고 한다.

"60세 이전에는 조기 사망의 위험을 준비하고, 60세가 되면 원금보다 많은 해지환급금으로 자녀 결혼 비용이나 노후 자금으로 활용할 수 있다."

이렇게 얘기할 수도 있겠지만 나는 이 말에 동의하지 않는다. 조기 사망의 위험을 제대로 이전하고 있지도 못하며 목돈 마련 효과

역시 매우 비효율적이기 때문이다. 종신보험은 말 그대로 죽을 때까지 사망보험금을 보장받기 위한 상품이다. 이를 저축 목적으로 활용하려고 한다면 무엇을 조심해야 할지, 장단점은 무엇인지에 대해서는 후반부에서 사례를 통해 다시 다룰 것이다.

은퇴로 인한
소득 상실의 위험

은퇴 시점에 필요한 일시금

주 소득원의 조기 사망이 치명적인 위험이지만 소득 없이 오래 사는 것도 큰 위험이다. 국가가 개인의 노후 생활비를 해결해줄 것이라고 믿는 사람은 아무도 없을 것이다. 현재의 소득 중 일부는 '노후의 나에게' 송금해놓아야 한다. 얼마를 송금해야 할까?

국민연금과 퇴직연금만으로는 원하는 노후 생활이 어려울 것 같아서, 정불안 씨(30세)는 65세부터 30년간 매월 100만 원가량의 노후 생활비를 더 준비하려고 한다. 노후에 필요한 자금은 개인마다 다를 것이다. 지금 돈으로 100만 원의 월 생활비는 35년 뒤에 2배가 되어야 같은 구매력을 가진다(물가상승률 2% 가정 시). 지금 기준으로 연간 1,200만 원 정도의 생활비를 쓰려고 한다면, 35년 뒤인 65세에는 2,400만 원가량을 찾아 써야 한다는 뜻이다.

그 이듬해에도 노후 자금은 물가상승률만큼 증가할 것이다. 인생

2막이 펼쳐진다고 해서 갑자기 은퇴 전보다 씀씀이가 줄어드는 것은 아니므로 은퇴 후 생활비를 너무 낮게 설정하거나 물가상승률을 무시하고 계산해서는 안 된다. 건강을 유지하고 있다면 여전히 왕성하게 사회생활을 할 것이고 건강을 잃었다면 많은 의료비 지출이 발생할 수도 있다.

65세부터 30년간 매년 2,400만 원씩 계산해도 7억 2,000만 원이라는 어마어마한 돈이 생활비로 필요하다. 65세부터 물가가 연 1.5%씩 오른다고 가정할 경우 필요한 생활비는 자그마치 9억 원이다. 노후 생활 30년 동안 이 큰돈을 장롱이나 금고에 쌓아두고 찾아쓸 건 아니다. 연 3%로 운용할 수 있는 채권혼합형펀드에 넣어두고 매년 필요한 금액만큼 인출해 쓴다고 가정하면 65세 시점에 필요한 일시금은 약 5억 8,000만 원이다.

| 표 3-5 | 정불안 씨의 은퇴 시점 필요 자금 계산　　　　　　　　　　　(만 원)

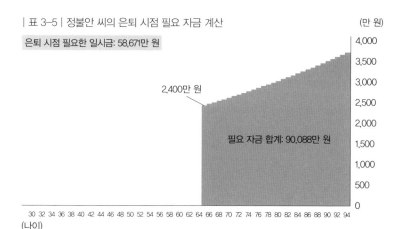

은퇴 시점 필요한 일시금: 58,671만 원

2,400만 원

필요 자금 합계: 90,088만 원

35년 동안 5억 8,000만 원을 모으려면 어떻게 준비해야 할까? 기대
수익률 연 5%를 가정했을 때 매월 납입해야 할 금액은 54만 원이다.
이 돈을 펀드에 납입해도 된다. 그러나 노후 준비에 특화된 금융 상
품을 활용하면 좀 더 효과적인 준비가 가능하다. 연금저축과 연금보
험을 활용하여 정불안 씨의 노후 준비 자금 방법을 알아보자.

연금저축은 보험회사에서 판매하는 연금저축보험과 증권회사에
서 판매하는 연금저축펀드로 나뉜다. 두 상품은 운용 방법만 다를
뿐 세제상 특징은 모두 동일하다. 연간 1,800만 원까지 납입할 수 있
고 연간 납입액 중 400만 원 한도로 세액공제를 받을 수 있다.

| 표 3-6 | 연금저축상품의 연간 세액공제율

16.50%	총급여 5,500만 원 이하 근로자 종합소득 4,000만 원 이하 사업자
13.20%	총급여 5,500만 원 초과 근로자 종합소득 4,000만 원 초과 사업자

정불안 씨의 연소득은 3,000만 원이므로 연금저축상품에 연간
400만 원을 납입하면 16.5%인 66만 원의 세금을 덜 낼 수 있다. 그
러나 세액공제를 받은 원금과, 원금이 만들어낸 이자 혹은 투자수익
금에 대해서는 연금을 수령할 때 '연금소득세'를 떼고 받는다. 납입
할 때 세금을 덜 낸다고 좋아할 것만은 아니다. 세액공제 신청을 하
지 않았다면 납입 기간 중 절세 효과는 없지만, 연금을 수령할 때 납
입원금에 대해서는 비과세 소득으로 인정되어 연금소득세를 떼지
않고 받을 수 있다(이자와 투자수익은 과세한다).

연금소득세와 관련해서 주의할 점이 있다. 연간 받은 금액이 1,200만 원 이하이면 3.3~5.5%의 세금을 원천징수하고 과세는 종결된다. 그러나 연간 1,200만 원을 초과해서 받으면 연금소득 전체를 다른 소득과 합산하여 '종합과세'한다. 다른 사업소득이나 근로소득이 있다면 이와 합산하여 세금이 더 많이 부과될 수도 있고 소득이 늘어났으므로 건강보험료에도 영향을 준다.

정불안 씨가 65세부터 받으려는 연금액은 연간 2,400만 원으로 설계했으므로 이를 모두 연금저축의 적립금에서 수령할 경우 연금소득은 '종합과세'가 된다.

따라서 비과세 소득을 만들어놓을 필요가 있다. 노후에 받을 수 있는 여러 가지 복지 혜택이 있을 텐데 연금저축에서 수령하는 연금이 소득으로 잡혀서 좋을 건 없을 것이다. 비과세 연금소득을 만드는 방법은 연금저축에 납입하는 동안 세액공제를 받지 않거나, 혹은 비과세 연금보험으로 노후 준비를 하는 것이다.

비과세 연금보험의 장단점

비과세 연금보험은 생명보험상품으로만 가입할 수 있다. 게다가 사망할 때까지 평생 연금을 받을 수 있는 기능도 생명보험의 연금보험에만 있는 특징이다. 그러나 종신토록 연금을 수령할 경우 월 수령액이 적고, 납입보험료에서 보험회사의 사업비를 차감하고 운용하기 때문에 실질 운용수익률은 그다지 높지 않다. 그리고 결정적으로 보험회사의 연금보험은 물가상승률에 맞게 필요한 만큼 연금을 인출할 수 없다. 물론 연금 개시 후에도 중도 인출이 가능하지만 이럴 경우 그다음 달 연금액이 줄어든다. 따라서 필요 자금 전체를 연금 보험으로만 준비하는 것도 효과적인 방법이 아니다.

연금보험과 연금저축 상품을 같이 운용하는 것이 한 가지만으로 준비하는 것보다 더 나은 선택이라고 생각한다.

연금보험은 공시이율로 운용하는 것도 있고 펀드에 투자하는 변액연금보험도 있다. 이 중에 납입 기간과 거치 기간 내내 납입보험료 기준으로 연 5%의 단리 이자로 계산한 가상의 적립금을 연금 적립금으로 최저 보증해주는 변액연금보험이 있는데 나는 주로 이 상품을 추천한다.

정불안 씨가 이 연금보험에 매월 30만 원씩 30년간 납입하면 65세부터 매년 1,141만 원의 연금을 최저 보증받을 수 있다. 매월 95만 원 수준이다. 게다가 이 금액은 정불안 씨가 사망할 때까지 평생 받을 수 있다. 다른 연금보험으로 이런 연금액을 기대하기는 어려울 것이다.

| 표 3-7 | 연금보험을 통한 노후 필요 자금 준비

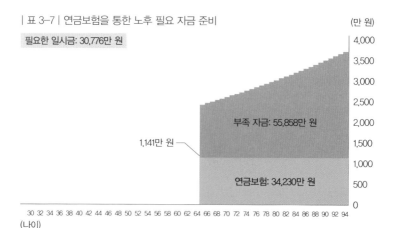

이제 연금저축 상품으로 모아야 할 필요 자금은 3억 원이다. 연 5% 투자수익률을 가정했을 때 매월 27만 원씩 납입하면 만들 수 있는 금액이다. 지금까지의 계산 과정을 정리하면 다음과 같다.

| 표 3-8 | 은퇴 설계 과정과 준비 방법

① 연간 추가로 만들고 싶은 노후 월 생활비	월 100만 원
② 물가상승률을 고려한 노후 생활비 계산	9억 원
③ 은퇴 후 자산운용수익률을 고려한 필요 자금 계산	5억 8,000만 원

④-1 연금저축 월 52만 원	④-2 비과세 연금보험 월 30만 원 ④-2 연금저축 월 27만 원

연금저축의 기대수익률을 연 5%로 가정했다. 연금저축보험은 공시이율로 운용하므로 사실상 이런 수익을 기대할 수 없다. 연금저축펀드를 개설해서 공모펀드와 국내 상장 ETF 등으로 포트폴리오를 만들면 가능하지 않을까 싶다.

노후 준비는 첫 월급부터 시작하자

한달 한달 생활하기도 버거운데 노후 준비를 위해 떼어놓아야 하는 돈이 생각보다 많고, 그 돈으로 대단히 풍족한 생활비를 만들 수 있는 것도 아니라는 생각이 들 것이다. 결혼과 내 집 마련 그리고 자녀 양육과 교육 자금 등을 준비하고 꾸려가기도 벅찬 것이 현실이다.

그러나 눈앞에 보이는 단기 목표만 보고 저축을 했다가는 은퇴 시점이 가까워졌을 때에는 준비할 시간이 부족해진다. 먼 미래에 필요한 돈을 모아야 할 때, 적립금을 늘려줄 가장 큰 무기는 바로 '시간'이다. 따라서 노후 준비는 사회초년생일 때 시작하는 것이 가장 좋다. 그러나 그 나이에는 노후 준비의 필요성을 심각하게 인식하지 못한다. 인생이란 게 늘 그렇다.

| 표 3-9 | 은퇴 준비 시작 나이에 따른 필요 자금과 월 납입액

은퇴 준비 시작 나이	30세	35세	40세	45세
65세에 필요한 은퇴 일시금	5억 8,000만 원	5억 3,000만 원	4억 8,000만 원	4억 3,000만 원
연금저축 월 납입액	52만 원	64만 원	81만 원	106만 원

* 65세부터 현재가치 월 100만 원씩 30년간 수령. 은퇴 전 물가상승률 연 2%, 은퇴 후 물가상승률 연 1.5%, 은퇴 전 투자수익률 연 5%, 은퇴 후 투자수익률 연 3% 가정

출처: 민 재무설계사무소

은퇴 준비 시작 나이가 늦어질수록 65세에 필요한 은퇴 일시금이 줄어든다. 그러나 매월 납입해야 할 금액은 점점 늘어나는 것에 주목해야 한다. 시작을 미룰수록 비용이 증가하는 셈이다. 노후 준비는 시험공부처럼 벼락치기가 통하지 않는다. 빠를수록 좋다. 예외는 없다.

중증질환으로 인한 치료비와
소득 상실의 위험

저축만으로 해결할 수 없는 치료비

살다 보면 예기치 못한 사고로 인해 고액의 치료비가 발생하기도 한다. 그러나 이를 대비해서 연간 비정기 지출 항목에 치료비를 추가하거나, 다음 달 예산설계에 이 비용을 반영하지는 않는다. 중증질환이나 사고로 인한 치료비가 발생할지는 불확실하며, 발생하더라도 시기와 금액을 예측할 수 없다. 따라서 이런 비용은 다른 재무 목표(결혼 자금, 주택 구입 자금, 노후 자금 등)처럼 저축과 투자로 준비할 수 있는 성격이 아니다. 이러한 자산 손실의 불확실성에 대비하기 위해서는 어떻게 하는 것이 좋을까?

"보험에 가입할 돈으로 저축을 하는 게 낫겠습니다."

보험 상담을 하다 보면 가끔 이런 이야기를 듣는다. 저축과 투자로는 필요 금액이 만들어지기까지 시간이 걸릴 수밖에 없다. 필요 금액이 충분히 만들어지기 전에 예기치 못한 사고가 발생하여 치료

| 표 3-10 | 치료비 준비를 위한 저축과 보험의 차이

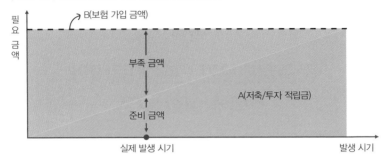

비가 필요할 경우(|표 3-10|의 파란 원 지점) 여전히 부족 자금이 발생한다. 필요 금액이 충분히 만들어졌다고 하더라도 치료비를 위해 그 돈을 쓰지 않고 계속 보관하고 있기도 쉽지 않다.

치료비를 위해 모아놓은 적립금이 3,000만 원이라고 가정해보자. 다행히 아직까지 이 돈을 쓸 일이 없었고 앞으로도 당분간 쓸 일이 없을 것 같다. 이때 주택 구입을 위해 대출을 받아야 하는 상황이라면 치료비에 쓰려고 모아놓은 이 돈을 계속 보관할 수 있을까? 급한 곳에 써야 하는데 모아놓은 돈으로 해결이 안 된다면, 치료비를 위해 쌓아둔 돈은 언제든 다른 목적으로 사용될 위험에 처해 있는 셈이고, 그렇게 사용해버리면 정작 치료비가 필요할 때 돈이 없게 된다.

발생 여부와 시기, 금액이 모두 불확실한 상황이고 발생했을 때의 경제적 부담이 큰 경우에는 보험으로 위험을 이전해야 한다고 앞에서 설명했다. 저축과 투자로 이런 위험을 이전하는 것은 효과적이지 않다. 보험은 점선 B처럼 가입 즉시 필요 금액을 만들 수 있다.

치료비에 대한 경제적 부담을 줄일 수 있는 보험상품으로는 진단, 수술, 입원을 보상하는 보험, 그리고 병원비 중 일부를 돌려받을 수 있는 실손의료비보험 등이 있다. 이 중 진단비 보험은 어떤 위험을 이전할 수 있는지, 가입할 때 무엇을 비교해봐야 하는지 알아보자.

회사마다 다른 암 진단비 지급 조건

감기로 진단을 받았다고 많은 치료비가 발생하지는 않는다. 보험상품의 형태로 만들어진 진단비의 범위는 크게 암, 뇌혈관질환, 심혈관질환 등으로 나뉜다. 이런 진단을 받으면 치료비도 많이 발생할뿐더러 소득 상실의 위험도 발생한다. 치료에 전념하기 위해 직장을 그만두거나 가게 문을 닫아야 할 수도 있기 때문이다.

따라서 진단비 가입 금액은 자신의 연소득 수준과 비슷한 금액을 기준으로 하되 보험료 납입 여력에 맞게 조정하는 식으로 설계한다. 보험회사에서 분류한 암의 종류는 일반암, 소액암, 유사암, 고액암 등으로 담보가 구분된다. 가장 넓은 범위의 암이 '일반암'인데 회사마다 일반암의 보상 범위가 다르다. 일반암 가입 금액 3,000만 원을 설계하여 회사별 보상 범위와 금액을 비교해보았다.

| 표 3-11 | 유방암, 전립선암 진단비 비교

구분	A보험	B보험	C보험
가입 후 1년 이내	유방암 300만 원 전립선암 300만 원	유방암 750만 원 초기전립선암 300만 원 초기전립선암 이외의 전립선암 3,000만 원	유방암 1,500만 원 전립선암 1,500만 원
가입 후 1년 이후	유방암 1,500만 원 전립선암 1,500만 원	유방암 3,000만 원 초기전립선암 300만 원 초기전립선암 이외의 전립선암 3,000만 원	유방암 3,000만 원 전립선암 3,000만 원

* 일반암 진단비 3,000만 원 가입 시   출처: 생명보험, 손해보험 공시실

유방암, 전립선암으로 진단받을 경우 A보험회사의 일반암 진단비에서는 이를 보상하지 않는다. '유방암, 전립선암 진단비'가 일반암과 별도로 분류되었다. 반면 B, C보험회사는 1년 이후 유방암, 전립선암 진단 시 모두 일반암 진단비 3,000만 원이 지급된다. 단, B보험회사의 경우 '초기 전립선암'은 가입 금액의 10%인 300만 원만 지급된다. 세 군데 회사의 지급 조건이 모두 다르다는 것을 알 수 있다.

| 표 3-12 | 유방암, 전립선암 이외의 일반암 진단비 비교

구분	A보험	B보험	C보험
가입 후 1년 이내	일반암 1,500만 원	중대한 암 3,000만 원	일반암 3,000만 원
가입 후 1년 이후	일반암 3,000만 원	중대한 암 3,000만 원	일반암 3,000만 원

출처: 생명보험, 손해보험 공시실

가입 후 1년 이내에 위암으로 진단받았다고 가정해보자. A보험회사는 가입 금액의 절반인 1,500만 원이 지급되는데 C보험회사는 3,000만 원이 모두 지급된다. B보험회사는 일반암이 아닌 중대한 암을 보상하므로 약관상 일반암의 지급 조건에 비해 까다로울 수 있다. 3개 회사만 비교해보더라도 C보험 회사의 암 진단비 보상 조건이 좋다는 것을 알 수 있다.

뇌혈관, 심혈관질환 보험의 보상 범위

보험상품에서 말하는 2대 진단비라고 하면 뇌혈관질환 진단비와 허혈성심장질환 진단비를 말한다. 뇌혈관질환 전체를 보상하는 진단비도 있지만 보상 범위가 상대적으로 더 좁은 뇌졸중 진단비, 뇌출혈 진단비를 판매하는 상품도 있다. 뇌출혈은 뇌혈관이 파열되는 질환이고 뇌경색은 뇌혈관이 막혀서 뇌조직이 괴사하는 질환이다. 뇌출혈과 뇌경색을 합해서 뇌졸중이라고 한다.

허혈성심장질환 진단비 역시 이보다 보상 범위가 좁은 급성심근경색증 진단비만 가입할 수 있는 상품도 있다. 이를 도식화해보면 다음과 같다.

해당 분야의 전문 지식이 없으면 이해하기 어려운 진단명들로 가득하다. 100명의 뇌혈관질환 환자 중 뇌출혈 진단을 받는 환자 수는

| 표 3-13 | 뇌혈관질환 분류표

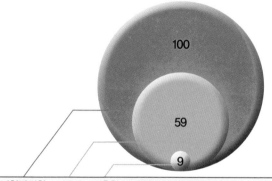

뇌혈관질환	뇌졸중	뇌출혈	코드	진단명
●	●	●	I60	지주막하출혈
●	●	●	I61	뇌내출혈
●	●	●	I62	기타 비외상성 두개내출혈
●	●		I63	뇌경색증
●			I64	출혈 또는 경색증으로 명시되지 않은 뇌졸중
●	●		I65	뇌경색증을 유발하지 않은 뇌전동맥의 폐색 및 협착
●	●		I66	뇌경색증을 유발하지 않은 대뇌동맥의 폐색 및 협착
●			I67	기타 뇌혈관질환
●			I68	달리 분류된 질환에서의 뇌혈관 장애
●			I69	뇌혈관질환의 후유증

* 원 안의 숫자는 백분율로 표기한 사람 수   출처: 2017년 보건의료빅데이터

| 표 3-14 | 허혈성심장질환 분류표

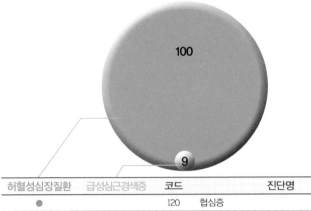

허혈성심장질환	급성심근경색증	코드	진단명
●		I20	협심증
●	●	I21	급성심근경색증
●	●	I22	후속심근경색증
●	●	I23	급성심근경색증 후 특정 현존 합병증
●		I24	기타 급성 허혈성심장질환
●		I25	만성 허혈심장병

* 원 안의 숫자는 백분율로 표기한 사람 수   출처: 2017년 보건의료빅데이터

10%가 채 안 된다. 허혈성심장질환 환자 중 급성심근경색증으로 진단받은 환자도 그 수가 많지 않다. 따라서 뇌출혈 진단비와 급성심근경색증 진단비만 보상되는 상품에 가입했다면 뇌경색 혹은 협심증으로 진단받아도 보험금은 지급되지 않는다.

중대한 뇌졸중, 중대한 급성심근경색증이라는 이른바 '중대한 질병'에 해당되어야만 보험금이 지급되는 CI보험도 있다. 이런 상품들은 해당 질병으로 진단을 받았다고 해서 보험금이 지급되는 것이 아니라, 보험약관에서 정한 추가 조건을 만족해야 하므로 보험금 지급 조건이 훨씬 까다롭다. 중대한 뇌졸중의 약관상 정의는 4장의 사례에서 다루었다.

잘못 가입한 보험은 엄청난 손실

중중질환으로 인한 고액의 치료비나 소득 상실의 위험을 이전하기 위해 가입하는 것이 보험이지만 보상 범위를 제대로 이해하지 못하고 가입하면 어려울 때 '힘'이 되는 게 아니라 '짐'이 될 수도 있다.

한 달 보험료가 10만 원이라고 해도 20년간 납입하는 조건으로 가입했다면 단순 계산으로도 최대 2,400만 원을 납입해야 하는 고가의 상품이다. 보험상품은 다른 금융 상품에 비해 구조가 복잡하고 용어도 생소한 데다 내용마저 매우 어렵다. 모집 종사자 역시 이 방대한 내용을 빠짐없이 모두 설명하기란 물리적으로 거의 불가능하다. 게다가 전화나 인터넷으로 가입하는 보험은 그 속성상 청약 진행 과정에서 충분한 설명과 이해가 이루어지기 어렵고 부실 고지의 위험도 있다.

대한민국에서는 30개가 넘는 보험회사가 영업을 하고 있다. 선택의 폭은 매우 다양하다. 여러 회사의 설계안을 비교해보고 보상 범위와 지급 조건 등을 꼼꼼히 따져보아야 한다. 보험은 그 속성상 자발적으로 가입하기 어려운 상품이다. 그러다 보니 모집인의 가입 권유와 설명에 의존할 수밖에 없는데, 추천받은 상품이 나에게 적합한지 아닌지를 소비자가 판단하기는 매우 어려운 것이 현실이다.

모집인이 '개인적으로 친분 있는 지인'이라 할지라도 상품에 대한 전문성과 윤리성을 갖추고 있는지는 완전히 다른 문제이다. 맛집인 줄 알고 찾아갔는데 맛이 형편없다면 한 끼 식사비를 버린 셈 치면 된다. 그러나 잘못 가입한 보험은 위험의 이전이라는 본래의 기능이 제대로 작동하지 않아(보상 범위에 해당되지 않아 보험금 지급이 안 되는 상황) 치료비나 소득 상실분을 모아놓은 돈으로 해결해야 하는 위중한 문제와 직결된다. 게다가 그사이 건강에 이상이 생기는 바람에 목적에 맞는 보험을 원하는 조건으로 다시 가입할 수 없다면, 이는 돈으로 환산할 수 없는 기회손실이기도하다.

결국 보험을 통한 위험 이전의 메커니즘은 치료비라는 발생 확률이 '불확실하지만 큰 비용'을 보험료라는 형태의 매월 발생하는 '확실한 작은 비용'으로 맞바꾸는 것이다. 그런데 작은 비용일 줄 알았던 '보험료'가 치료비만큼 큰 비용이 될 때도 있다. 마음의 평화를 위해 준비한 금문교의 안전망이 너무 무거워진 나머지 다리의 안전마저 위협하는 상황이라면, 이 또한 보험의 위험 이전 기능이 훼손되는 것이다. 어떤 경우에 그럴 수 있는지 알아보자.

유지가 힘들 만큼
비싸진 보험료

보험에 가입하는 이유는 미래의 불확실한 큰 지출에 대비하기 위함이지만, 건강을 잘 유지해서 보험의 혜택(?)을 전혀 받지 않는 것이 가장 좋다는 사실은 모두가 동의할 것이다. 그런데 갱신형 보험에 가입한 소비자에게는 불확실한 큰 지출이 발생하지 않으면, 즉 보험금 지급 사유가 발생하지 않으면 이번에는 보험료가 큰 지출로 다가올 수도 있다. 갱신형 보험의 특징과 가입 시 고려할 사항에 대해 알아보자.

2021년 3월 현재, 보험나이 25세 남자를 기준으로 C생명보험을 설계해보았다([표 3-15]).

주보험 5,000만 원은 사망보험금이다. 특약은 모두 진단비로 구성되어 있고 15년마다 보험료가 갱신된다. 보험료가 갱신된다는 말은 2가지를 의미한다.

| 표 3-15 | 25세 남자의 설계 예시

구분	보험가입금액	보험기간	납입 기간	보험료
주보험	5,000만 원	종신	15년납	143,000원
암진단특약(15년 갱신형)	3,000만 원	15년 갱신	15년(최대 100세)	4,500원
소액암진단특약(15년 갱신형)	3,000만 원	15년 갱신	15년(최대 100세)	330원
뇌출혈진단특약(15년 갱신형)	3,000만 원	15년 갱신	15년(최대 100세)	1,620원
급성심근경색증진단특약(15년 갱신형)	3,000만 원	15년 갱신	15년(최대 100세)	990원
합계 보험료				150,440원

출처: C생명보험 가격공시실

첫째, 갱신 주기마다 보험료가 변동된다. 질병을 보장하는 보험, 특히 진단비 보험은 갱신 시점에 보험료가 오를 것이다. 나이가 증가할수록 암을 비롯한 중증질환 발병 확률이 높아지기 때문에 보험회사는 보험료를 더 비싸게 책정할 것이다.

둘째, 최대 갱신 종료 나이까지 보험료를 내야 한다. 위 설계 조건을 보면 주계약 납입 기간은 15년이고 보험 기간은 종신이므로 가입 후 15년이 지나면 보험료 납입은 종료되고 보장은 종신토록 지속된다.

그러나 갱신형 특약은 15년 보험 기간이 만료되면 별도의 해지의사를 표시하지 않는 한, 새로운 보험 기간으로 다시 연장되고 보험료도 다시 15년간 납입해야 한다. 이렇게 최대 보험 기간인 100세까지 특약이 연장될 경우 보험료도 최대 100세까지 납입해야 한다. 25세 남자가 최대 75년간 보험료를 납입해야 한다는 뜻이다.

갱신형 보험료 예시표는 놀이동산 입장료

[표 3-15]에서 예시한 갱신형 특약의 최대 납입 기간은 피보험자 나이 100세까지다. 갱신될 때마다 보험료가 얼마나 인상될지 가입 시점에는 알 수 없다. 일부 보험회사의 가입설계서에는 갱신에 따른 보험료를 예시해놓았다. [표 3-15]의 설계안에서 갱신보험료는 아래와 같이 예시되었다.

| 표 3-16 | 갱신보험료 예시표 (단위: 원)

갱신회차	최초계약	1회 갱신	2회 갱신	3회 갱신	4회 갱신
보험기간	1~15년	16~30년	31~45년	46~60년	61~70년
암진단비	4,500	12,600	42,900	103,500	140,100
소액암진단비	330	780	3,090	7,830	6,720
뇌출혈진단비	1,620	4,560	9,000	17,010	24,870
급성심근경색증진단비	990	5,730	15,000	22,920	24,750
합계	7,440	23,670	69,990	151,260	196,440

출처: C생명보험 가격공시실

"25세 남자의 암진단특약 보험료가 가입 시점에는 4,500원이었는데 다음번 갱신이 이루어지는 16년 차(40세)에는 1만 2,600원, 그다음은 4만 2,900원, 10만 3,500원이 된다."

위의 예시표를 이렇게 이해하면 안 된다. 위 예시표는 25세 남자의 보험료가 15년마다 갱신될 때 얼마로 인상될지 설명하는 표가 아니다. 2021년 3월 기준으로 25세, 40세, 55세, 70세, 85세 남자의 15년 갱신형 암진단특약의 보험료가 얼마인지를 나타낸 것이다.

예를 들어 설명해보자. 행복놀이동산의 입장료가 다음 페이지의 [표 3-17]과 같다고 가정해보자. 아빠와 함께 입장한 10세 어린이는

| 표 3-17 | 2016년 기준 놀이동산 입장료

구분	연령	입장료
어른	20세 이상	15,000원
청소년	14~19세	5,000원
어린이	8~13세	3,000원
미취학아동	7세 이하	무료

입장료에 적힌 금액을 보면서 다음과 같은 생각을 했다.

'내가 중학생이 되어 이곳을 다시 방문한다면 그때는 입장료가 5,000원이겠네.'

5년이 흘러 중학생이 된 아이는 친구들과 함께 다시 행복놀이동산을 찾았다. 매표소에 5,000원을 내밀며 "청소년이요~" 했지만 표를 살 수 없었다. 왜 그런가 해서 입장료를 보니 다음과 같이 바뀌어 있었다.

| 표 3-18 | 5년 후 놀이동산 입장료

구분	연령	입장료
어른	20세 이상	20,000원
청소년	14~19세	8,000원
어린이	8~13세	5,000원
미취학아동	7세 이하	무료

최저임금과 전기요금이 오르면서 불가피하게 입장료를 올리게 되었다고 한다.

갱신형 보험료 예시표는 마치 놀이동산 입장료와도 같다. 보험료 예시표는 15년마다 얼마로 인상되는지를 알려주는 것이 아니라 가입설계서 발행일 기준으로 계산된 각 연령별 보험료일 뿐이다. 매년 보험회사는 한두 차례 보험료를 인상한다. 15년간 보험료 인상이 전혀 없다고 가정한다면 [표 3-16]대로 인상되겠지만 이는 현실적으로 있을 수 없는 일이다.

해당 보험회사의 가입설계서에는 이런 문구가 적혀 있다.

"위에 예시된 보험료는 최초 가입 시점의 기초율(적용 이율, 위험률, 계약체결 비용, 계약관리 비용)을 기준으로 나이 증가분만을 고려한 보험료입니다. 또한 위험률이 급격히 증가하는 경우 보험 기간 동안 납입한 총누적 보험료가 보장 금액을 초과할 수 있으며, 갱신 시점의 보험료는 위 예시와 크게 달라질 수 있습니다."

가입설계서 30페이지 중 이 몇 줄을 찾아낼 수 있는 소비자가 과연 몇이나 될 것이며, 찾았다고 해도 이 문구를 제대로 이해할 수 있을지 걱정이다. 더욱 놀라운 사실은 몇몇 보험회사의 가입설계서에는 이런 주의(?) 문구조차 찾아볼 수 없다는 것이다. 불편한 진실을 알리고 싶지 않은 속셈이다.

3,000만 원의 보험금을 받기 위해 5,000만 원의 보험료를 내야 할 수도 있다

[표3-16]에 예시한 보험료만 가정하여 최대 100세까지 납입해야 할 총보험료를 다음 페이지의 [표 3-19]에 옮겨보았다(갱신형 보험료의 납입 기간에 '최대'라고 표기하는 이유는 보험 기간 중 보험금 지급 사유가 발생하면

| 표 3-19 | 나이 증가분만 반영한 납입보험료 누계

(만 원)

* 그래프 위의 숫자는 갱신형 보험료 누계

보험금이 지급되고, 보험이 소멸되거나 납입 면제 사유가 발생하여 더 이상 보험료 납입을 하지 않을 수도 있기 때문이다).

최대 100세까지 계속 납입한다고 가정할 경우 특약보험료만 총 8,000만 원을 납입해야 한다. 막대그래프 위의 숫자는 총납입보험료 가 아니라 갱신보험료 누계액이며 75년간 보험료 인상이 전혀 없다 는 비현실적인 가정을 했을 때의 금액이다. 이 중에 암진단특약 보 험료 누계만 계산해보았다.

| 표 3-20 | 나이 증가분만 반영한 암 진단비 총 납입보험료 예시

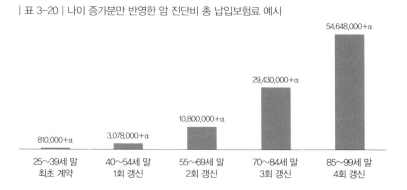

214

84세까지 납입하게 될 보험료는 총 2,943만 원이며 가입 후 60년 동안 한 번도 보험료를 인상하지 않았다는 가정이다. 보험료 인상분까지 감안해야 하므로 '플러스 알파(+α)'라고 표기하였다. 암 진단비 3,000만 원을 보장받기 위해 그동안 낸 보험료가 3,000만 원을 초과할 수도 있다. 앞에 인용한 가입설계서 문구도 이 부분을 명시하고 있다.

> "……보험 기간 동안 총누적 보험료가 보장 금액을 초과할 수 있으며……."

발생 여부도 불확실하고 시점과 금액도 알 수 없으니 치료비는 분명 위험이다. 이를 위해 보험에 가입하는 것인데, 갱신형 보험은 언제까지 납입해야 할지 '불확실'하고, 갱신 시점에 얼마나 오를지 '불확실'하다. 소득 상실과 치료비 발생으로 인한 자산 손실의 불확실성을 줄이려고 보험을 가입한 것인데, 보험을 가입하고 나니 새로운 '불확실성'이 생기고 말았다.

갱신형과 비갱신형 보험료 비교

암진단특약을 비갱신형으로 설계해보았더니 15년납 100세 만기 월 보험료가 4만 20원으로 계산된다. 위에 예시한 설계안과 같은 보험회사이다(회사별로 보험료를 비교하면 예시한 C생명보험보다 일반암 진단비 보상 범위는 더 좋고 보험료는 더 저렴한 상품이 있다). 15년 갱신형 보험료(4,500원)

에 비해 매월 납입보험료는 약 9배가량 비싸다. 그러나 4만 20원의 보험료는 15년만 납입하면 더 이상 납입하지 않고 100세까지 보장받을 수 있다. 15년간 납입하는 총보험료는 720만 원 수준이다.

25세 남자가 35세에 암 진단을 받는다면 결과적으로 갱신형 보험이 더 유리하다. 비갱신형 보험에 비해 더 적은 보험료를 내고 3,000만 원의 암 진단비를 받을 수 있을 테니 말이다. 갱신형과 비갱신형 보험료의 누계를 비교해보면 [표 3-21]과 같다.

| 표 3-21 | 25세 남자의 갱신형 vs 비갱신형 보험료 누계

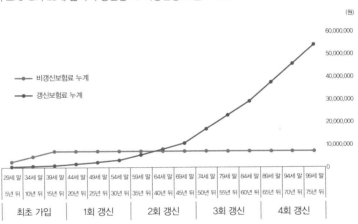

갱신보험료 누계는 나이 증가분만 고려하였기 때문에 실제 갱신이 도래하면 파란 선으로 표기한 위 보험료보다 더 오를 수 있다. 2회차 갱신이 이루어지고 나면 갱신형 보험의 총 납입액이 비갱신형 보험료보다 더 많아질 수도 있을 것 같다.

암보험에 가입하고 1년이 지나 암 진단을 받고 보험금을 지급받은 분도 있다. 내일 어떤 일이 벌어질지 아무도 모른다. 불확실한 미래를 이야기하면서 갱신형과 비갱신형 보험의 10년 뒤 20년 뒤 총납입보험료를 계산하는 것 자체가 의미 없는 비교일 수도 있다. 무엇이 맞다 틀리다로 설명할 수 없는 문제다.

보험료 납입 여력이 많지 않음에도 불구하고 가입 당시 보험료가 상대적으로 비싼 비갱신형 보험에 가입하느라 치료비 부담과 소득 상실의 위험을 충분히 이전하지 못한다면 이것도 바람직한 위험 설계는 아니다. 이때는 15년 혹은 20년 갱신형 보험을 활용하여 보험료 부담을 줄이고 충분히 높은 가입 금액으로 설계하는 것이 더 현명한 선택일 수도 있다.

갱신형 보험의 보험료 부담은 이미 '실손의료비보험'에서 현실화되고 있다. 일명 보험료 폭탄을 맞는 사례가 계속 발생하고 있다. 그렇다고 해지하자니 마음이 불안하다. 실손의료비보험을 둘러싼 논란은 무엇이며 소비자는 어떤 판단을 해야 할지 알아보자.

갱신보험료 부담이 현실화된
실손의료비보험

보험사도 외면하는 실손의료비보험

병원비를 돌려받을 수 있는 실손의료비보험은 '20년납 100세 만기'와 같은 비갱신형 보험 형태로 상품을 만들 수 없다. 보험 가입자에게 앞으로 얼마나 많은 진료비가 발생할지는 과거의 통계를 아무리 들여다보고 분석해봐도 알 수 없는 데다, 국민건강보험의 보장 범위 변경 등 정책의 변화에 따라 실손의료비보험의 보험료도 달라지는 구조이기 때문이다.

소비자가 납입하는 보험료에는 보험금 지급 재원 외에도 회사 운영을 위한 사업비와 판매 마진이 포함되어 있다. 고객이 납입한 보험료로 보험회사의 직원 월급도 줘야 하고, 건물 임대료나 전기요금도 내야 한다. 그런데 1년간 고객에게 받은 보험료가 모두 보험금으로 지급된다면(이를 손해율 100%라고 한다) 보험회사는 사실상 손해 보는 장사를 한 셈이다. 따라서 보험회사는 계약자가 보험계약을 갱신

할 때 최소한 손해 본 부분만큼은 보험료에 반영하려고 할 것이고 그만큼 보험료는 인상될 수밖에 없다. 폭우로 차량 침수 피해가 많이 발생한 경우 그 이듬해에 자동차보험료가 많이 인상되는 것과 같은 이치다. 2018년 금융감독원이 발표한 손해보험회사의 실손의료비보험 손해율은 평균 124%에 이른다. 1년간 가입자에게 받은 보험료가 100만 원이라면 보험금으로 지급된 돈만 124만 원이라는 얘기다.

이렇다 보니 보험회사는 실손의료비보험 판매를 주저할 수밖에 없다. 몇몇 회사는 아예 판매를 중지했고, 어떤 회사는 간호사가 방문하여 혈액·혈압·소변검사를 하여 가입 여부를 판단하는 방식으로 심사를 까다롭게 하는 곳도 있다. 어떤 회사는 암보험이나 상해보험 등 다른 보험상품과 같이 가입할 때만 실손의료비보험 가입을 할 수 있게 하여 사실상 '달랑' 실손의료비보험만 가입하는 것을 막고 있다.

가입 시기에 따라 보험금이 달라진다

더욱 복잡한 문제는 실손의료비보험의 가입 시기에 따라 보장 내용이 다르다 보니 언제 가입했느냐에 따라 상품별로 손해율이 다르고, 그 결과 갱신 시 보험료 인상률이 달라진다는 것이다. 가입 시기에 따라 고객이 받을 수 있는 보험금이 어떻게 달라지는지 비교해보자.

기준 병실에 입원하여 총 150만 원의 진료비가 발생했다고 가정해보자. 진료비 계산서는 [표 3-22]와 같다.

| 표 3-22 | 진료비 계산서

급여		비급여	진료비 총액	150만 원
공단부담	본인부담	본인부담	환자부담총액	100만 원
50만 원	50만 원	50만 원		

진료비 총 150만 원 중 본인부담금이 급여와 비급여 각각 50만 원으로 실제 병원에 납부한 환자부담액은 100만 원이다. 이 영수증으로 실손의료비 보험금을 청구하면 보험 가입 시기에 따라 지급액은 아래와 같이 달라진다.

| 표 3-23 | 실손의료비보험 가입 시기에 따른 입원의료비 공제금액과 보험금

가입 시기	A ~ 2009. 09. 30	B ~ 2015. 07. 31	C ~ 2021. 06. 30	D 2021. 07. 01 ~
공제금	급여, 비급여 진료비 공제금액 없음	급여 10% 비급여 10% 공제	급여 10% 비급여 20% 공제	급여 20% 비급여 30% 공제
보험금	공제금 0원 **지급 보험금 100만 원**	급여 5만 원, 비급여 5만 원 총 10만 원 공제 **지급 보험금 90만 원**	급여 5만 원, 비급여 10만 원 총 15만 원 공제 **지급 보험금 85만 원**	급여 10만 원, 비급여 15만 원 총 25만 원 공제 **지급 보험금 75만 원**

* 기준병실 진료시, 실손의료비보험 선택형 가입시   출처: 손해보험 상품공시실

입원의료비 공제금의 변화만을 기준으로 보더라도 네 구간으로 나뉜다. 공제금이 전혀 없는 A구간에서 가입한 소비자는 진료비 전액에 해당하는 100만 원을 보험금으로 받지만 C구간에서 가입한 소비자는 85만 원을 받는다. 환자부담액 중에 비급여 진료비의 비중이 클수록 C구간 가입자가 받는 보험금은 A, B 구간 가입자보다 상대적으로 적다.

2021년 7월 개정된 실손의료비보험의 공제금액은 더 늘어났고,

소비자가 지급받는 보험금은 더 줄어들었다.

실손의료비보험료 월 200만 원, 실화인가?

손해율이 높은 상품일수록 보험료가 갱신될 때 더 많이 인상될 것이다. 얼마나 인상될까?

2015년 9월 30일에 발행한 가입설계서 중 갱신보험료 예시표를 발췌했다. 1993년 8월생 남자이며 가입 당시 보험나이는 22세였다.

연령 증가만 반영한 보험료 예시표는 앞서 갱신형 보험에서 설명한 놀이공원 입장료를 생각하면 된다. 65세 시점의 보험료가 3만

| 표 3-24 | 보험나이 22세 남자의 갱신보험료 예시표 (단위: 원)

연령	경과연수	연령증가만 반영	연령 증가 + 위험률 5% 상승	연령 증가 + 위험률 10% 상승
22세	1년	7,086	7,086	7,086
23세	2년	7,086	7,438	7,792
24세	3년	7,346	8,096	8,885
25세	4년	7,633	8,833	10,157
26세	5년	7,956	9,668	11,646
27세	6년	8,285	10,571	13,339
28세	7년	8,593	11,512	15,221
29세	8년	8,871	12,480	17,284
30세	9년	9,122	13,474	19,552
31세	10년	9,388	14,561	22,134
32세	11년	9,698	15,794	25,152
33세	12년	10,049	17,184	28,667
34세	13년	10,436	18,738	32,749
35세	14년	10,860	20,476	37,490
36세	15년	11,319	22,409	42,981
37세	16년	11,831	24,593	49,418
...	...	...	...	...
65세	44년	36,408	296,709	2,193,218

* 2015년 9월 기준   출처: A손해보험 가입설계서

6,408원이라는 것은 '22세 남자가 65세 되었을 때 보험료가 3만 6,408원이 된다'는 뜻이 아니라, '2015년 9월 30일 기준으로 보험나이 65세인 남자의 보험료'라는 뜻이다. 위험률 5%, 10% 상승 시 보험료 예시표를 보자. 여기서 말하는 위험률은 앞에서 설명한 손해율과는 다른 개념이지만, 손해율이 상승하면 위험률도 올라간다는 정도로만 이해하면 된다. 위험률 10% 상승을 반영한 보험료 예시표를 보면 65세 시점의 월 보험료가 200만 원이 넘는다고 한다. 임의로 가공한 데이터가 아니라 가입설계서에 인쇄된 숫자를 그대로 옮긴 것이다. 이 표대로 해석한다면 최초 가입 당시 월 7,000원 정도 하던 보험료가 매년 갱신되면서 65세 시점이 되면 200만 원으로 오를 수도 있다는 얘기다(역산해보니 연평균 보험료 상승률 14% 수준이다).

'불확실한 큰 지출에 대비하기 위한 확실한 작은 지출'이라는 보험 가입의 취지가 점점 퇴색되어 가는 느낌이다.

가입설계서 예시표보다 더 많이 오른 보험료

정말 예시표대로 인상될지 실제 데이터와 비교해보자. [표 3-24]의 빨간 점선 박스에 예시한 갱신보험료와 가입자에게 받은 연도별 실제 보험료를 비교해보았다.

마지막 갱신이 2020년 9월 30일이고 보험료는 1만 4,929원이 되어 가입 당시보다 이미 2배 이상 올라 있었다. 위험률 10% 상승을 가정한 보험료 예시표와 비교해봐도 더 많이 인상된 것을 확인할 수 있다. 5년간의 데이터만으로 속단할 수는 없지만, 65세 시점 200만

| 표 3-25 | 예시표와 실제 갱신보험료 비교 (단위: 원)

갱신일자	연령증가 + 위험률 10% 상승	실제 갱신보험료	차이
2015-09-30	7,086	7,086	
2016-09-30	7,792	8,713	921
2017-09-30	8,885	9,930	1,045
2018-09-30	10,157	9,981	-176
2019-09-30	11,646	12,008	362
2020-09-30	13,339	14,929	1,590

원이라는 보험회사의 데이터는 결코 과장이 아님을 알 수 있다. 그러나 그다음 달에 발행한 가입설계서를 보니 위험률 5%, 10% 상승을 가정한 65세 시점 보험료는 빈칸으로 바뀌어 있었다. 이 역시 불편한 진실을 숨기고 있는 것이다.

2015년 9월에 가입했으니 이분은 [표 3-23]에서 살펴본 C구간일 때 가입한 것이다. A, B구간에 비해 상대적으로 손해율이 낮음에도 불구하고 22세 남자의 65세 시점 월 보험료가 200만 원이 될 수도 있다면, A, B 구간일 때 가입한 22세 남자의 65세 시점 보험료는 더 많이 인상될 수 있음을 추측할 수 있다.

때마침 실손의료비 갱신 안내를 받은 고객(1984년생 여자)에게 연락이 왔다. 2009년 3월, A구간일 때 가입한 분이다. 가입 당시 보험료는 6,310원이었으나 2021년 3월 갱신보험료는 3만 2,521원으로 5배 넘게 올랐다. 이 보험을 계속 유지해야 할지, 현재 판매되는 실손의료비보험으로 갈아타야 할지 고민이라고 했다. 보내준 갱신 회차별 보험료는 다음 페이지의 [표 3-26]과 같다.

2021년 3월 현재 판매되고 있는 실손의료비보험으로 설계해보

| 표 3-26 | A구간 가입자의 실제 갱신보험료와 인상률

구분	갱신날짜	실손의료비(원)	상승률
최초가입일	2009-03-31	6,310	
1회 갱신	2012-03-31	11,211	78%
2회 갱신	2015-03-31	16,319	46%
3회 갱신	2018-03-31	24,370	49%
4회 갱신	2021-03-31	32,521	33%

니 보험료는 1만 4,798원이다. 4회 차 갱신보험료(3만 2,521원)에 비해 절반 이하로 줄어든다. 소비자는 어떤 선택을 해야 할지 참 어려운 고민이다.

기존 보험의 손해율이 정상화되기는 어렵다

보장이 좋은 만큼 갱신 시점에 보험료가 많이 오르는 구조이다 보니 소비자 입장에서는 '보장이 좋은 상품을 유지할 것이냐, 보험료 부담이 적은 상품으로 갈아탈 것이냐'의 문제로 귀결된다. 아무리 좋은 보험이라도 보험료가 부담스러워 유지할 수 없다면, 보장 내용이 조금 안 좋더라도 오랫동안 유지할 수 있는 보험을 선택하는 것이 더 나을 수도 있다. A, B구간보다 상대적으로 보장 내용이 안 좋아지긴 했지만, 그렇다고 현재 판매되고 있는 실손의료비보험의 보장 내용이 형편없다고 폄하할 것은 아니다. 보상에서 제외하는 '공제금액'은 결국 내가 '보유'할 수 있는 위험이다.

보험회사의 손해율 정상화와 소비자의 보험료 납입 부담이라는 두 마리 토끼를 잡아야 하는데, 그 접점을 찾기란 쉽지 않아 보인다.

손해율 악화의 주범이 무엇인지 안다고 해도 이를 해결하기는 현실적으로 매우 어려운 문제다.

실제로 몇 년 전 이런 제안을 받은 적이 있다.

"스마트폰과 PC 작업으로 거북목 아닌 사람이 요즘 어디 있습니까. 고객 중에 실손의료비보험에 가입하신 분이 있을 테니, 그분들께 '도수치료'를 권유하셔서 저희와 제휴를 맺은 병원으로 안내해주시면 소개비를 드리겠습니다. 제휴 병원은 회당 20만 원씩 총 10회에 걸쳐 도수치료 프로그램을 운영하고 있습니다. 환자분께서 진료를 받으시고 실손보험 청구를 하면 1만 원씩 공제받고 19만 원의 보험금을 매번 돌려받을 수 있으니, 총 10만 원을 부담하고 200만 원 상당의 진료를 받을 수 있습니다. 10만 원 부담이면 사실 마사지 두 번 정도 받는 비용인데 이것보다 더 좋은 시설에서 10회 치료를 받으면 고객도 좋고 병원도 좋고…… 당신도 좋은 거 아니겠어요?"

모 병원의 사무장은 이런 제안도 했다.

"원무과 옆에 보험금 청구 센터를 운영하려고 하는데 그 자리를 맡아주시겠습니까? 환자분의 실손의료비보험 가입 여부를 조회하셔서 저희에게 알려주시면 저희가 비급여 처방을 좀 더 적극적으로 환자분에게 안내할 수 있고, 당신은 병원 환자를 상대로 보험 모집 영업을 할 수 있습니다."

2017년 4월에 실손의료비보험이 개정되면서 비급여 도수치료 등이 특약으로 분리되었다. 공제금액도 진료비의 30% 수준으로 늘어났다. 20만 원의 도수치료를 받으면 6만 원을 공제하고 14만 원만 돌려받을 수 있는 것이다. 그렇지만 이런 변화만으로 손해율이 정상화되지는 않을 것 같다.

전환형 실손의료비보험

갱신보험료가 부담된다면 현재 판매되고 있는 실손의료비보험으로 갈아타는 것을 고민해봐야 한다. 해지 후 다시 가입하는 방법이 있고 '전환제도'를 활용하는 방법이 있다.

현재 건강 상태가 양호하고 과거 치료 이력이나 보험금 청구 이력이 없거나 단순 상해 정도의 이력만 있다면 기존의 실손의료비보험을 해지하고 지금 판매되고 있는 보험으로 가입할 수 있다. 그러나 과거 치료 이력이 있거나 현재 건강 상태가 좋지 않다면 해지 후 새로운 보험을 가입하기란 쉽지 않다. 치료받은 부위를 보장받지 못하거나 최악의 경우 보험 가입이 거절될 수도 있기 때문이다.

이럴 때는 전환제도를 활용하면 된다. 일종의 보상 판매처럼, 기존에 가입한 실손의료비보험을 반납(해지)하고 지금 판매하고 있는 실손의료비보험상품으로 바꾸는(신규 가입) 셈이다. 이때는 과거 치료 이력이나 현재의 건강 상태 등을 완화된 조건으로 심사하기 때문에 가입이 비교적 수월할 수 있다.

최근 실손의료비보험 전환을 도와드렸던 분의 경우, 알릴 의무사항에 고혈압과 고지혈증을 고지했으나 문제없이 가입되었다. 심사 조건 등은 회사별로 조금씩 다르며 기존에 가입한 실손의료비보험의 가입 금액에 맞춰 전환해야 하는 곳도 있다. 예를 들어 기존에 가입한 실손의료비보험의 질병입원의료비 가입 금액이 3,000만 원이었다면, 현재의 실손의료비보험으로 전환할 때도 질병입원의료비 가입 금액이 최대 3,000만 원으로 제한된다. 가입 금액 제한은 보험회사마다 조금씩 차이가 있다. 또한 기존에 가입했던 회사와 같은 회사 내에서만 전환할 수 있다.

입원의료비 공제금액 외에도 기존 실손의료비보험과 현재 판매되고 있는 실손의료비보험 보상 범위와 조건 등이 다르므로 두 상품 간의 차이를 충분히 이해하고 결정해야 한다.

2021년 7월, 실손의료비보험은 또 한 번 개정되었다. 보험금 청구를 많이 하면 갱신 시 보험료가 더 많이 오르는 이른바 개인할증 제도가 도입되었다. 몇 년이 지나면 또 개정되지 않을까 싶다. 적정 보험료 수준으로 손해율이 안정화될 때까지 보장 내용은 계속 좋지 않게 바뀔 것으로 예상되며 보험회사와 소비자 모두를 위한 어쩔 수 없는 선택이 아닐까 생각한다.

변액유니버셜보험은 투자형 상품으로 경쟁력이 있을까?

어느 커피숍의 아메리카노 가격 정책

어느 커피숍의 아메리카노 가격 정책

커피숍에 들렀더니 점원이 다음과 같은 이벤트를 안내한다.

- 정상가격 : 아메리카노 4,400원
- 행사가격 : 아메리카노 5,000원

어째서 행사가격이 더 비싸냐고 물어보려고 했더니 그 아래에 자세한 설명이 되어 있다.

아메리카노를 행사가격에 이용하실 경우 혜택
　① 구입 횟수를 누적해서 '연속' 10회 이용 시 현금 1만 원을 돌려드림.
　② '연속' 누적 횟수 11회 이후부터는 아메리카노 1잔당 4,000원

228

에 구입 가능.

※ ①, ②번 유의 사항
- 아메리카노 '이외의 메뉴' 구매 시 기존에 누적된 구매 횟수는 모두 없어짐.
- 일주일에 1회 이상 행사가격 이용이 없으면 누적된 구매 횟수는 모두 없어짐.

이 카페를 아홉 번 이내로 이용할 계획이라면 정상가격으로 구입하는 것이 유리하다. 그러나 행사가격으로 10잔을 구매하면 1만 원을 돌려받을 수 있으니 1잔당 4,000원에 구매한 셈이 되고, 11잔 이후부터는 정상가격보다 1잔당 가격이 더 저렴해진다. 주 1회 이상 자주 들르고, 오직 아메리카노만 이용할 계획이라면 당장은 조금 비싸더라도 행사가격으로 구매하는 것이 더 유리하다.

그러나 행사가격의 혜택을 맛보려면 다양한 메뉴 선택의 기회를 버려야 하고(오직 아메리카노만 선택), 더 저렴하고 맛있는 다른 커피숍이 생겨도 주 1회 이상 이 카페를 이용해야 한다.

변액유니버셜보험의 총비용은 일반 펀드보다 많다

펀드에 투자하는 보험을 변액보험이라고 하는데, 이 중에 목돈 마련을 목적으로 만들어진 상품이 바로 변액유니버셜보험이다. 보험상품이지만 보장 내용이라고는 '기본보험료의 5~10배' 수준의 사망보험금이 전부이다. '보장도 되고 투자도 되는 일석이조'의 상품으로 보기에는 맞지 않다고 생각한다. 사실상 투자를 목적으로 만들어진 상품이다.

일부 보험 모집 종사자와 가입자들은 "변액유니버설보험이 초기에는 사업비 부담으로 원금 회복에 시간에 걸리지만, 적립금에서 차감하는 비용이 펀드보다 저렴해서 장기적으로 운용하면 펀드보다 총비용을 줄일 수 있다"고 말한다. 앞에 예시한 아메리카노의 행사 가격과 매우 흡사한 구조이다.

결론부터 말하면 이 말은 정확한 표현이 아니다. 보험의 기능을 위해 사용되는 위험보험료는 차치하더라도 변액유니버설보험의 총비용은 투자 기간을 통틀어 일반 펀드(편의상 변액유니버설보험의 펀드는 '변액보험 펀드', 공모펀드와 ETF 등은 '일반 펀드'라고 표기한다)보다 항상 많다. 따라서 아무리 장기투자를 하더라도 변액유니버설보험의 적립금이 일반 펀드보다 많아질 수 없다.

그런데 장기간(최소 10~15년 이상) 투자한다면 변액유니버설보험의 해지환급금이 일반 펀드보다 더 많아질 수도 있는데 그 이유는 총비용이 적어서가 아니라 세금 때문이다. 변액유니버설보험을 둘러싼 논란과 장단점에 대해 알아보자.

수수료는 거래가 발생할 때마다 차감

간접투자 상품의 비용은 크게 수수료와 보수로 나뉜다. 수수료([표 3-2]의 점선 박스 A)는 거래가 발생할 때마다 차감하는 비용이며 변액

| 표 3-27 | 일반 펀드와 변액보험 펀드의 비용

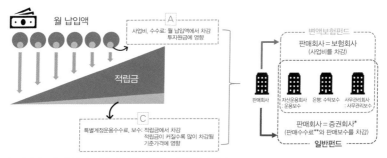

월 납입액

A
사업비, 수수료: 월 납입액에서 차감 투자원금에 영향

적립금

C
특별계정운용수수료, 보수: 적립금에서 차감 적립금이 커질수록 많이 차감됨 기준가격에 영향

변액보험펀드
판매회사 = 보험회사 (사업비를 차감)
판매회사
자산운용회사 운용보수
은행 수탁보수
사무관리회사 : 사무관리보수

판매회사 = 증권회사* (판매수수료**와 판매보수를 차감)
일반펀드

* 일반펀드의 판매는 증권회사 외에도 은행, 보험회사가 있다.
** 판매수수료가 있는 펀드를 A클래스, 없는 펀드를 C클래스라고 하며 펀드 이름 맨 뒤에 붙은 알파벳으로 확인하면 된다.

보험 펀드의 수수료는 '사업비', 일반 펀드의 수수료는 '판매수수료' 라고 한다. 매월 납입원금에서 일정 비율을 차감한다. 보험회사의 사업비는 가입 후 7년 이내에 가장 많이 발생하며 그 이후에 계단식으로 줄어드는 구조이다. 일반 펀드는 판매수수료가 없는 상품도 있고 많으면 1%가량 차감한다. 따라서 납입원금에서 차감하는 비용은 변액유니버설보험이 일반 펀드보다 항상 많다. 수수료를 많이 차감하면 펀드에 투입되는 원금이 적어지므로 결과적으로 수익률이 더 낮아진다.

사업비가 10%인 변액유니버설보험과 판매수수료가 0%인 일반 펀드에 각각 100만 원을 납입할 경우 수수료 차이에 따라 운용 성과가 어떻게 달라지는지 비교해보자.

변액유니버설보험에 납입한 100만 원 중 10%인 10만 원이 사업비로 차감되고 90만 원만 변액보험 펀드에 투입된다. 판매수수료가 없는 일반 펀드(이를 C클래스 펀드라고 한다)에는 100만 원이 모두 투입

된다. 1년 뒤 두 펀드에서 똑같이 10%의 투자수익이 발생했다면, 일반 펀드의 적립금은 110만 원(100만 원 × 1.1)이 되지만 변액보험 펀드의 적립금은 99만 원(90만 원 × 1.1)이 된다. 펀드에서 수익(+10%)이 났어도 변액유니버셜보험은 여전히 원금 손실(100만 원 대비 1% 손실)인 상황이다.

보수는 유지하고 있는 동안 계속 차감

반면 보수([표 3-27]의 점선 박스 C)의 비용 구조는 적립금에서 일정 비율을 매일 차감하는 방식이다. 보수는 펀드의 가격에 반영되며 결과적으로 수익률에 영향을 준다. 2장에서 설명한 배추 단가를 예를 들어보자.

A도매상과 B도매상이 부담하는 보관 비용은 각각 배추 판매액의 1%와 2%라고 가정해보자.

두 도매상 모두 배추를 1포기만 보관하고 있으며 연초에 배추 산지에서 1,000원 주고 사들였다. 1년 뒤 배추 가격이 1,100원으로 올랐다. 10%의 수익이 난 것이다. 두 도매상은 보관하고 있는 1포기의 배추를 시장에 내다 팔았다. 두 도매상이 최종적으로 손에 쥐는 돈은 각각 얼마일까?

A도매상은 판매대금 1,100원 중에 보관료로 11원(1,100원 × 1%)을 지불하고 1,089원을 받았고, B도매상은 보관료로 22원(1,100원 × 2%)을 떼고 1,078원을 받았다. 두 도매업자는 이런 사실을 잘 알고 있기 때문에 실제 배추 시세가 아니라, 보관료를 차감한 시세로 환산하는

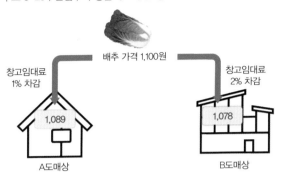

| 표 3-28 | 간접투자 상품의 보수는 창고 임대료와 같은 개념

습관이 생겼다. 결국 배추 가격이 1,100원이어도 A도매상의 창고에는 보관료를 차감한 실질 배추 시세가 1,089원이라고 LED에 표기되고, B도매상의 창고에는 1,078원으로 표기된다.

창고 임대료를 적게 부담한 A도매상의 실질 배추 시세가 더 높게 표기되는데, 이는 곧 수익률에 영향을 준다(A도매상의 판매수익률 8.9% vs B도매상의 판매수익률 7.8%).

배추를 팔지 않고 계속 창고에 보관하고 있으면 이듬해에도 보관료를 내야 한다. 창고를 임대해서 쓰는 기간 동안 계속 비용이 발생한다.

변액보험 펀드와 일반 펀드의 보수가 바로 도매상이 부담하는 창고 임대료이다. 창고 임대료는 1년에 한 번 부담하지만 펀드의 보수는 매일 차감된다. 연간 보수가 적립금의 연 0.5%라고 가정하면 0.5%를 365로 나누어 매일 펀드 가격에서 차감하며 이 비용은 펀드에 투자하고 있는 전 기간 동안 계속 발생한다. 우리가 적립금을 조회했을 때 보는 펀드의 기준가격은 이런 비용이 모두 차감된 것이다. 도매상의 창고 옆에 붙은 LED에 표기된 '임대료 차감 후 배추 가격'과 같은 이치라고 이해하면 된다.

보수가 높을수록 적립금에서 떼는 비용이 많고 이 비용이 많을수록 펀드의 실제 가격이 더 낮아져서 결과적으로 수익률을 갉아먹는 비용이 된다.

적립식 투자의 형태로 장기간 납입할 경우 납입원금에서 차감하는 수수료 비용보다 쌓여 있는 적립금에서 차감하는 보수 비용이 더 많아질 수 있다. 월 30만 원씩 10년간 납입했더니 10년 뒤 적립금이 4,000만 원 만들어졌다고 가정해보자. 수수료가 10%, 보수가 1%라고 하면 납입액에서 차감하는 수수료는 연간 36만 원(30만 원 × 10% × 12개월)인데, 적립금에서 차감하는 보수는 연 40만 원(4,000만 원 × 1%)이 된다. 적립금이 늘어날수록 차감하는 보수도 많아지는 구조이다.

"변액유니버셜보험은 원금에서 차감하는 수수료(사업비)가 높지만, 일반 펀드는 적립금에서 차감하는 보수가 더 높다. 투자 기간이 늘어날수록 수수료 비용보다 보수의 비용이 더 많아질 것이다. 따라서 장기간 투자할 경우 보수를 더 많이 떼는 일반 펀드의 비용이 변액유니버셜보험의 비용보다 더 많아지고, 결과적으로 변액유니버셜보험의 적립금이 일반 펀드보다 더 많아질 것"이라는 말이 여기에서 비롯된 것이다. 그러나 금융회사 간 경쟁이 치열해지면서 일반 펀드의 보수는 점점 낮아지는 추세다. 물론 최근의 변액보험 수수료도 많이 낮아지는 추세다.

지금은 변액보험 펀드와 일반 펀드의 보수가 비슷한 수준이고 심지어 일반 펀드의 보수가 더 낮은 경우도 많다(연간 보수가 0.1% 수준인

ETF도 많이 생겨나고 있다).

　보수는 기준가격에 영향을 준다고 했다. 따라서 보수가 많을수록 기준가격이 오를 때 덜 오르고 내릴 때 더 내릴 것이다. 구성 내용이 거의 동일한 변액보험 펀드와 일반 펀드의 기준가격 변동률을 비교해보니 거의 차이가 없었다(비교 데이터를 책에 싣기에는 너무 장황하고 깊이 들어가야 하므로 산출 과정은 생략하였다).

　결국 납입원금에서 차감하는 수수료는 변액보험 펀드가 일반 펀드보다 월등히 많고, 적립금에서 차감하는 보수는 둘 다 비슷한 수준이므로 투자 기간을 늘린다고 해도 변액보험 펀드의 총비용이 일반 펀드보다 항상 많이 발생한다고 봐야 한다.

　그럼에도 불구하고 장기간 유지하고 해지할 경우 손에 쥐는 금액은 변액유니버셜보험의 해지환급금이 일반 펀드의 환매금보다 더 많을 수도 있다. 어떤 경우에 그럴까?

일반 펀드보다 나을 것이 없는 변액유니버셜보험

변액유니버셜보험은 일반 펀드에 비해 비용이 많이 발생한다. 선택 가능한 변액보험 펀드의 종류도 제한적이다. 30가지가 넘는 변액보험 펀드를 가진 생명보험회사도 있지만 그래도 여전히 일반 펀드와는 비교할 수 없을 만큼 선택의 폭이 적다. 이제 초등학교 4학년인 둘째 딸은 용돈을 받으면 해외 ETF와 펀드에 투자한다. 딸이 투자하는 펀드와 동일하거나 비슷한 자산으로 구성된 변액보험 펀드는 현재 어떤 보험회사에서도 출시하고 있지 않다. 물론 어떤 펀드가 수익을 낼지 아무도 알 수 없으니 단순히 펀드 개수가 많다고 해서 좋다고 할 수만은 없고, 30가지 변액보험 펀드를 조합해도 괜찮은 자산배분 포트폴리오를 만들 수는 있다.

변액유니버설보험은 일반 펀드와 비교해 납입 방식도 유연하지 않다. 가입 후 12년의 의무 납입 기간 중 두 달을 납입하지 못하면 실효가 된다. 추가납입과 중도 인출도 금액과 횟수가 정해져 있다. 일반 펀드는 자동이체 금액과 기간을 자유롭게 설정하고 수시로 변경할 수 있다. 원하는 만큼 추가 매수를 하거나 필요한 만큼 일부 매도하는 데 어떤 제한도 없다.

변액유니버설보험의 강력한 비과세 기능

이런 많은 불편함에도 불구하고 변액유니버설보험만의 강력한 장점이 있는데 그것이 바로 보험차익 비과세이다. 9회말 투아웃에서 보험차익 비과세 선수는 일반과세 펀드를 대상으로 과연 역전 만루 홈런을 날릴 수 있을까?

2023년에 신설될 금융투자소득세를 적용하고 해외자산으로 구성된 펀드포트폴리오(양도차익에서 250만 원 공제 후 22% 과세)를 예로 들어 변액유니버설보험의 적립금과 비교해보자. [표 3-29]와 같이 모 생명보험회사의 변액유니버설보험 사업비 중 계약체결 비용과 계약관리 비용을 적용했다. 일반펀드는 수수료가 없는 C클래스를 적용하였다.

기본보험료만 납입할 경우와 추가납입을 활용할 경우의 적립금

| 표 3-29 | 변액유니버셜보험 사업비

구분	목적	시기	비용
보험관계비용	계약체결비용	매월	7년 이내: 기본보험료의 6.8900%(20,670원) 7년 초과~10년 이내: 기본보험료의 2.8700%(8,610원) 10년 초과: 기본보험료의 0.0%(0원)
	계약관리비용	매월	보험료 납입시: 기본보험료의 9.0000%(27,000원) 보험료 미납시: 기본보험료의 1.0000%(3,000원)

출처: 생명보험협회 가격공시실

| 표 3-30 | 일반 펀드와 변액보험 펀드의 적립금 비교

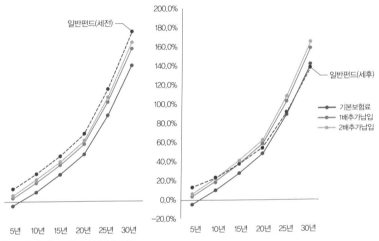

* 일반 펀드는 금융투자소득세 적용
** 변액보험은 10년 미만 이자소득세 적용, 10년 이후 비과세 적용

출처: 민 재무설계사무소

을 일반 펀드와 비교해보자. 20년납 연평균 투자수익률 5%를 가정해보니 운용 기간별 누적수익률은 [표 3-30]과 같다.

기본보험료를 30만 원 납입하는 것보다 추가납입을 1배(기본보험료 15만 원 + 추가납입보험료 15만 원), 2배(기본보험료 10만 원 + 추가납입보험료 20만 원) 하는 것이 수익률을 높일 수 있다. 1배 추가납입과 2배 추가납입의 누적수익률은 큰 차이가 없지만, 기본보험료만 납입할 때와

1배 추가납입을 할 때의 누적수익률 차이는 상대적으로 큰 것을 알 수 있다. 최소한 1배 추가납입이라도 활용하는 것이 변액보험의 수익률을 높이는 방법이다.

[표 3-30]의 왼쪽 그래프를 보면, 전체 운용 기간 동안 일반 펀드의 누적수익률이 2배 추가납입한 변액보험보다 항상 높다는 것을 알 수 있다. 그러나 일반 펀드에 양도소득세를 적용한 오른쪽 그래프를 보면 운용 기간이 길어질수록 일반펀드의 수익률이 변액보험 펀드의 수익률보다 낮아지는 것을 볼 수 있다. 투자수익률 연 5%를 가정했을 때 약 10년이 지나면 2배 추가납입한 변액보험과 누적수익률이 비슷해진다.

비과세라는 장점에도 불구하고
변액유니버설보험 가입은 신중해야 한다

분산 효과가 있는 여러 펀드에 자산배분을 하고, '기본보험료 + 2배 추가납입보험료'의 형태로 10년 이상 꾸준히 납입할 수 있다면 변액유니버설보험도 좋은 목돈 마련 상품이 될 수 있다. 그러나 유연하게 활용하기에는 제한적이다.

변액보험 가입 후 첫 달부터 2배 추가납입을 했다고 가정해보자. 2년 뒤 정기적금이 만기가 되어 목돈을 변액보험에 추가납입하려고 해도 이미 추가납입 한도를 모두 사용했기 때문에 더 이상 변액유니버설보험에 납입할 수가 없다. 그렇다고 새로운 변액유니버설보험을 추가로 가입하는 것은 효과적이지 않다.

238

언제 있을지 모를 추가납입에 대비해 가입 후 지금까지 추가납입 없이 기본보험료만 납입해오고 있다면 비과세라는 장점이 있다고 해도 일반 펀드보다 나은 성과를 기대하기 어렵다. [표 3-30]의 오른쪽 그래프를 보면 변액보험에 기본보험료만 납입할 경우 약 30년이 지나야 일반 펀드의 세후 수익률을 앞지른다.

자금 활용의 유연성과 선택할 수 있는 투자안의 종류, 그리고 투자자의 현금흐름과 환경의 변화 등 인생은 예기치 못한 수많은 변수로 가득하다. 그런 변화에 변액보험은 자칫 애물단지가 될 수도 있다. 비과세라는 장점에도 불구하고 이러한 현실적인 이유로 나는 변액유니버설보험을 부의 저장 수단으로 추천하고 싶지 않다. (변액보험의 보험차익 비과세 조건도 까다롭기 때문에 적금 만기금을 변액보험에 추가납입할 경우 비과세 적용에서 배제될 수도 있다.)

책상 서랍을 열어보면 여러 군데의 커피숍이나 음료 전문점에서 받아둔 도장 찍힌 쿠폰들이 있다. 다른 지역으로 이사하는 바람에 더 이상 갈 일이 없어진 곳도 있고, 나의 입맛과 취향이 바뀌어 더 이상 찾지 않는 곳도 있을 것이다. 변액유니버설보험도 그런 쿠폰으로 전락하지 않을지 가입 전에 신중한 판단이 필요하다.

종신보험으로 저축의 효과를
볼 수 있을까?

결혼 지참금으로 준비한 종신보험

잘 다니던 직장을 그만두고 생명보험 모집인이 되겠다고 결심한 결정적인 계기는 지인의 갑작스런 사망 사고였다. 그때까지 사망보험금을 그저 '나 죽으면 나오는 돈'이라는 사전적 의미로만 이해하고 있었지만 그날의 경험으로 사망보험금에 대한 생각이 완전히 바뀌었다. 남은 가족에게 희망을 줄 수 있는 일을 내가 하면 잘할 수 있겠다는 열정과 사명감이 불타올랐던 것이다.

생명보험 모집인이 되고 한 달 동안 교육을 받으며 참 많이 울었다. 가장의 사망으로 남은 가족의 삶이 어떻게 바뀌는지를 주제로 만들어진 영상 자료를 거의 매일 시청했다. 내 나이 열 살 때 돌아가신 어머니 생각에 더 감정이입이 되었는지도 모르겠다. 교육의 효과(?)는 좋았다. 고객이 종신보험 청약서에 서명할 때 나는 언제나 종이 하나를 더 내밀었다. 남겨진 가족에게 쓰는 편지, 즉 유서였다.

240

"이 보험금에 당신의 마음을 담아주세요. 보험금을 지급할 때 제가 유족에게 이 편지를 전해드리겠습니다."

예고에 없던 일이라 손사래를 치면서 거절하신 분도 있었지만 대부분 정성껏 작성하셨다. 오늘도 한 가정을 지켜드렸다는 자부심으로 새벽까지 전국을 누비던 시절이었다.

결혼식을 일주일 앞두고 함 들어가던 날, 그 안에 담아 간 것은 다름 아닌 내가 가입해놓은 종신보험 증서였다.

"제가 혹시 죽더라도 따님을 지켜드리겠다는 마음을 이 증서에 담았습니다."

매우 감동할 것이라는 나의 기대와는 달리 그 당시 분위기는 요즘 말로 '갑분싸'였다.

종신보험의 판도를 바꾼 유니버설 기능

종신보험은 사망보험금을 준비하기 위한 상품이다. 그런데 유니버설 종신보험이라는 상품이 등장하면서 납입 중지, 추가납입과 중도인출이라는 새로운 기능이 탑재되었다. 장기간 납입을 해야 하고 돈이 묶인다는 보험상품의 어쩔 수 없는 한계를 극복한 혁신적인 상품이었다. 죽어야만 돈이 나오는 게 아니라 자녀 학자금이나 나의 노후 자금이 필요할 경우에도 찾아 쓸 수 있는 상품으로 탈바꿈한 것이다. 종신보험 가입을 권유하기 위해 더 이상 멀쩡한 가장의 사망을 이야기하며 감성을 자극하지 않아도 되고, 생애 재무설계라는 보다 폼 나는 설명을 하며 전문가 행세를 할 수 있게 된 것이다.

그러나 유니버설 기능이 탑재되어 '중도 인출이 되며 확정금리에 복리로 운용하고 게다가 비과세'라 하더라도 월 납입보험료의 25% 내외를 사업비로 차감하기 때문에 저축으로 활용하기에는 효과적이지 않다. '한두 달 납입을 못 하더라도 실효되지 않는 기능이 추가된 상품'이라는 최소한의 해석을 해야 하는데, 저축과 보장이라는 두 마리 토끼를 다 잡겠다고 온갖 판매 논리를 만들어냈고 나 역시 여기에 동참했다. 종신보험의 비싼 사업비가 어떻게 저축 효과를 반감시키는지 알아보자.

2.6% 줄 테니 15% 다오

다음은 회사로 찾아와 재테크 강의를 한다는 사람들이 나눠준 전단지의 일부를 발췌한 것이다.

| 표 3-31 | 전단지에 나와 있는 해지환급금 예시 (단위: 원)

▶ 월 납입금액 및 환급금 예시

[15년납 30세 여자 / 추가납입(100%) 적용 / 최저 보증 2.6%]

월 납입금	기본납+추가납	납입원금 (원금+이자)	5년 경과 후 → 이자만	5년 경과 후 → 이자만	5년 경과 후 → 이자만
20만 원	10만 원+10만 원	36,047,520 (37,562,998)	6,555,619	12,243,797	18,700,796
30만 원	15만 원+15만 원	54,011,520 (56,287,087)	9,828,313	18,352,323	28,028,628
40만 원	20만 원+20만 원	72,095,040 (75,125,995)	13,111,238	204,487,594	37,401,591
50만 원	25만 원+25만 원	90,059,040 (93,850,085)	16,383,932	30,596,120	46,729,423

출처 : A생명보험 브리핑영업조직 전단지

기본보험료에 1배 추가납입을 했을 때 만들어지는 원금과 해지환급금에 대한 예시표이다. 30세 여자가 15년간 매월 20만~50만 원을 납입하면 납입이 완료되었을 때 해지환급금이 원금을 이미 초과하며, 그로부터 5년이 경과될 때마다 이자가 늘어난다는 것을 나타낸 표이다.

"가입 후 20년 뒤, 25년 뒤, 30년 뒤" vs "5년 경과 후, 5년 경과 후, 5년 경과 후"

어떤 표현이 더 짧게 느껴질까? 가입 후 30년이라는 기간은 어쩌면 이 전단지를 받아본 소비자가 지금까지 살아온 인생보다 긴 기간일 수도 있다. 하지만 '5년 경과 후'라는 표현을 반복하여 적어놓음으로 인해 직관적으로 '짧은 기간'처럼 느껴진다. 이건 그냥 마케팅이라고 봐주자. 그렇다면 '5년 경과 후'에 적힌 이자라는 것을 얻기 위해 실제 운용금리가 몇 퍼센트인지 계산해보자. 전단지 상단에 적힌 '최저 보증 2.6%'를 눈여겨보길 바란다.

| 표 3-32 | 해지환급금 예시표

(단위: 원)

경과연수	납입원금	해지환급금	보험차익
15년 뒤	54,011,520	56,287,087	2,275,567
20년 뒤	54,011,520	63,839,833	9,828,313
25년 뒤	54,011,520	72,363,843	18,352,323
30년 뒤	54,011,520	82,040,148	28,028,628

* 15년납 30세 여자 / 추가납입(100%) 적용 / 최저 보증 2.6%   출처: A생명보험 공시실

[표 3-31]의 빨간 박스를 [표 3-32]의 형태로 바꾸었다. 납입원금이 약 5,400만 원가량이고 30년 뒤 해지환급금은 약 8,200만 원가량이다. 이런 해지환급금을 만들기 위해 실제 운용금리를 계산해보았다.

| 표 3-33 | 기간별 연간 운용금리

경과연수	적립금	연간 운용금리
15년 뒤	56,288,611원	0.550%
20년 뒤	63,843,503원	1.333%
25년 뒤	72,364,755원	1.669%
30년 뒤	82,044,595원	1.859%

위 표는 [표 3-32]의 해지환급금과 비슷한 적립금을 만들기 위해 필요한 운용금리다. 매월 30만 원씩 15년간 납입하고 5년을 더 거치해두면 20년 뒤 6,384만 원이 만들어진다. 이 금액이 만들어지려면 연간 1.333%의 금리로 운용하면 된다. 20년간 한 달도 빼놓지 않고 추가납입을 하고, 급한 돈이 필요하더라도 중도 인출을 하지 않고, 힘들더라도 납입 중지를 하지 않아야 얻을 수 있는 금리다. 이런 희생(?)을 감수할 만큼 매력적인 금리인지 판단해보길 바란다.

2장에서 배웠듯이 15년이라는 긴 기간 동안 간접투자 상품으로 운용할 경우 원금 손실의 확률을 낮추고도 위에 계산된 금리보다는 높은 수익을 기대할 수 있을 것이다.

그렇다면 2.6% 확정금리로 운용한다는 것은 거짓말인가? 사업비를 차감하고 남은 금액을 2.6%로 운용한다는 것이지, 납입보험료 전체를 이 금리로 운용하는 것이 아니다. 납입보험료 30만 원 중에 15%가 사업비로 차감된다. 추가납입을 전혀 안 하고 있다면 월 보험료의 24%가량이 사업비로 차감된다.

두꺼비에게 헌집을 줄 테니 새 집을 달라던 노래가 생각난다. 그 노랫말도 두꺼비 입장에서 생각해보면 꽤 불리한 거래 조건이다.

"2.6% 줄 테니 15% 다오."

보험회사는 어쩌면 소비자에게 이렇게 노래하고 있는지도 모른다.

종신보험은 진화하고 있는가, 변질되고 있는가?

종신보험을 저축 상품으로 둔갑시키는 사례들이 끊이지 않는다. 본래의 사망보험금 준비 목적으로 가입 권유를 해서는 더 이상 팔리지 않기 때문이다.

게다가 무해지환급형, 저해지환급형 종신보험도 개발의 취지와 다르게 저축으로 판매되는 경우도 있다. 심지어 종신보험인데 상품 이름에 '은퇴 설계가 가능한, 노후 준비되는, 연금 받는, 생활비 받는' 등과 같은 이름이 적혀 있어서 마치 '저축과 노후 준비 목적'으로 만들어진 상품처럼 보이기도 한다. 모집 과정에서의 불완전판매는 차치하더라도 상품 이름을 이렇게 만드는 보험회사, 그리고 이런 상품의 출시를 인가해주는 감독기관에도 책임이 있다. 새로운 회계제도의 도입 때문에 부채비율을 맞추려는 보험회사의 사정도 모르는 건 아니지만, 가입자만 늘리겠다는 근시안적인 정책과 마케팅은 보험의 신뢰를 떨어뜨리는 결과만 가져올 뿐이다.

신상품 출시 교육을 들어보면 대부분 해지환급금을 강조한다. 납입 완료 시점의 해지환급률이 타사 종신보험에 비해 높다는 식의 설명이다. 일부 모집인들은 이런 상품을 어떻게 하면 적금보다 유리하게 만들지 고민하며 이른바 '판매 콘셉트'를 연구(?)한다.

보험을 가입하기 위해 '계좌'를 개설한 적이 있는가? 보험회사는 수신 기능이 없어서 계좌를 만들 수 없다. '비과세 계좌'라는 용어도 보험상품을 은행 적금처럼 보이게 하려는 소비자 기만행위라고 생각한다. 종신보험은 분명 진화하고 있다. 다만 그 방향이 회사의 수지타산과 모집인의 밥그릇을 지키기 위해 끊임없이 소비자의 눈과 귀를 가리는 쪽으로 이루어지는 것 같아 매우 안타깝다.

사망보험금의 순기능

사망보험금은 필요한데 종신보험으로 가입하기에는 보험료가 너무 부담스럽다면 정기보험을 추천한다. 조기 사망의 위험을 설명하면서 예시했던 것처럼, 보험료 부담도 줄이고 소득 상실로 인한 위험을 더 많이 이전할 수 있다.

물론 만기 없이 평생 사망보험금을 보장받으면서 가족에게 남겨주고 싶거나, 사망 후 유가족에게 부과되는 상속세 납부 재원을 마련하기 위한 목적이라면 종신보험은 가장 효과적인 대안이라고 생각한다.

주 소득원의 조기 사망으로 인한 경제적 파탄과 그로 인한 가정의 해체는 다양한 사회적 비용을 발생시킨다. 국민재난안전포털 사이트에 접속하면 주택 풍수해보험 가입을 정부에서 지원해주는 프로그램이 있다. 소비자는 최대 30%만 보험료를 부담하면 된다. 개인의 재산권을 공적자금으로 보전받는 셈이다. 사망보험금도 이와 비슷한 제도를 만들 수 없을까? 각 지자체마다 출산과 육아 지원금 제도를 운용하고 있다. 저출산 문제를 해결하겠다고 수조 원을 쏟아부었지만 나아진 건 없다. 이 중에 일부를 정기보험의 보험료 납입 재원으로 지원해주는 것은 어떨까? 출산과 육아는 가정에 새로운 비용이 발생하는 시기이므로 주 소득원이 사망했을 때 경제적 손실이 가장 큰 시기이기도 하다.

보험은 우리가 일상의 삶을 좀 더 충실히 살아갈 수 있도록 '마음의 평화'를 갖게 해주고, 예상치 못한 사고가 발생했을 때 나와 가족이 경제적 빈곤이라는 강물에 빠지지 않도록 지켜주는 안전 그물망이다. 내가 가입한 보험이 그런 역할을 제대로 하고 있는지 다시 한번 점검해보는 계기가 되었으면 한다.

박성실 씨의
보험 진단

공짜 치즈는 쥐덫에만 있다

박성실 씨는 1년 전 SNS에 올라온 '선착순 무료 재무설계' 이벤트에 응모했다. 선착순이라고 하길래 서둘러 신청서를 제출했고 그다음 날 재무설계 회사로부터 연락이 왔다.

"계신 곳으로 찾아뵙고 재무 상담을 해드리겠습니다."

두 차례 만나 상담이 이루어졌고, 박성실 씨는 [표 3-34]와 같은 제안서를 받았다.

약간의 수정이 있긴 했지만 결국 박성실 씨는 제안받은 모든 금융 상품을 가입했다. 적금은 예전부터 50만 원씩 해오고 있었는데, 상담사는 이것을 30만 원으로 줄이고 장기 종잣돈 마련용으로 30만 원의 '비과세계좌'를 제안했다. 2.95%의 최저 보증을 평생 받을 수 있고 게다가 달러로 납입하는 것이어서 이른바 환테크도 할 수 있다고 설명했다.

| 표 3-34 | 박성실 씨가 제안받은 저축 포트폴리오

구분	월 납입액	납입 기간	비고
단기 종잣돈	300,000원	3년	적금
	100,000원	3년	A주식형펀드
	100,000원	3년	H배당주펀드
장기 종잣돈	300,000원	15년	비과세 2.95% 최저 보증
노후 자금	200,000원	20년	연금보험
합계	1,000,000원		

적금은 아직 만기가 남았으므로 기존 50만 원을 그대로 유지하기로 했다. 30만 원에 제안받았던 장기 종잣돈 마련 저축 상품은 장기간 납입하는 것이 부담스러워 12만 원으로 월 납입액을 줄여서 가입했다. 박성실 씨는 가입한 상품을 다시 들여다보았다. 상품명을 보니 달러종신보험이다. 보험료를 달러로 납입하는 것의 차이만 있을 뿐 결국은 종신보험일 뿐인데 앞에서 예시한 것처럼 이것을 저축 상품으로 소개받고 가입한 것이다.

"포트폴리오에서 안전자산의 역할을 한다."

"20년 뒤 환율이 1달러에 1,400원이 될 경우 추가적인 수익을 얻을 수 있는 환테크 상품."

위 내용은 상담사에게 받은 문자 메시지다. 앞선 사례처럼 사업비와 위험보험료 등의 비용을 계산해보았더니 15년간 매월 보험료의 35%가 차감된다.

가입한 지 1년이 안 되어 해지환급금은 전혀 없지만 박성실 씨는 이 상품을 해지했다. 무료로 받은 재무설계는 결국 종신보험을 가입 시키기 위한 과정이었다. 물론 모든 무료 재무설계가 다 이런 방식은 아닐 것이다.

상담사는 박성실 씨를 두 번씩이나 만나느라 시간을 할애했고, 직접 찾아오느라 교통비도 썼을 텐데 상담료와 교통비를 받지 않은 데는 그만한 이유가 있었던 것이다. 인터넷에 조회해보니 해당 종신보험을 판매한 상담사가 그다음 달에 받는 수당은 납입하는 보험료의 거의 10배에 해당하는 금액이었다. 결국 박성실 씨가 손해 본 100만 원은 고스란히 보험회사와 상담사의 주머니로 들어간 셈이다. 세상에 공짜는 없다.

환율의 변동은 아무도 알 수 없다

달러로 보험료를 납입하면 환율의 변동에 노출된다. 이제 '변동성' 하면 동시에 떠오르는 단어가 있을 것이다. 바로 '위험'이다. 이른바 환테크라고 하는 달러 투자는 원화 대비 달러화의 가치가 오르면 환전 과정에서 이익을 볼 수 있지만 반대로 달러 가격이 내려가면 환손실이 발생한다. 환차익만 강조하는 것은 위험을 제대로 설명하지 않은 판매 논리일 뿐이다. 20년 뒤 또는 30년 뒤에 환율이 오를지 내릴지는 외환 딜러도, 한국은행 총재도 모르는 일이다.

코스피와 달러원('원달러'라는 표현이 더 일반적인데 달러화에 대한 원화의 가격을 의미하므로 정확한 용어는 달러원이 맞다) 환율은 반대로 움직이는 경향이 있다. 코스피 하락으로 인한 자산 손실을 줄이기 위해 통화를 달러로 분산하는 것은 좋은 자산배분 전략이 될 수 있다. 하지만 종신보험에 납입하는 보험료가 달러라고 해서 이것을 환테크라고 포장하는 것은 지나친 비약이다. 달러에 투자하고 싶다면 달러로 표시된 자산(미국에 상장된 주식, 채권, ETF 등)에 투자하는 것이 맞다.

월 6,000원에 가입할 수 있는 운전자보험

종신보험을 해지하고 나서 박성실 씨는 매월 8만 원씩 자동이체가 되고 있는 손해보험을 스스로 점검해보았다. 진단비로 가입한 보험에서 부족한 부분이 보였다. 뇌혈관질환, 허혈성심장질환 진단비가 가입되어 있지 않았다. 운전자보험도 가입되어 있지 않았다. 운전을 하고 있으므로 이 부분은 즉시 가입해야 할 것 같았다.

각 담보의 금액을 최대 한도로 설계해서 월 보험료 6,000원(20년납 90세 만기)으로 가입했다. 부족한 진단비 보험은 지금 진행하고 있는 계좌 분리와 비정기 지출 예산 준비가 모두 끝날 때쯤 추가 가입하기로 했다. 지금 당장은 보험료 납입 여력이 없기 때문이다. 보험료 예산을 확보하기 위해 또 적금을 줄이고 싶지는 않고, 부족한 보장 내용이 지금 당장 준비해야 할 만큼 급박한 것은 아니라고 판단했기 때문이다.

보험을 보험이라 부르지 못하는 불편한 현실

박성실 씨는 보험을 공부하고 달러종신보험을 해지하는 과정에서 보험을 판매하기 위한 재무설계의 민낯도 비싼 대가를 치러가며 경험했다. 그러고 보니 보험 상담을 주제로 한 TV 방송조차, 프로그램 이름에 '보험'이 아닌 '재무'라는 단어로 포장하고 있음을 알게 됐다.

보험 모집인의 명함에도 직함에 '보험'이라는 단어가 보이지 않는다. 멋있어 보이려고 일부러 그렇게 만들었는지는 모르겠으나 대부분 영어로 표기되어 있다. 파이낸셜 플래너(Financial Planner), 파이낸셜 컨설턴트(Financial Consultant), 파이낸셜 어드바이저(Financial Advisor) 등 모두 보험 모집 업무가 연상되지 않는 호칭들이다. 굳이 영어로 할 거면 'Insurance(보험)'를 넣었어야 할 텐데 이 단어가 적힌 명함을 아직까지 본 적이 없다. 모 보험대리점의 이름이 표기된 CI에는 '자산관리 전문회사'라는 단어가 떡하니 적혀 있고, 여기에 위촉된 모집인의 공식 호칭은 '재무설계사'이다. 나는 몇 년 전 이 대리점에서 일하는 모집인을 만난 적이 있는데 명함을 받아보니 '기업 대출, 정책자금, 인증, 자산관리'라고 적혀 있었다. 작정하고 소비자를 기만하겠다는 것이다.

중세시대에는 이발사가 외과의사를 겸직했다. 정맥, 동맥, 붕대를 뜻하는 빨강, 파랑, 하양 띠가 이발소 간판에 지금도 둘러져 있지만, 이제는 골절상을 치료하려고 이발소를 찾아가지 않는다. 이발소와 정형외과의 업종을 헷갈려할 사람은 없다.

그런데 투자나 재무 혹은 자산관리를 상담받기 위해 주변을 둘러보고 인터넷을 검색해보면 '자산, 재무, 금융'이라는 이름이 들어간 간판이 많이 보인다. 소비자는 이곳에서 재무 문제를 해결할 수 있을 것이라고 기대할 것이다. 회사 홈페이지를 들어가 봐도 그렇게 홍보하고 있으니 말이다. 그러나 이런 이름을 가진 회사는 다름 아닌 '보험대리점'이다.

보험대리점은 보험 모집 업무 외에 다른 업무를 할 수 없도록 「보험업법」에 규정되어 있다(「보험업법」 제87조의3). 또한 보험대리점은 상호나 명칭에 '보험대리점'이라고 표기해야 한다고 나와 있다(「보험업법」 시행령 제33조의2). 그러나 간판이나 명함에서 '보험대리점'이라는 단어를 찾아보기는 쉽지 않다.

재무설계를 해준다는 회사가 알고 보니 보험대리점이었다면(이를 알아채기도 쉽지 않다), 재무설계니 자산관리니 하는 듣기 좋은 말들은 보험 모집을 위한 미끼일 수 있으니 조심해야 한다.

카멜레온이 피부색을 바꿔가며 위장술을 쓰는 이유는 천적으로부터 자신을 보호하고 '사냥'을 하기 위해서다. 보험대리점의 이름과 보험 모집인의 호칭만 봐도 대한민국의 보험 소비자는 여전히 '사냥감'이 될 수밖에 없다는 생각이 든다.

보험 Q & A

금리가 내려가면 왜 보험료가 오를까?

암보험, 종신보험과 같은 보장성 보험의 경우 계약자가 납입한 보험료 중 일부는 사업비와 보험금 지급 재원(이를 위험보험료라고 한다)으로 쓰고 남은 금액은 일정 이율로 적립한다. 이때 적용하는 이율을 '예정이율'이라고 하며 고정금리로 운용한다.

보험회사가 사망보험금 1억 원을 지급하는 종신보험상품을 만들고 월 보험료는 10만 원으로 책정했다고 가정해보자. 10만 원 중 사업비와 위험 보험료 등을 떼어놓고 나머지 금액을 어딘가에 맡겨서 운용할 것이다. 이렇게 운용하여 발생한 이자나 투자수익은 보험회사가 '수입'으로 챙기는 것이 아니라, 그만큼의 보험료를 할인해준다.

"원래 월 보험료 10만 원은 받아야 하는데 이 돈으로 저희가 3,000원 정도는 이자를 만들 수 있으니, 월 보험료를 9만 7,000원으로 낮춰드리겠습니다."

이것이 우리가 납입하는 실제 보험료인 것이다.

그런데 시중금리가 낮아지면 보험회사도 3,000원의 이자를 만들어내지 못할 것이다.

"고객님, 시중금리가 낮아지는 바람에 저희가 만들어낼 수 있는 이자는 이제 2,000원밖에 안 됩니다. 그러니 고객님의 보험료를 9만 8,000원으로 올리겠습니다. 대신 기존에 가입하신 분들은 보험료 변동이 없고 새로 가입하실 분들에게만 적용하겠습니다."

보험회사가 정해놓은 예정이율로 만들어낼 수 있는 이자만큼 할인해준 것이므로 예정이율은 곧 '할인율'이 된다. 예정이율이 낮아진다는 것은 할인율이 낮아진다는 것이다.

"오늘까지만 30% 할인! 내일부터는 정상가 적용!"

대형 마트 전단지에 이런 광고가 있다면 내일부터는 가격이 오른다는 뜻인데, 보험상품의 예정이율이 인하되면 보험료가 오르는 것도 이와 같은 개념이다.

보험료 납입 기간은 어떻게 정하는 것이 좋을까?

보험료 납입 기간은 일종의 카드 할부 개월수라고 이해하면 쉽다. 납입 기간이 길면 월 납입액은 줄어들지만 총납입액은 늘어난다. 35세 남자, 100세 만기 일반암 3,000만 원, 유사암 1,000만 원을 설계해보자. 납입 기간에 따른 보험료는 다음과 같다.

| 납입 기간별 보험료 차이 | (단위: 원)

구분	10년납	20년납	30년납
월보험료	113,870	64,310	48,750
총보험료	13,664,400	15,434,400	17,550,000

출처: A손해보험 공시실

납입 기간이 늘어날 경우 월 보험료는 줄어들지만 납입 기간에 비례해서 줄어들지는 않는다. 납입 기간이 10년에서 20년으로 2배 늘어나면 월 납입 보험료는 11만 3,870원의 절반인 5만 6,935원으로 줄어야 하는데 절반보다 더 많은 보험료(6만 4,310원)가 계산된다. 30년납도 마찬가지로 10년납 월 보험료의 1/3(3만 7,956원)보다 많은 보험료(4만 8,750원)를 납입해야 한다.

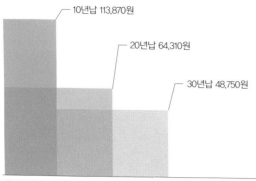

| 납입 기간에 따른 월 보험료와 총보험료의 크기 비교 |

10년납 113,870원

20년납 64,310원

30년납 48,750원

35세 37세 39세 41세 43세 45세 47세 49세 51세 53세 55세 57세 59세 61세 63세 65세 67세 69세 71세 73세 75세 77세 79세 81세 83세 85세 87세 89세 91세 93세 95세 97세 99세

그러나 보험은 납입 기간 중 암 진단을 받을 경우 잔여 기간의 보험료 납입이 면제된다는 점에서 다른 할부 금융과 차이가 있다.

가입 후 11년째에 암 진단을 받았다고 가정해보자. 10년납으로 가입했다면 납입을 모두 마쳤으므로 1,360만 원(113,870원 × 120개월)가량의 보험료를 납입한 것이다. 20년납으로 가입했다면 11년간 납입한 총보험료는 848만 원(64,310원 × 132개월)가량 되고, 암 진단금을 받으면 남은 9년간의 보험료 납입은 면제되므로 결과적으로 10년납보다 더 적은 보험료를 납입한 셈이다. 30년납으로 가입했다면 보험료 절감(?) 효과는 더 크다.

보험 가입 후 30년 뒤 암 진단을 받은 경우 결과적으로 10년납으로 가입하면 총보험료를 줄일 수 있지만, 물가상승률 2%로 할인한 실질가치를 비교해보면 납입 기간에 따른 총보험료의 차이는 그리 크지 않다.

따라서 가급적 납입 기간을 길게 설정하되 소득이 발생하는 기간 동안 납입을 끝낼 수 있는 정도로 설정할 것을 추천한다. 20대의 나이에 보험을 가입한다면 30년납으로 설계해도 좋다는 의미다. 월 보험료가 낮아진 만큼

(단위: 원)

구분	10년납	20년납	30년납
현재가치	12,375,364	12,712,417	13,189,240

그 차액을 저축과 투자로 활용할 수 있고, 월 지출이 낮아졌으므로 현금흐름이 개선되는 효과도 있다.

만기환급형과 만기소멸형 중에 무엇이 소비자에게 유리할까?

위 설계안 중 20년납 보험료를 만기소멸형과 만기환급형으로 설계해보았다.

만기소멸형		만기환급형
월 64,310원 / 총 15,434,400원 100세 시점 환급금 0원	VS	월 173,350원 / 총 41,604,000원 100세 시점 환급금 - 2.4% 공시이율 가정 시 41,589,450원 - 최저 보증 이율 가정 시 24,026,410원

출처: A손해보험 공시실

결론부터 말하면 가급적 보험은 만기소멸형으로 가입하는 것이 소비자에게 유리하다. 다음과 같은 이유 때문이다.

첫째, 환급금을 받는 시기가 납입이 끝난 시점이 아니라 보험 기간이 끝난 시점이라는 것이다. 20년 납입하면 돌려받는 것이 아니라(이렇게 알고 계신 분들이 의외로 많다) 보험 기간 종료 시점인 100세에 돌려받는 것이다. 35세 남자의 설계안이므로 65년 뒤에 돌려받는 돈이다. 물가상승률 2% 가정 시 100세에 돌려받는 4,100만 원의 환급금은 현재가치로 환산하면 약 1,130만 원의 구매력이다. 그때 가서 받는 돈의 가치도 크지 않을뿐더러 그렇게 돌려받은 돈이 생애주기에 필요한 의미 있는 돈으로 쓰일지도 의문이다.

둘째, 자원 배분의 비효율성이다. 만기환급금을 받기 위해 결국은 더 비싼 보험료를 납입하는 셈이다. 만기환급형과 만기소멸형의 차이만큼 저축을 해보자. 그렇게 모은 돈을 5년이나 10년 뒤 필요한 재무 목표에 맞게 찾아 쓴다면, 보험은 보험대로 유지되고 생애주기에 필요한 재무 목표를 이루는 데도 도움이 된다.

만기환급형으로 가입했다가 20년 뒤 돈이 필요해서 찾아 쓰려면 결국 보험을 해지해야 한다. 나이가 들수록 보험이 더욱 필요한데 해지해야 한다면 저축과 보험을 모두 잃는 셈이다.

자동차보험에 가입하고 1년 동안 사고가 없었다고 해서 납입한 돈을 돌려달라고 하지 않는 것처럼, 보험료는 철저하게 '비용'으로 인식해야 한다.

"만기 때 납입한 보험료를 모두 돌려드립니다."

본전 심리를 자극하는 이런 마케팅에 속지 말자.

가입 후 8년 된 변액유니버셜보험, 어떻게 관리해야 할까?

변액보험을 부의 저장 수단으로 추천하지 않는 이유에 대해 앞서 설명했다. 가입 후 8년이 지났는데 해지환급금이 110%가량 된 변액유니버셜보험이 있다고 가정해보자. 가입 후 7년이 지나면 보험회사의 사업비는 많이 줄어든다. 그리고 3년 후에는 보험차익 비과세 혜택을 받을 수도 있다. 이런 경우에는 추가납입을 활용해서 사업 비율을 낮추고(추가납입보험료에는 수수료가 없거나 기본보험료에 비해 낮은 수수료를 부과한다) 국내외 다양한 자산에 투자되도록 자산배분을 해놓으면서 유지하는 것도 좋은 방법이다. 향후 금융투자소득세가 신설될 경우 해외자산에 투자하는 펀드나 ETF 수익에 대해서는 더 많이 과세하므로(공제금액이 적기 때문에) 해외펀드에 투자한 변액보험의 보험차익 비과세는 더욱 강력한 장점이 될 것이다.

그러나 가입한 지 얼마 안 되어 사업비가 많이 차감되거나, 오래전에 가입했다 할지라도 선택 가능한 펀드가 제한적이어서 글로벌 자산배분을 할 수 없거나, 장기간 꾸준히 추가납입을 할 수 없는 상황이라면 변액보험을 계속 유지할 것인지에 대해 고민해볼 필요가 있다.

4장

사례를 통해 알아보는
돈 관리 전략

신혼부부의
현금흐름 관리

생활비 가능 금액을 초과해버린 예산

대구에 사는 직장인 김영주 씨는 결혼한 지 이제 2개월 되었다. 결혼 후 살림을 합쳐보니 생각지 못한 지출이 계속 발생하기 시작했다. 맞벌이였지만 미혼 때보다 저축을 못 하는 상황이 생기자 불안하고 답답한 마음에 상담 요청을 했다.

부부의 평달 월급은 둘이 합해 330만 원이었고, 이를 토대로 다음 페이지의 [표 4-1]과 같은 예산 계획을 수립하였다. 빠듯하게 예산을 세웠지만 이미 생활비 가능금액([표 4-1]의 ⓘ)을 초과하고 말았다. 이 문제부터 해결해야 했다.

두 달 뒤 남편 회사에서 보너스가 나올 예정이다. 그 금액이면 연간 비정기 지출 예산을 모두 확보할 수 있다. 현재 비정기 지출계좌에 200만 원이 있으므로 부족분을 매월 추가 적립하는 형태가 아니라 두 달 뒤 보너스로 일시 충당하기로 계획했다. 그러면 매월 23만

| 표 4-1 | 월간 현금흐름과 예산 계획 (단위: 만 원)

항목	금액	비고	항목	월간 예산
① 세후 월소득	330		식비	35
② 비상금	25	목표액 300만 원	의복/미용	8
③ 저축투자	12	A생명 저축보험	건강/문화	8
④ 대출상환	33	자동차 할부금	주거/통신	35
⑤ 보장성 보험료	57		교통/차량	14
⑥ 생활비지출가능액 (①-②-③-④-⑤)	203		생활용품	15
⑦ 예비비	15		사회생활	13
⑧ 비정기 지출	23	비정기 지출계좌에 200만 원 적립 후 부족분 매월 적립	가족비용	40
			기타	3
⑨ 월간 생활비 (⑥-⑦-⑧)	165		합계	171

생활비 가능 금액보다 많은 예산 책정

원을 비정기 지출계좌에 이체하지 않아도 되므로 월간 생활비 가능 금액이 188만 원으로 늘어난다. 예비비로 배정한 15만 원도 생활비가 부족할 경우 충당하기 위한 목적이므로 이것까지 합하면 생활비로 쓸 수 있는 최대 금액은 200만 원이 넘는다.

그러나 위의 계획을 당장 실천할 수 없었다. 이유는 신혼 살림을 신용카드로 장만하다 보니 잔여 할부금이 있어서 신용카드 결제액이 월급의 절반가량을 차지하기 때문이다. 그 당시 신용카드 할부 잔액은 약 600만 원가량 남아 있었다.

원래 계획은 남편의 보너스가 들어오면 카드 할부를 정리하는 것이었다. 그러면 위의 계좌 분리와 예산 설계는 사실상 몇 달 뒤에나 시작할 수 있는 상황이다. 게다가 보너스로 카드 할부를 정리하면 비정기 지출 예산에 넣을 일시금을 확보할 수 없다. 그러면 자칫 월간 생활비([표 4-1]의 ⑨) 가능 금액이 또 부족해질 수 있다.

자산을 처분해서라도 부채를 정리하라

"부채를 정리하기 위해서는 자산을 처분해야 합니다."

결국 이 부부는 저축보험을 해지하여 신용카드 할부 잔액을 모두 정리했다. 이제 두 달 뒤 들어올 보너스는 비정기 지출계좌에 넣어두면 된다. 예비비를 제외한 생활비 가능 금액으로 188만 원이 확보되었지만 예산 설계 첫 달이니만큼 의욕을 갖고 해보겠다는 의미로 필요한 예산 171만 원만 남기고 17만 원은 일단 저축투자계좌에 넣어두었다. 혹시 모를 부족분은 예비비로 배정한 15만 원이 있었으니 가급적 예산 범위 내에서 써보겠다는 의지를 보였던 것이다.

한 달 뒤 김영주 씨로부터 전화가 왔다.

"한 달을 쓰고도 3만 원이 남았습니다."

경제활동을 시작한 지 10년이 넘었는데 한 달을 신용카드 없이 쓰면서 돈이 남았던 적은 이번이 처음이라고 했다.

6개월 뒤 남편의 회사에서 파업이 있었다. 월급이 두 달간 적게 나온다고 했다. 일시적 소득 상실에 대비해 만들어놓은 비상금계좌에는 150만 원이 적립되어 있었다. 이 돈으로 부족한 월급을 충당했고 파업이 끝나자 임금협상이 되면서 남편의 월급은 인상되었다.

3개월간의 코칭 기간을 거치면서 김영주 씨 부부의 현금흐름은 안정되었다. 첫 달에는 예산을 작성하기 위해 하루 종일 고민을 했는데, 3개월째 접어들자 월간 예산을 세우는 데 10분도 안 걸린다고 했다. 뭐든 익숙해지면 편해진다.

춘천에 거주하는 김장미 씨는 소득이 불규칙한 프리랜서이다 보니 가계부를 쓰고 매월 결산을 할 때마다 머리가 아프다. 월수입이 많은 달에는 여유 자금이 생기지만 언제 또 소득이 줄어들지 모르다 보니 여유 자금으로 꾸준한 저축을 하기가 어려웠다. 그나마 공무원인 남편의 월급이 안정적이어서 그럭저럭 가계를 꾸려갈 수 있었지만, 매월 들쑥날쑥한 수입지출 내역을 정리하는 것에 큰 스트레스를 받고 있었다.

상담을 진행하는 첫 달에만 서너 차례 미팅을 해야 했을 정도로 복잡한 현금흐름이었다. 결혼 전부터 모아놓은 목돈이 있었지만 소득이 줄어들 때마다 이 돈을 써야 했기에 그녀가 할 수 있는 저축이라고는 1년 만기 정기예금에 넣어두는 것밖에 없었다. 급한 돈이 필요할 때 찾아 쓰려면 언제 해지하더라도 원금이 보장되어야 하기 때문이다.

"해결하고 싶은 가장 큰 고민이 무엇인가요?"

"수입지출이 불규칙해서 적금을 해지하는 일이 빈번합니다."

연간 비정기 지출을 별도로 관리하고 있지 않았다.

"매월 발생하지는 않지만 1년을 주기로 반드시 지출하는 항목과 금액을 적어보세요."

한 달 동안 김장미 씨 부부에게서는 아무런 연락이 없었다. 나중에 알고 보니 직전 1년간 지출했던 카드 영수증과 통장 거래내역을 출력해서 지출 항목과 금액을 일일이 체크하고 그 당시 지불했던 항목의 현재 시세까지 파악하느라 진도가 늦어졌던 것이다. 이렇게 정리한 김장미 씨 부부의 연간 비정기 지출 내역은 아래와 같다.

| 표 4-2 | 김장미 가족의 연간 비정기 지출 계획

(단위: 만 원)

항목	금액	항목	금액
의류비	100	주방욕실 잡화	40
패션 잡화	70	명절	60
헤어/뷰티	50	기념일	120
세탁수선	50	자동차보험	50
여행/휴가	80	자동차 세금, 유지비	130
병원비, 약값	200	건강보조식품, 커피	120

합계 1,070만 원

연간 비정기 지출계좌가 필수다

항목을 정리해보니 이들 부부는 월 생활비 외에 연간 1,000만 원 이상의 비정기 지출이 발생하고 있었다. 각 항목별 금액은 크지 않은 편이지만, 수입이 적게 발생한 달에 이런 지출이 생기면 가계 재정은 적자가 되고 이것이 누적되어 적금을 해지하는 일까지 생겼던 것이다. 1년을 못 채우고 적금을 해지할 때마다 그녀는 자괴감마저 들곤 했다고 한다.

"연간 비정기 지출계좌를 만드시고 매월 90만 원(1,070만 원 ÷ 12개월)씩 이 계좌에 이체하실 수 있나요?"

"지금 상황에서는 여윳돈이 없어서 어려울 것 같습니다."

"이 돈을 확보할 수 있는 방법을 고민해보세요."

그다음 날 전화가 왔다.

"정기예금을 해지해서 일시금으로 넣어두겠습니다."

비정기 지출이 해결되자 김장미 씨 부부의 현금흐름은 조금씩 개선되기 시작했다. 무엇보다 그녀의 심리적 안정이 큰 변화였다.

어차피 나갈 돈이지만 불규칙한 지출을 별도 계좌에서 관리하는 것만으로도 많은 변화를 가져온다. 왼쪽 주머니에서 나갈 돈을 오른쪽 주머니로 옮긴 것뿐이지만, 이제 김장미 씨는 더 이상 적금을 해지하느라 우울해하지 않아도 된다.

"(비정기 지출이) 이렇게나 많이 발생하는지 몰랐습니다."

상담을 하다 보면 많은 분들이 비슷한 이야기를 한다. 충남 계룡에 거주하는 부부가 사무실로 찾아와서 이 이야기를 듣고 계산을 해보더니 아내분이 이렇게 말했다.

"오십 평생 이걸 계산해볼 생각도 안 하고 살았네요!"

남편도 놀라운 반응을 보였다.

"그래서 아내가 항상 생활비가 부족하다고 했던 거네요."

남편의 연소득만 6,000만 원이 넘지만 매월 돈이 부족하다던 아내의 하소연이 그제야 이해된다고 했다. 이 부부는 연간 비정기 지출만 2,000만 원 가까이 되었다. 고등학교 다니는 두 딸 뒷바라지 하다 보니 맞벌이를 함에도 현재의 씀씀이를 감당하기에는 넉넉한 수입이 아니라는 것을 공감하는 순간이었다.

"골프 좀 줄여야겠네."

"내가 만날 그 얘기할 때는 잔소리로 듣더니만!"

나그네의 외투를 벗기는 것은 바람이 아니라 해님이다. 스스로 깨달아야 행동하는 것은 아이들이나 어른이나 마찬가지다. 연간 비정기 지출계좌 설정과 예산 배정은 현금흐름 관리의 핵심임을 다시 한 번 강조한다.

목돈,
어떻게 모을까?

천국과 지옥을 오고간 헬스케어펀드

앞의 사례에 등장했던 김장미 씨는 현금흐름이 개선되면서 보유하고 있던 예금 중 절반가량을 투자자산으로 운용하기로 했고 이 중 약 10%가량을 헬스케어펀드에 투자했다.

가입 직후 해당 펀드는 크게 상승하는가 싶더니 줄곧 하락의 길로 접어들었다. 다른 펀드는 계속 수익을 내고 있는데 이 펀드만 마이너스 폭이 커지고 있었다. 결국 김장미 씨는 적립식 투자를 중지했다. 더 이상 손해 보는 펀드에 계속 돈을 넣고 싶지 않았다. 그리고도 한동안 원금이 회복될 기미가 보이지 않았다.

2019년 12월 이 펀드는 25% 넘는 손실을 보고 있었다. 그나마 같은 해 8월의 42% 손실에서 회복된 것이 이 정도였다.

"이 펀드 해지할까요?"

"투자 대상의 성격상 변동성이 클 수밖에 없습니다. 멀리 보고 투

270

| 표 4–3 | 2019년 말 헬스케어펀드와 시장(S&P500, 코스피)의 움직임

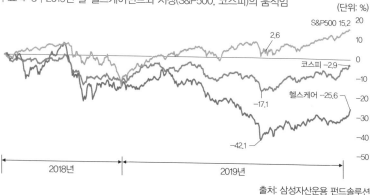

출처: 삼성자산운용 펀드솔루션

자하신 것이고 전체 자산에서 비중도 많지 않으니 좀 더 지켜보시는 게 좋을 것 같습니다."

이렇게 안내는 했지만 내가 봐도 단기간에 회복될 가능성은 매우 낮아 보였다. 결정은 투자자의 몫이다. 김장미 씨는 지금 당장 돈을 빼서 써야 할 상황은 아니었으므로 계속 유지하기로 했다. 그 당시 경제신문의 '수익률 하위 펀드 리스트'에서 이 펀드의 이름이 맨 위에 거론되곤 했다. 최악의 성과를 내고 있다는 뜻이었다. 이 기사를 김장미 씨가 안 봤길 바란다.

"걱정마세요. 이 펀드는 1년 뒤(2020년 12월 말) 지금보다 80% 넘게 올라 있을 거예요."

만약 미래의 요정이 나를 찾아와 이렇게 속삭였다면 나는 불난 집에 부채질하냐며 요정의 날개를 부러뜨리려 했을지도 모른다. 그런데 요정의 말은 사실이었다.

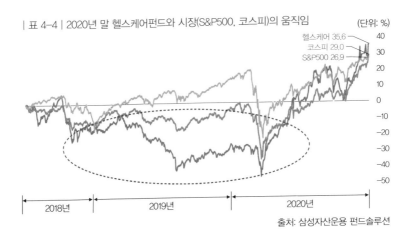

| 표 4-4 | 2020년 말 헬스케어펀드와 시장(S&P500, 코스피)의 움직임 (단위: %)

헬스케어 35.6
코스피 29.0
S&P500 26.9

2018년   2019년   2020년

출처: 삼성자산운용 펀드솔루션

하락장을 견디는 힘은 자산배분에 있다

2020년 코로나19로 전 세계 경제가 멈춰버렸다. 인류에게 유일한 희망은 백신과 치료제였다. 헬스케어 분야는 다시 주목받기 시작했고 수익률은 가파르게 상승했다. 수익률 하위 펀드 리스트에 이름을 올렸던 헬스케어펀드가 이번에는 '수익률 상위 펀드 리스트' 맨 위에 올라 있었다.

1년도 안 되는 짧은 기간 동안 이런 극단적인 움직임을 보일 수도 있다는 사실을 새삼 깨달았다. 시장을 예측하는 것이 얼마나 부질없는 오만인지 또 한 번 배웠다.

김장미 씨가 하락 구간(표 4-4의 빨간 점선 타원)을 견딜 수 있었던 힘은 대범함도, 무관심도 아닌 바로 자산배분에 있었다. 투자를 시작하고 줄곧 시장의 흐름을 지켜보고 있었기 때문에 하락 구간에서 김장미 씨의 심정은 타들어 갔을 것이다.

272

'차라리 적금을 해지해서 쓰던 시절로 돌아가는 게 낫겠어!'

이런 후회를 했을지도 모른다. 그러나 이 구간을 버틸 수 있었던 것은 전체 포트폴리오 성과가 이익을 내고 있었고, 이 펀드가 포트폴리오에서 큰 비중을 차지하지 않았기 때문이다. 가입 당시에도 높은 변동성 때문에 총자산 중 10% 이내로 편입할 것을 조언했다. 이 펀드의 비중이 컸더라면 아마 손실 구간에서 더 이상 참지 못하고 매도했을 가능성이 크다.

무언가에 투자해서 수익을 얻는다는 것이 말처럼 쉽지 않다. 행동하는 용기와 기다리는 인내심, 그리고 자산배분의 원칙을 지키는 것이 중요하고도 어렵다는 것을 다시 한 번 느낀 사례였다.

3년 뒤 1억 원을 모으려면

많은 사람들이 장기투자를 이야기하지만 짧은 기간 안에 큰돈을 모아야 할 경우도 자주 생기게 마련이다. 부산에 사는 김병준 씨의 사례를 통해 단기간에 목돈을 모으려고 할 때 가장 중요하게 영향을 미치는 요인은 무엇인지 알아보자.

그는 상담받기 위해 해결하고 싶은 문제를 여러 가지 적어 왔는데 그중 한 가지가 바로 '3년 뒤 1억 모으기 플랜'이었다. 그 당시 거주하던 부산에 내 집 마련을 하는 것이 단기 목표였다.

메일로 보내준 그의 자료에는 '원금 손실에 매우 민감'하다고 적혀 있었다. 그래서 저축보험을 알아보는 중이라고 했다. 그러나 어떤 보험상품도 단기간에 목돈을 만들어주지 못한다. 투자형 상품을 권유하는 것도 성향과 맞지 않아 보였다. 적극적 투자자라 할지라도 3년이란 시간은 위험자산의 비중을 많이 편입하기에는 너무 짧은 기간이다. 손실이 발생하면 복구할 시간이 부족하다는 뜻이다. '1억 모으기 플랜'으로 다음과 같은 표를 만들어드렸다.

| 표 4-5 | 단기저축에서 원금이 차지하는 비중

적립 방법	정기적금	투자 포트폴리오	
연 수익률	세전 3%	세전 5%	세전 6%
매월 납입액	267만 원	261만 원	258만 원
총납입원금	9,623만 원	9,392만 원	9,274만 원
원금 손실 위험	없음	있음	
원금이 차지하는 비율	96.2%	93.9%	92.7%

원금 손실의 위험이 없는 3%의 정기적금(제안할 당시만 해도 3% 적금 금리가 흔했다)에 매월 267만 원을 불입하면 3년 뒤 세금을 떼고 1억 원을 만들 수 있다. 투자 포트폴리오를 통해 연간 기대수익률을 5~6%로 높이면 월 납입액 부담은 줄일 수 있다. 그러나 원금 손실의 위험이 발생한다. 이 중에 세전 3% 정기적금과 세전 6%의 투자 포트폴리오를 비교해보자.

연 3% 정기적금		연 6% 투자 포트폴리오
월 267만 원 납입	VS	월 258만 원 납입
3년 뒤 확실한 1억 원		3년 뒤 1억 원은 불확실

투자 손실 위험을 감수한 대가로 줄일 수 있는 월 납입액은 9만 원(267만 원 vs 258만 원)이다. 복리 효과가 발생할 만큼 긴 기간이 아니다 보니 1억 원 중에서 납입원금이 차지하는 비중이 대부분(90% 이상)이고 이자나 투자수익은 채 10%도 기여하지 못한다.

수익률보다 납입원금을 높여라

단기 재무 목표를 위해 원금 손실의 위험이 있는 투자 상품으로 운용할 경우 투자자의 심리적 불안감도 큰 위험 요소가 될 수 있다. 단기간에 투자수익이 발생하면 기쁘겠지만 언제 시장이 하락할지 모른다는 불안감이 생긴다.

'이 정도 벌었으니 돈을 다 뺄까?'

'좀 더 오를 것 같은데 한두 달 더 넣어둘까?'

이는 우리의 일상을 매우 피곤하게 만든다. 단기간에 투자손실이 발생하면 심리적으로 매우 불안해지며 손실을 회복하기 위해 더 큰 수익을 얻기 위한 비이성적인 의사 결정을 할 수도 있다. 앞서 이야기했듯이 이익과 손실은 동전의 양면과도 같으며 사람은 대부분 이익보다 손실에 더 예민하다.

단기 재무 목표를 위해서는 투자 상품을 찾기 위해 시간을 보내는 것보다, 현금흐름을 관리하고 새는 돈을 줄여 추가 저축 여력을 만드는 노력이 더 효과적이다.

사회초년생의
보험 설계

"이제 네 보험료는 네가 납입해라."

취업을 하면서 소득이 발생하면 여러 가지 변화가 생기는데, 부모님이 가입해주신 보험을 이제 내가 번 돈으로 내야 하는 것이 그중 하나다. 학교 끝나고 집에 왔더니 엄마가 무언가를 내밀면서 몇 군데 서명하라고 했던 기억밖에 없는데 알고 보니 그게 바로 나를 피보험자로 설계한 보험이었다.

그런데 납입해야 할 보험료가 적지 않다. 도대체 내가 가입한 보험이 무슨 내용인지 알아보려 하지만 상품에 대한 기본적인 이해가 없다 보니 막막할 뿐이다. 이영호 씨도 그런 이유에서 사무실로 찾아왔다.

"학생 때 엄마가 가입해주신 보험이 있는데 이제부터는 제가 번 돈으로 납입하라고 하셔서 이 상품에 대해 알아보던 중이었습니다.

그런데 담당 설계사께서 제가 취업한 사실을 어떻게 아셨는지 새로운 보험을 추가가입하라고 설계안을 또 보내주셨어요. 기존에 가입한 보험은 잘 들어놓은 것인지, 새로 추천받은 상품을 또 가입해야 하는 것인지 판단이 서질 않습니다."

보장 내용 요약

| 표 4-6 | 이영호 씨의 보험 가입 내역

회사명	A생명보험
상품명	CI종신보험
가입 연월	2015—02
잔여 납입 기간	23년 10개월
보험 기간	80세, 종신
월 보험료	118,000원

(단위: 만 원)

구분		금액
사망	일반사망	5,000
후유장해	재해	1,000
	질병	—
진단비 I	일반암	1,000
	중대한 암	4,000
	유사암	100~200
진단비 II	뇌혈관질환	—
	뇌졸중	—
	중대한 뇌졸중	4,000
	뇌출혈	1,000
진단비 III	허혈성심장질환	—
	급성심근경색증	1,000
	중대한 급성심근경색증	4,000
수술비	1~5종	10~300
입원비	재해/질병	2/2
실손의료비(입원/통원/약제)		5,000/20/10
운전자보험		—
일상생활배상책임		—

기존에 가입한 상품은 CI종신보험이었고 새로 제안받은 상품도 종신보험이었다. 담당 설계사는 모 생명보험의 전속 설계사였다.

주계약 5,000만 원은 사망보험금과 CI보험금으로 구성되어 있고, 여기에 암 진단비(3년 갱신형), 뇌출혈 진단비, 급성심근경색증 진단비, 수술비(3년 갱신형), 입원비, 실손의료비(3년 갱신형)가 추가되어 있다(빨간 숫자는 갱신형특약).

'중대한 뇌졸중 진단비'와 '뇌졸중 진단비'의 지급조건은 많이 다르다

엄마가 가입해주신 보험료 월 11만 8,000원에 9만 원가량을 추가하라고 권유받은 것이다. 가입해놓은 보험이 미래의 불확실한 사고에 대비하기 위한 위험 이전의 역할을 제대로 할 수 있는지 크게 3가지 관점에서 진단했다.

첫째, 위험 평가가 적절한가? 이영호 씨는 당장 결혼 계획이 없고 부모님을 부양하고 있지도 않다. 따라서 자신의 사망으로 소득이 상실되었다 할지라도 경제적 위험은 거의 없다. 후유장해나 중증질환으로 진단받을 경우 재산 손실의 위험만 존재한다. 그런데 납입하고 있는 보험료의 70%가 사망에 대한 위험을 보장하는 데 지불되고 있다. 따라서 위험이 아닌 것에 보험을 가입하고 있는 상황이다.

둘째, 보장 범위가 적절한가? CI보험은 중대 질병으로 진단받거나 중대한 수술을 할 경우(이를 CI 상태라고 한다) 사망보험금 중 80%를 미리 지급받을 수 있는 상품이다. 사망보험금 5,000만 원의 80%인

4,000만 원을 CI보험금으로 지급받고 이후 사망하면 1,000만 원의 사망보험금이 지급된다. CI보험금 지급 사유가 발생하지 않고 사망할 경우 사망보험금으로 5,000만 원이 지급된다.

CI보험의 지급 조건은 매우 까다롭다. 중대한 뇌졸중의 약관상 지급 조건을 살펴보자.

Ⅲ. 중대한 뇌졸중 (Critical Stroke)

① "중대한 뇌졸중"이라 함은 지주막하출혈, 뇌내출혈, 기타 비외상성 머리내 출혈, 뇌경색이 발생하여 뇌혈액순환의 급격한 차단이 생겨서 그 결과 영구적인 신경학적결손(언어장애, 운동실조, 마비 등)이 나타나는 질병을 말합니다.

② 제1항의 뇌혈액순환의 급격한 차단은 의사가 작성한 진료기록부상의 전형적인 병력을 기초로 하여야 하며, 영구적인 신경학적결손이란 주관적인 자각증상(symptom)이 아니라 신경학적검사를 기초로 한 객관적인 신경학적증후(sign)로 나타난 장애로서 별표 3 장해분류표에서 정한 "신경계에 장해가 남아 일상생활 기본동작에 제한을 남긴 때"의 지급률이 25% 이상인 장해상태(장해분류별 판정기준 13.신경계·정신행동 장해 가.장해의 분류 1) 및 나.장해판정기준 1) 신경계 (1),(3)에 따라 판정함)를 말합니다.

③ "중대한 뇌졸중"의 진단확정은 뇌전산화단층촬영(Brain CT Scan), 자기공명영상(MRI), 뇌혈관조영술, 양전자방출단층술(PET scan), 단일광자전산화단층술(SPECT), 뇌척수액검사를 기초로 영구적인 신경학적 결손에 일치되게 "중대한 뇌졸중"에 특징적인 소견이 발병 당시 새롭게 출현함을 근거로 하여야 합니다.

④ 위의 ① ~ ③에 모두 근거하지 않은 경우에는 보장에서 제외합니다.

출처: 생명보험 공시실

'장해지급률 25%에 해당하는 영구적인 신경학적 결손 상태'가 되어야 보험금이 지급된다고 나와 있다. 응급조치로 큰 후유증 없이 치료되었다면 뇌졸중 진단을 받아도 보험금 지급이 안 된다는 것이다. 장해지급률은 진단일로부터 6개월 뒤에 의사가 판단한다. 만약 재활치료 등으로 상태가 호전되고 있다면 장해지급률 판정은 보류될 수도 있다.

'중대한 뇌졸중'이 아닌 '뇌졸중' 진단비의 약관상 지급 사유는 상

제2조(보험금의 지급사유)
회사는 피보험자가 이 특별약관의 보험기간 중에 "뇌졸중"으로 진단확정이 된 경우에는 최초 1회에 한하여 이 특별약관의 보험가입금액을 뇌졸중진단비로 보험수익자에게 지급합니다.

출처: 손해보험 공시실

대적으로 단순하다.

셋째, 보험료는 적절한가? 3장에서 설명했듯이 갱신형 보험의 장점은 가입 당시 보험료가 저렴하다는 것이다. 그러나 CI보험의 주계약 보험료는 다른 보험에 비해 비싼 편이다. 가입 당시(2015년 2월) 보험료가 11만 원대 초반이었는데 두 번 갱신되면서 11만 8,000원이 되었다.

보장내용 비교

이영호 씨는 담당 설계사에게 제안받은 새로운 보험을 추가로 가입할 게 아니라, 기존에 가입한 보험을 원점에서 재검토해야 한다. 새로운 상품으로 설계하여 주요 담보를 다음과 같이 비교해주었다.

| 표 4-7 | 사망 보장 비교 　　　　　　　　　　　　　　　　　　　　　　(단위: 만 원)

사망	변경 전	변경 후
일반사망	5,000	-

출처: 민 재무설계사무소

앞에서도 언급했듯이 이영호 씨에게 사망은 위험이 아니다. 따라서 사망보험금을 준비하기 위해 보험료를 할애하는 것은 불필요한 지출이다. 마치 운전면허증도 없는데 운전자보험을 가입하고 있는

| 표 4-8 | 진단비 보장 비교

(단위: 만 원)

진단비 I	변경 전	변경 후
일반암	1,000	5,000
중대한 암	5,000	5,000
유사암	100~200	2,000
진단비 II	**변경 전**	**변경 후**
뇌혈관질환		2,000
뇌졸중		4,000
중대한 뇌졸중	4,000	4,000
뇌출혈	1,000	4,000
진단비 III	**변경 전**	**변경 후**
허혈성심장질환		2,000
급성심근경색증	1,000	4,000
중대한 급성심근경색증	5,000	4,000

출처: 민 재무설계사무소

것과 같다.

'중대한 암, 중대한 뇌졸중, 중대한 급성심근경색증'은 보상 범위도 좁고, CI보험금 전체 중에 최초 한 번만 지급된다. 만약 중대한 암으로 보험금이 지급되었다면 다른 CI보험금(중대한 뇌졸중, 중대한 급성심근경색증 등)은 소멸된다는 뜻이다. 이는 마치 전쟁터에 나가려고 총과 칼 그리고 수류탄으로 무장했는데, 적을 만나 싸우려면 셋 중 하나만 선택하고 나머지 2개는 버려야 한다는 것과도 같다.

반면 새로 설계한 제안서는 '일반암, 뇌혈관질환, 허혈성심장질환 진단비'를 보상해준다. CI보험금에 비해 보상 범위가 넓어졌다. 그리고 3개의 진단비를 각각 보상하기 때문에 암 진단비가 지급되더라도 나머지 2개의 진단비(뇌혈관질환, 허혈성심장질환 진단비)는 소멸되지 않고 보장이 유지된다.

실제 내 고객 중에는 보험 가입 후 1년이 안 되어 초기 방광암을 진단받고 6개월 뒤 뇌경색, 그리고 4년 뒤 협심증을 진단받은 분이 있다. 암 진단비, 뇌졸중 진단비, 허혈성심장질환 진단비가 각각 지급되었다. 이분이 CI보험을 가입하고 있었다면 세 번 모두 보험금 지급 사유에 해당되지 않았을 것이다. 또한 모든 담보를 비갱신형으로 설계해서 향후 보험료가 오르지 않게 했다.

| 표 4-9 | 입원일당 보장 비교   (단위: 만 원)

입원일당	변경 전	변경 후
재해입원	2	-
질병입원	2	-

출처: 민 재무설계사무소

입원 1일당 2만 원씩 지급되도록 설계하면 월 납입보험료가 1만 5,000원에 이른다. 3장 도입부에서 설명했듯이 매월 이 돈을 납입하고 입원일당 2만 원을 보상받는 것은 매우 비효율적이다. 월 보험료 1만 5,000원이면 암 진단비 1,000만 원을 가입할 수 있다. 이 돈을 입원일당으로 설계하는 것보다, 암 진단비를 늘리는 쪽으로 설계하는 것이 '위험 이전' 효과가 크다고 생각하여 새로운 설계안에는 입원일당 담보를 넣지 않았다. 물론 정답은 없다. 나의 제안에 동의할 수도 있고 그렇지 않을 수도 있다.

이영호 씨는 현재 차량을 소유하고 있다. 운전자보험이 보상해주는 담보는 '교통사고 처리지원금, 벌금, 변호사 선임비용' 3가지다. 사고 발생 시 내 주머니에 있는 돈으로 해결하기에는 큰 부담인 것

| 표 4-10 | 운전자보험과 일상생활배상책임보험 추가

운전자/일상생활배상책임	변경 전	변경 후
운전자보험	–	가입
일상생활배상책임	–	가입

출처: 민 재무설계사무소

들이다. 월 보험료 5~6,000원이면 이런 위험을 이전할 수 있다. 그 외 일상생활배상책임보험도 추가했다. 기존에 가입한 것이 생명보험이다 보니 이런 담보는 가입할 수 없었다.

| 표 4-11 | 변경 전후 보험료 비교
2021년 3월 설계 기준

구분	변경 전	변경 후
회사명	A생명보험	B손해보험
상품명	CI종신보험	어린이보험 + 실손의료비보험
가입 연월	2015-02	2021-03
잔여 납입 기간	23년 10개월	25년 + 100세
보험 기간	80세, 종신	80세, 100세
월 보험료	118,000원	113,560원 + 11,582원

출처: 민 재무설계사무소

변경 후 보험료는 실손의료비보험까지 포함해서 약 12만 5,000원이다. 기존 보험에 비해 약 7,000원 더 비싸지만 운전자보험과 일상생활배상책임보험이 추가되었고 진단비의 보장 범위가 넓어졌기 때문에 이영호 씨는 이 제안에 만족했다. 25년납으로 새로운 보험을 가입하지만, 기존 보험의 해지환급금을 보험료 납입 재원으로 활용하면 22년 5개월만 납입하면 된다.

변경 전 CI보험은 실손의료비특약 외에도 암, 뇌출혈, 급성심근경색중 진단비와 수술특약이 갱신형으로 가입되어 있어서 향후에도 갱신 주기마다 보험료가 인상되지만, 새로 가입한 보험은 실손의료비보험과 일상생활배상책임담보 외에 모두 비갱신형으로 설계했기 때문에 향후 보험료 인상에 대한 부담도 줄어들었다.

보험을 상품으로만 바라보고 보장 내용과 보험료 비교를 하기에 앞서 반드시 '위험'에 대한 이해가 필요하다. 나에게 '맞는' 보험인지가 중요하기 때문이다. 나에게 맞는 보험인지 아닌지는 어떻게 알 수 있을까? 옷처럼 입어볼 수도 없고, 입맛에 맞는지 먹어볼 수도 없는데 말이다. 내가 어떤 위험에 노출되어 있고 이를 보유해도 되는지 이전해야 하는지를 판단하면 된다.

위험을 봐야 하는데 보험상품만을 바라보고 있다면, 산을 가리키는데 손가락만 보고 있는 것과 다를 바 없다.

저축 목적으로 가입한 종신보험의
다양한 사례들

종신토록 복리이자를 보장하는 수시 입출금 계좌

연금보험을 가입한 김혜정 씨에게 모르는 번호로 전화가 왔다.

"안녕하세요, 고객님, 저는 이번에 새로 배정받은 담당 설계사입니다. 예전에 저희 회사에 가입하신 연금보험이 있는데, 이게 변동금리 상품이다 보니 가입 당시보다 금리가 계속 낮아지고 있습니다. 저희가 우수고객을 대상으로 변동금리 상품을 확정금리 상품으로 바꿔드리는 이벤트를 진행하고 있습니다. 고객님도 해당이 되셔서 저희가 방문해서 상품을 바꿔드리려고 하는데 언제 시간이 괜찮으신가요?"

약속한 날짜에 회사 회의실에서 담당 설계사를 만난 김혜정 씨는 새로운 상품으로 변경할 것을 제안받았다. 다음은 둘의 실제 대화 내용이다.

"그러면 제가 지금 갖고 있는 연금보험에 돈을 계속 납입하고, 거기에 쌓여 있는 적립금을 인출해서 그 돈으로 새로운 상품에 가입한다는 건가요?"

"그렇습니다. 연금보험 금리가 계속 낮아지고 있으니 그 전에 확정금리 상품으로 '계정'을 만들고 그 계정으로 돈을 옮겨드리려는 겁니다. 안 그러면 나중에 고객분들 민원이 들어올 것 같아 저희가 이렇게 미리 찾아뵙고 안내드리는 겁니다."

"그럼 새로 가입하는 이 상품은 연금보험이 아닌가요?"

"여기 보시면 (가입설계서를 가리키며) 종신보험이고 2.6%를 보장한다고 적혀 있죠? 종신토록 2.6%를 보장해준다는 뜻입니다. 평생토록 말이죠. 그리고 여기 보시면 입출금이 가능하다고 적혀 있습니다. 그러니까 수시 입출금이 가능한 2.6% 평생보증 계좌라고 이해하시면 됩니다."

"새로운 보험을 가입하면 사업비 부담이 또 생기는 건데 사업비 같은 건 없나요?"

"전혀 없습니다. 수수료나 비용은 전혀 없습니다. 그 대신 원래 납입하시던 연금보험에는 계속 불입하셔야 합니다. 그러니까 김혜정 님께서 따로 뭘 하실 건 없어요. 저희가 6개월마다 한 번씩 전화드릴 겁니다. 그때마다 연금보험 적립금에서 돈을 빼서 이 계좌로 옮겨주시기만 하면 됩니다."

담당 설계사의 설명을 요약하면 다음 그림과 같다.

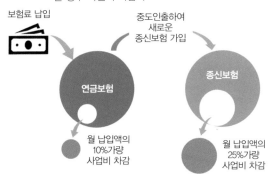

| 표 4-12 | 연금보험의 적립금을 중도 인출해서 종신보험을 가입할 경우 사업비 차감 구조

밑빠진 독에 물 붓기

김혜정 씨는 가입한 연금보험의 금리가 변동되지 않는 방식으로 바꾼 것이라고 생각하지만, 사실은 연금보험의 적립금을 빼서 새로운 종신보험에 가입시키기 위한 전형적인 불완전판매에 당한 것이다. 김혜정 씨가 연금보험에 납입할 때마다 납입보험료의 약 10%가량이 사업비로 차감된다. 그렇게 해서 쌓인 적립금에서 돈을 인출하면 사실상 연금보험의 적립금은 더 이상 늘어나지 않는다. 밑빠진 독이 되고 말았다. 그 돈이 다시 종신보험의 보험료로 납입되어 월 보험료의 25%가량 사업비가 또 차감된다. 결국 김혜정 씨가 지불한 보험료에서 차감되는 사업비는 총 35%가 된다. 새로 가입하는 상품이 사망보험금을 보장하기 위한 종신보험이라고 설명하지 않았다고 했다. 세상 어디에도 없는 '계좌'라는 설명만 반복했다.

다시 한 번 말하지만 보험을 가입하면 계좌번호도 통장도 만들어지지 않는다. 비과세 '계좌', 비과세 '통장'은 모두 거짓말이다. 그나마

다행인 것은 새로운 종신보험을 가입한 지 한 달이 안 되었기 때문에 '청약 철회'를 하여 종신보험에 납입한 돈을 돌려받을 수 있었다. 모집인은 김혜정 씨 외에도 많은 분들께 이런 서비스(?)를 해드린다고 했다. 또 다른 피해 사례를 보자.

강연 들으러 갔다가 가입한 종신보험

정윤희 씨는 평소에 자주 접속하던 SNS에서 무료 강연 홍보 글을 보았다.

"여성들에게 전하는 응원의 메시지!"
육아와 일에 지친 당신에게
○○○ 교수의 무료 특별 강연에 여러분을 초대합니다.

강연 안내
• 1부: 오프닝 토크
• 2부: 재테크 강연
• 3부: ○○○의 갈팡질팡 쇼!

TV에서 ○○○ 교수의 강연을 들으며 울기도 웃기도 했던 그녀는 반가운 마음에 망설임 없이 바로 신청했고, 행사 당일 30분 먼저 입장하는 열정을 보였다.

1부부터 분위기가 화기애애했다. 피부 관리에 대한 팁도 얻고 화장품 샘플도 선물로 받았다. 2부 강의 주제는 재테크였다. 금리와 세금이 어떻게 변하고 있는지에 대한 좋은 정보들이 많았다. 참석자에게만 가입할 수 있는 비과세 확정금리 상품이 있다고 하길래 귀가 솔깃했다. 가입을 원하는 사람은 입장할 때 나눠준 신청서에 기재하면 된다고 해서 적어 냈다.

2부가 끝나고 휴식 시간이었다. 이제 드디어 기다리던 강연을 들을 수 있게 되었다. 그때 휴대전화 진동이 울렸다.

"여보세요?"

"정윤희 님 맞으시죠? 조금 전에 가입신청서 적어주셨는데 잠깐 로비로 나와주실 수 있나요?"

밖으로 나가니 꽤 많은 사람들이 나와 있었다.

"정윤희 님 이쪽으로 오세요."

의자에 앉자 강의에서 말한 상품에 대한 설명이 이어졌다. 오늘 가입해야 사은품 혜택이 있다면서 '제주도 콘도 이용권'을 보여주었다. 30분가량 설명을 듣고 서류에 서명했다. 로비에는 여러 대의 휴대용 프린터가 바쁘게 무언가를 인쇄하고 있었다. 첫 회분 출금이 완료되고 나서야 자리에서 일어날 수 있었다. 3부 강연은 채 10분도 못 듣고 말았다.

월세 안 내면 보증금에서 빼는 구조

이렇게 가입한 지 6개월이 지나 정윤희 씨는 나를 찾아왔다.

"그분들에게 받은 서류는 없나요?"

"외부 유출이 안 되는 서류라고 하길래 혹시 몰라 나오다가 사진으로 대충 찍었습니다."

사진으로 내용을 보니 충격적이었다.

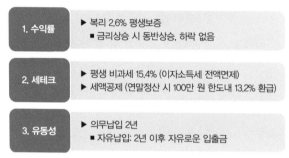

강연장에서 나누어준 전단지

지금 해지하면 돌려받을 수 있는 돈이 한 푼도 없었다.

"납입이 힘들면 2년 뒤에 멈추면 되겠다 싶어 30만 원으로 가입했습니다."

2년 뒤 납입을 멈추면 쌓여 있는 적립금이 점점 줄어들다가 소멸되어 보험은 해지된다. 보험료를 납입하지 않는 동안에도 사업비 등이 적립금에서 계속 차감되기 때문이다. 월세가 밀리면 보증금에서 차감하다가 보증금마저 소진되면 방을 빼야 하는 구조와도 같다.

허위 사실로 가득 찬 가입신청서

다음은 강연장에서 정윤희 씨가 받았던 가입신청서다. 첫 줄의 '우

대금리 가입신청서'라는 제목부터 마지막 줄의 '금리우대 한정 상품'
이라는 단어를 보면 종신보험이 아니라 마치 은행의 특판 예금으로
오인할 소지가 충분하다. 이는 명백한 불완전판매이며 게다가 적법
한 절차 없이 개인정보를 수집했다.

우대금리 가입신청서

회사명			부서		직위	
성 명	주민등록번호		납입기간		키	체중
월 저축액	☐ 10만 원 ☐ 15만 원 ☐ 20만 원 ☐ 25만 원 ☐ 30만 원					
회사주소						
전화번호				통신사		
자동이체	은행명	계좌번호				자동이체
실명확인	주민등록증	발급일자			발급기관	
	운전면허증	면허번호			발급일자	
					발급기관	

※ 개인정보는 금융거래법에 의해 철저히 보장됨
※ 본 상품은 금리우대 한정상품이므로 가입금액을 30만 원으로 제한합니다.

강연장에서 나누어준 가입신청서

불법 사은품과 절판 마케팅으로 청중들에게 지금 당장 결정할 것
을 촉구한다. 게다가 다른 사람이 가입하는 것을 보면 군중심리까지
생겨 묻지 마 가입으로 이어진다.

정윤희 씨는 해당 보험회사와 금융감독원에 민원을 넣었지만 수
용되지 않았다. 가입 과정의 문제점을 제기했지만 증거가 없고 무엇
보다 가입 후 실시한 모니터링에서 결격 사유가 없었다는 것이 회사
의 주장이다.

결국 정윤희 씨는 보험을 해지했고 원금을 전혀 돌려받지 못했
다. 무료 강연이라는 마케팅에 넘어가 비싼 비용을 치러야 했고 정

작 3부의 강연은 제대로 듣지도 못한 꼴이 되고 말았다.

"보험회사들 정말 이래도 되는 건가요!"

휴대전화로 들려오는 그녀의 목소리는 격앙되어 있었다. 보험 모집 종사자로서 나 역시 참으로 부끄럽고 참담한 심정이다. 코로나19가 잠잠해지면 그들은 다시 전국 투어를 하며 수많은 제2의 정윤희 씨를 만들어낼 것이 불 보듯 뻔하다.

누구를 위해 보험료를 납입하는가

몇 달 전 만난 분은 대학생 아들을 피보험자로 가입한 종신보험의 보험료를 납입하느라 대출을 받았다고 했다. 커피숍을 운영하는데 코로나19로 매출이 거의 발생하지 않아서 보험료를 납입할 여유가 없었기 때문이다. 몇 년 뒤 아들이 대학을 졸업할 때 목돈을 만들어주기 위한 목적으로 가입했다고 한다. 그녀가 가입한 상품은 납입 기간 중 해지하면 환급금이 전혀 발생하지 않는 '무해지환급형 종신보험'이었다.

나와 상담을 하고 그분은 고객센터에 전화해서 해지 신청을 했다. 신청한 지 30분 뒤 담당 모집인이 가게로 들이닥쳤다.

"1년도 안 되어 해지하면 제가 손해를 봅니다. 해지한 보험 당장 다시 살리세요!"

결국 모집인의 수당이 환수되지 않게 하려고 해지 신청을 '철회'했고 지금까지 계속 납입 중이라고 한다. 종신보험을 저축 목적으로 가입하면 이렇게 손해만 보는 것일까? 그렇지 않은 사례도 있다.

의정부에 사는 안수진 씨는 최근 몇 년 사이 금리가 계속 내려간다는 뉴스를 볼 때마다 안도감을 느낀다. 6년 전 가입한 종신보험의 해지환급금이 이미 납입원금을 초과해서 수익 구간에 진입했기 때문이다. 가입할 당시 예정이율은 3.5%였고 가입 첫 달부터 기본보험료의 2배를 한 달도 빠짐없이 추가납입을 해온 덕분이다.

노후 준비를 위해 연금보험을 알아보던 중 종신보험에 추가납입을 하면 사업비를 줄이고 확정금리의 장점을 활용할 수도 있다는 담당 설계사의 설명을 들었다. 연금보험과 종신보험에 각각 2배 추가납입을 할 경우 경과 기간별 해지환급금은 [표 4-13]과 같다.

종신보험과 연금보험에 각각 2배 추가납입(추가납입까지 포함한 월 보험료 100만 원)을 했더니 전 연령대에 걸쳐 연금보험의 해지환급금

| 표 4-13 | 추가납입한 종신보험과 연금보험의 해지환급금 비교

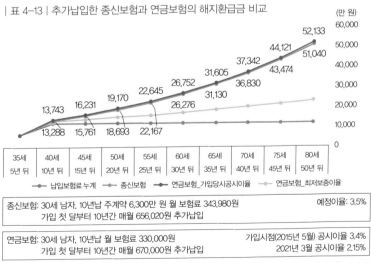

종신보험: 30세 남자, 10년납 주계약 6,300만 원 월 보험료 343,980원
가입 첫 달부터 10년간 매월 656,020원 추가납입
예정이율: 3.5%

연금보험: 30세 남자, 10년납 월 보험료 330,000원
가입 첫 달부터 10년간 매월 670,000원 추가납입
가입시점(2015년 5월) 공시이율 3.4%
2021년 3월 공시이율 2.15%

출처: A생명보험 공시실

이 많기는 하지만 종신보험의 해지환급금과 큰 차이가 나지 않는다. 그런데 연금보험의 해지환급금은 가입 시점의 공시이율이 지속된다는 가정하에 계산한 것이다.

고민 끝에 안수진 씨는 노후 준비를 위한 연금자산을 만들기 위해 연금보험이 아닌 종신보험에 가입하기로 결정했다. 시중금리가 더 낮아질 수 있다고 판단했고 그럴 경우 종신보험의 해지환급금이 연금보험보다 유리할 것이라 생각했다.

연금보험의 가입 시점 공시이율은 3.4%였고, 2021년 3월 현재는 2.15%이다. 그러므로 가입 후 약 6년이 지난 연금보험의 해지환급금은 예시된 금액보다 더 적을 것이다. 종신보험의 예정이율은 고정금리이므로 예시보다 낮아지지 않는다. 2021년 3월 현재 안수진 씨의 종신보험 해지환급률은 102% 수준이다.

물가상승률보다 높은 해지환급금 증가율

10년 납입이 모두 끝나면 해지환급률은 최소 110.7%가 되고 이때부터 보험차익 비과세 조건에도 해당된다. 이는 가입 후 10년간 세전 연 2.36%의 순복리이자로 운용한 것과도 같다.

10년간 납입이 끝나면 해지환급금은 어떻게 될까? 보험회사의 사업비와 위험보험료를 매월 차감하더라도 해지환급금은 계속 늘어난다. 해지환급금의 연증가율을 계산해보면 [표 4-14]와 같다.

연증가율이 예정이율 3.5%보다 낮은 이유는 사업비와 위험보험료가 차감되기 때문이다. 나이가 증가할수록 위험보험료를 많이 차

| 표 4-14 | 10년 완납 후 해지환급금의 기간별 운용금리

경과 기간	나이	해지환급금(만 원)	연증가율
10년 뒤	40세	13,288	
15년 뒤	45세	15,761	3.47%
20년 뒤	50세	18,693	3.47%
25년 뒤	55세	22,167	3.47%
30년 뒤	60세	26,276	3.46%
35년 뒤	65세	31,130	3.45%
40년 뒤	70세	36,830	3.42%
45년 뒤	75세	43,474	3.37%
50년 뒤	80세	51,040	3.26%

출처: 민 재무설계사무소

감하기 때문에 해지환급금의 증가율이 점점 줄어든다. 그래도 안수
진 씨 나이 65세 전후까지는 연 3%대 중반의 증가율이 유지되는 것
을 알 수 있다.

물가상승률보다 높은 해지환급금 증가율을 기대할 수 있다면 보
장성 보험으로 만들어진 종신보험임에도 불구하고 저축 목적으로
활용할 수 있다는 계산이 나온다. 3%대의 비교적 높은 예정이율로
운용하고 가입 시점부터 2배 추가납입을 했기 때문이다.

같은 상품이지만 다른 결과

무료 강의를 들으러 갔다가 혹해서 가입한 종신보험과 안수진 씨가
가입한 종신보험은 사실 같은 종류의 상품이다. 이렇게 가입하든 저
렇게 가입하든 결국 같은 상품인데, 일부 모집 종사자들의 심기를
불편하게 해가면서까지 굳이 불완전판매 사례를 언급할 이유가 있

을까 반문할 수 있다. 그러나 가입한 상품을 바라보는 소비자의 생각에 따라 같은 상품임에도 매우 다른 차이를 낳는다.

안수진 씨는 종신보험 가입 전 연금보험을 비롯한 다른 저축성 상품과 충분히 비교했다. 중도 인출과 의무 납입이라는 '납입의 유연함'이 해지환급금을 늘려가는 데 결코 도움이 되지 않는다는 것도 이해했고, 따라서 가급적 이런 제도를 활용하지 않아야 한다고 생각했다.

반면 어떤 분들은 2년 후 납입을 중지해도 된다는 말을 듣고 2년 납 적금으로 알고 가입하거나, 가입 당시에 이미 2년 후 중도 인출을 할 생각이었다고 한다.

안수진 씨는 가입 첫 달부터 2배 추가납입을 포함한 금액으로 기본보험료를 결정했다. 한 달에 30만 원 정도 납입할 수 있을 것 같다는 생각이 들면, 첫 달부터 기본보험료 10만 원과 추가납입보험료 20만 원으로 시작하는 것이 적립 효과를 극대화할 수 있다. 하지만 이렇게 가입하면 모집 종사자의 수당은 기본보험료인 10만 원에 대해서만 발생한다. 기본보험료를 30만 원으로 가입하는 것에 비해 모집수당이 1/3 수준으로 줄어든다.

"나중에 목돈이 생겼을 때 여기에 추가납입을 하려면 일단 처음에는 기본보험료를 높게 해서 추가납입 한도를 만들어놓는 게 중요합니다."

이 말이 틀린 것은 아니지만 추가납입 없이 기본보험료를 높게 설정하면 종신보험의 적립 효과는 비싼 사업비로 인해 반감된다. 누구의 이익을 위한 이야기였을지 다시 한 번 생각해볼 일이다.

안수진 씨는 펀드와 같은 투자형 상품에 장기간 운용할 경우 원금 손실의 위험이 크지 않다는 것도 알고 있었고, 실제로 펀드에도 납입을 하고 있었다. 종신토록 연금을 받을 수 있는 상품은 생명보험에만 있기 때문에, 자산배분의 차원에서 연금보험과 비교해본 결과 종신보험을 선택한 것이다.

불완전판매의 사례에서 소개한 분들은 금융에 대해 잘 모르는 부분이 많았고, 심지어 판매 논리일 뿐인 모집인의 설명이 이제까지 살면서 들었던 첫 번째 재테크 지식이었다는 분들도 있었다.

"강의 내내 복리와 비과세 얘기만 했습니다."

"은행에서 직원이 나와 특판 예금을 설명하는 줄 알았습니다."

"2년만 납입하면 필요할 때 인출해서 쓰려고 했습니다."

"추가납입이란 제도도 설명은 들었는데 여윳돈이 생기면 하라고 했어요. 가입하고 아직까지 추가납입을 해본 적은 없어요."

"가입설계서나 해지환급금 예시표를 받지 않았습니다. 1년 내에 해지하면 해지환급금이 전혀 없다는 것도 이제 알았네요."

"설명을 들을 때는 10년납으로 이야기했는데, 가입한 보험증권에는 20년납으로 되어 있습니다."

실제 상담 과정에서 들었던 소비자의 목소리다. 모르고 가입한 소비자 역시 책임이 크다. 옆에 쌓여 있는 사은품이 비이성적인 판단을 하게 했을지도 모른다.

그러나 이렇게 알고 종신보험을 저축 목적으로 가입했다면, 오랜 시간이 흘렀을 때 안수진 씨와는 상당히 다른 결과가 만들어져 있을 것이다. 같은 상품에 대한 인식의 차이가 얼마나 다른 결과를 가져오는지는 두말하면 잔소리다.

약이 될 수도 독이 될 수도

칼은 환자의 목숨을 살리는 의료용 메스가 되기도 하고, 맛있는 요리를 만드는 데 쓰이기도 하지만 수많은 사람의 목숨을 앗아가는 무기로 쓰이기도 했다. 혹시라도 저축인 줄 알고 가입한 게 종신보험이라는 것을 뒤늦게 확인했다면, 약이 될지 독이 될지 잘 생각해봐야 한다.

지금이라도 추가납입을 하는 게 효과가 있을지, 현재 상황에서 더 납입할 재원 마련이 가능한지도 따져봐야 한다. 재원 마련이 가능하다면 그 돈을 종신보험에 추가납입을 하는 것이 나을지, 공모펀드나 ETF와 같은 간접투자 상품에 납입하는 것이 나을지에 대한 자원 배분의 효율성 등 여러 가지 관점에서 검토해보아야 한다. 단순히 '해지환급률 100%' 도달을 목표로 유지하려 한다면, 물가를 감안했을 때 '확정 손실'이 된다는 것을 2장에서 설명했으니 잘 판단해야 한다.

만 원으로 시작하는
펀드 투자

2년간 적립식 펀드에 투자한 결과

"길게 보고 저축하려고 하는데 상품 추천 좀 해주세요."

"펀드나 ETF 같은 간접투자 상품으로 포트폴리오를 만들면 됩니다."

"원금 손실 위험은 없나요?"

청주에서 학원을 운영하고 있는 박송이 씨는 투자에 대한 경험이 전혀 없었다. 2장에서 기술한 투자의 기본 개념부터 실제 사례까지 설명을 듣고 증권계좌를 개설하였다.

"이런 데 투자해도 안전하겠죠?"

박송이 씨는 여전히 원금 손실에 대한 불안감이 있었던 것 같다. 그래서 1개 펀드에는 3만 원, 5개 펀드에는 각각 1만 원씩 총 8만 원을 자동이체하기로 했다.

"경험 삼아 이렇게 시작해보세요. 금액은 언제든 늘리거나 줄일 수 있고, 투자를 중지하거나 재개하는 것도 모두 가능하며 변경에

| 표 4-15 | 가입 당시 월 납입액

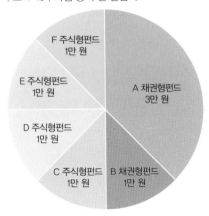

따른 그 어떤 불이익도 없습니다."

4회 차 불입한 박송이 씨의 운용 성과는 다음과 같다.

| 표 4-16 | 가입 후 두 달 반이 지난 펀드 운용 성과   조회 기준일: 2019. 09. 17

상품명	원금(원)	평가금액(원, 세후)	누적수익률	계좌 개설일	자동이체일
A 채권형펀드	120,000	120,112	0.09%	2019. 07. 02	15
B 채권형펀드	40,000	40,297	0.74%	2019. 07. 01	15
C 주식형펀드	40,000	40,413	1.03%	2019. 07. 01	15
D 주식형펀드	40,000	40,500	1.25%	2019. 07. 03	15
E 주식형펀드	40,000	40,453	1.13%	2019. 07. 03	15
F 주식형펀드	40,000	41,823	4.56%	2019. 07. 01	15
합계	320,000	323,598	1.12%		

출처: 민 재무설계사무소

7월 초에 펀드 개설과 동시에 납입을 시작했고 7월 15일부터 자동이체를 설정했기 때문에 운용 기간은 세 달이 채 안 되었지만 납입은 4회 이루어졌다.

며칠 뒤 메시지가 왔다.

"일이 바빠서 보내주신 성과를 이제야 봤어요. 그런데 F 주식형펀드가 4.56% 수익이 났네요? 이 펀드에 더 투자했어야 하는 거 아닌가요?"

"앞으로도 이렇게 수익이 날지는 아무도 모릅니다. 게다가 수익이 났다는 얘기는 F 주식형펀드가 많이 올랐다는 뜻이기도 합니다."

"배춧값이 많이 올랐다는 거죠?"

"그렇습니다. 과거 수익률만 보고 투자 금액을 결정하는 것은 좋은 선택이 아니라고 생각합니다."

배추 도매상에 비유했던 설명을 박송이 씨는 기억하고 있었다.

2020년 2월, 코로나19로 인해 전 세계 증시가 폭락했다. 박송이 씨를 비롯한 펀드 가입 고객에게 시장 상황을 간단하게 설명하는 영상과 블로그 글을 보내드렸다.

"지금 투자자가 해야 할 것은 '아무것도 하지 않고' 본업에 충실하는 것입니다."

"이게 지난번 말씀하셨던 하락 구간인 거죠? 저는 그냥 잊고 놔두면 되는 거죠?"

"가격이 많이 하락했으니 오히려 주식형펀드의 자동이체 납입액을 조금 늘리면 좋을 것 같습니다."

B, D, E, F 주식형펀드의 자동이체 금액을 늘렸고, 많이 하락했던 F 주식형펀드는 여유 자금이 생길 때 추가로 더 불입했다. 2021년 7월 박송이 씨의 포트폴리오 누적수익률은 28%를 상회하고 있다. A와 B는 채권형펀드이지만 성과 차이는 매우 크다. 채권도 잔존 만기, 발행 회사의 신용도에 따라 투자할 수 있는 종류가 매우 다양하다.

| 표 4-17 | 가입 후 2년이 지난 펀드 운용 성과 조회 기준일: 2021. 07. 03

상품명	원금(원)	평가금액(원, 세후)	세후 누적수익률	계좌 개설일	자동이체일
A 채권형펀드	750,000	761,211	1.5%	2019. 07. 02	15
B 채권형펀드	1,430,000	1,648,238	15.3%	2019. 07. 01	15
C 주식형펀드	430,000	455,559	5.9%	2019. 07. 01	15
D 주식형펀드	1,610,000	2,015,138	25.2%	2019. 07. 03	15
E 주식형펀드	1,610,000	1,892,189	17.5%	2019. 07. 03	15
F 주식형펀드	2,970,000	4,551,065	53.2%	2019. 07. 01	15
합계	8,800,000	11,323,400	28.7%		

출처: 민 재무설계사무소

투자 성향은 투자자산 선택에 절대적인 기준이 아니다

원금 손실에 민감했던 박송이 씨는 현재 연말정산과 노후 준비 목적으로 연금저축과 IRP도 계좌를 개설하여 납입하고 있고, 2021년 초에는 자녀 명의로 계좌를 만들어 공모펀드와 ETF 등의 간접투자 상품을 꾸준히 매수하고 있다.

투자 성향이라는 것은 투자 경험이 있느냐 없느냐에 따라 달라질 수 있다. 자신의 투자 성향이 '안정추구형'이라고 생각된다면, 자신의 위험 수용 성향이 실제로 그런 것인지 아니면 투자해본 경험이 없어서 막연히 원금 손실이 두려운 것인지 생각해봐야 한다.

투자 성향이 자산군을 선택하는 데 중요하긴 하지만 절대적인 기준이 될 수는 없다. 10년, 20년 이상 초장기간에 걸쳐 돈을 모아야 하는 목표가 있다면 원금 손실에 민감한 성향이라 할지라도 위험자산 비중을 높게 운용할 필요가 있다. 반면 손실을 감내할 수 있는 적극적 투자자라 할지라도 1~2년 내에 써야 할 돈을 모으기 위해서는 원금 손실의 위험이 적은 자산으로 운용해야 한다.

이처럼 투자자산의 비중은 단순히 자신의 투자 성향에 따라 결정할 문제가 아니라 재무 목표의 성격에 따라서도 달라질 수 있음을 이해해야 한다.

"예전에는 아이들 학자금 마련을 위해 저축보험을 생각했는데, 이제는 왜 투자해야 하고 어떻게 투자해야 하는지 조금 알 것 같습니다."

투자자산의 경우 원금 손실 위험은 늘 존재한다는 것을 절대 간과해서도 안 된다. 그러나 2장에서 배운 원칙들을 잘 실천하기만 해도 손실 위험을 상당 부분 줄일 수 있다. 투자 경험이 없다면 적은 금액부터 시작하고, 종목에 직접 투자하는 것보다는 시장과 산업에 투자할 수 있는 간접투자 방식을 추천한다.

투자를 시작했다면 시장에서 관심을 꺼라

투자를 시작했다면 이제 무엇을 해야 할까? 시장의 흐름을 읽고 따라가기 위한 노력도 해야겠지만, 오히려 시장의 소음으로부터 눈과 귀를 가리고 오늘 하루를 충실히 지내는 것에 집중하는 것이 더욱 중요하다. 우리들 대부분은 밥 먹고 이것만 들여다보는 전업 투자자가 아니다. 수시로 증권 앱을 들여다 보는 것은 정신건강에 아무 도움이 안 된다.

투자자에게 필요한 것은 아이러니컬하게도 시장에서 관심을 멀리하는 것이다. 투자 후 아무것도 하지 않는 것이 때로는 시장의 움직임에 일일이 대응하는 노력보다 더 효과적일 때가 많다. 투자는 지루하고 재미없는 인내심 게임이다. 주식 차트의 빨갛고 파란 숫자의 변화가 처음에는 재미있고 뭔가 멋있는 일을 하는 것같이 느껴지지만 이것도 잠깐이다.

비행기 안에서 바깥 경치를 보며 설레는 때는 이착륙을 할 때뿐이다. 구름 위를 날고 있다면 승객이 해야 할 것은 창문을 내리고 책과 음악을 즐기거나 잠을 자는 것뿐이다. 목적지에 다다랐을 때를 상상해보는 즐거움은 장기투자를 할 수 있게 해주는 동기부여이며, 가끔씩 나타나는 조정이나 폭락은 싸게 살 수 있는 보너스이다.

계좌 분리와 예산 설계의
실패 사례

부부의 돈문제는 부부가 함께 해결해야 한다

"혹시 저 혼자 상담을 받아도 될까요?"

서울에서 문구점을 운영하는 김미향 씨는 나를 보자마자 이렇게 물었다.

"제가 상담받는 사실을 남편에게 알리고 싶지 않습니다."

부족함 없이 살고 있고 저축도 하고 있는데 이상하게 돈이 모이지 않는다고 했다. 왜 알리고 싶지 않은지를 여쭤보았다.

"저희 집의 돈관리를 제가 하고 있습니다. 남편은 저에게 용돈을 받아 쓰고 있고요. 남편에게는 우리 집 돈관리가 잘되고 있고 재테크도 잘하고 있다고 얘기하지만 사실은 뒤죽박죽으로 엉켜 있습니다."

"그런 사실을 왜 남편에게 솔직하게 얘기하지 않으셨나요?"

"예전에 남편이 돈을 함부로 써대는 바람에 제가 경제권을 가져오게 되었습니다. 그 뒤로 돈과 관련된 의사 결정은 주로 제가 하게 되었고, 남편도 미안한 마음이 있어서 그런지 저를 전적으로 믿고 있다 보니 현재 상황을 이야기하기가 겁이 납니다."

"해결하고 싶은 고민이 구체적으로 무엇인가요?"

"저희 집 재정에 무엇이 문제인지를 진단해주시고 해결안을 제시해주셨으면 합니다."

그렇게 해서 3개월간 코칭을 진행하기로 했다. 수입지출 현황을 적어보라고 양식지를 드렸다.

"적자는 아닌데 왜 이번 달에도 돈이 부족한지 모르겠어요."

김미향 씨는 빈칸을 채워가며 하소연했다.

적어준 내용을 계산기로 두드려보았다.

"한 달 지출이 수입보다 많네요."

"네, 저도 쓰면서 생각보다 지출이 많은 것에 놀랐습니다. 사실 이렇게 적어본 적이 없네요."

남편에게 현재 상황을 설명하고 같이 상담을 진행하자고 안내를 했다.

"그러면 남편은 저에게 무척 실망할 것이고, 제가 갖고 있던 경제권을 모두 잃게 될 겁니다. 어떻게든 혼자 해결해보겠습니다."

부족한 생활비는 적금을 해지해서 충당하기로 했고, 다음 달 예산과 연간 비정기 지출 항목을 적어나갔다. 한 달 뒤 우리는 다시 만났다.

"해보시니 어떠세요. 예산대로 잘되던가요?"

"전혀 안 되던데요."

"어떤 부분이 가장 힘드셨나요?"

"저는 이것저것 줄여서 어떻게든 한 달을 버티긴 한 것 같은데, 남편과 함께 장을 볼 때마다 제가 자꾸 잔소리를 하게 됩니다. 갑자기 지출을 왜 줄여야 하는지 남편에게 설명할 수가 없네요. 마트에서 늘 집었던 우유인데 다른 브랜드와 가격 비교를 하고 있는 모습에 남편도 의아해하더군요."

"남편과의 공감대가 만들어지지 않으면 이 문제가 쉽게 해결되지 않을 것 같습니다."

"오늘도 상담 끝나고 친정집에 가야 해요. 어머니께 돈 좀 빌려야 할 것 같아요."

상황은 점점 악화되어 가는 듯했다. 그렇게 한 달이 또 흘렀다. 사무실 문을 열고 들어오는 김미향 씨의 어깨에 힘이 하나도 없어 보였다.

"한 달 동안 많은 일들이 있었나 보군요."

"또 적금 하나 해지하고 오는 길입니다."

그렇게 상담이 진행되고 있는데 남편에게 문자가 왔다.

'여보 우리 이번 여름휴가는 괌으로 가는 게 어때?'

"사실 매년 여름휴가를 해외로 갔거든요. 올해는 안 된다고 하고 싶은데 뭐라고 이유를 대야 할지 모르겠어요."

"한 달간의 지출내역서 좀 보여주세요."

"작성을 못 했어요. 보나 마나 또 적자일 게 뻔할 것 같으니 쓰는 재미도 없고 자꾸 미루게 되네요."

그다음 날 김미향 씨에게 한 통의 문자가 왔다.

'죄송한데 이쯤에서 상담을 중단해야 할 것 같습니다. 상황이 좀

나아지면 그때 다시 찾아뵙겠습니다.'

부부 싸움의 주제는 대개 돈이다

돈의 흐름에 문제가 있다는 것을 자각하는 시점에는 사실 상당히 심각한 상황인 경우가 많다. 이를 개선해가는 과정이 쉽지도 재미있지도 않다. 굳은 의지를 갖고 노력해도 어려운데 부부간의 공감대가 형성되어 있지 않다면 문제를 해결하기가 매우 어렵다.

부부 중 한 사람만 내방해서 이런 설명을 듣고, 그 내용을 집에 가서 다시 배우자에게 전달하다 보면 거의 대부분 부부 싸움으로 이어진다.

"아내와 대판 싸웠습니다. 저희가 조금 더 상의해보고 필요할 때 다시 연락드릴게요."

부부 당사자의 문제이지만 둘만의 노력으로 해결할 수 없는 것이 돈과 관련된 문제이다. 잘해 보려고 시작한 대화가 잔소리가 되고 감정만 상하는 다툼이 되곤 한다.

부부가 함께 상담을 진행하더라도 문제 해결이 안 될 때가 있다. 문제점을 진단하는 과정에서 부부간에 불편한 이야기를 털어놓아야 하기 때문이다. 돈에 대한 태도나 소비 습관은 그 사람의 가치관을 반영한다. 온라인 게임 아이템을 사는 데 매월 100만 원 이상을 쓰기도 하고, 실용성보다는 브랜드를 중시하는 것도 모두 삶의 가치관이 소비의 형태로 나타나는 것이다. 대출을 받아서 필요한 물건을 구입한 뒤에 열심히 벌어서 갚아가는 것에서 성취감을 느끼는 사람도 있고, 그런 방식의 소비를 허영이라 생각하는 사람도 있다. 옳고 그름의 문제가 아니다. 그러나 대부분의 부부는 이런 이야기를 5분 이상 이어가지 못한다.

재무설계의 '실행'은 '현금흐름 관리'이다

현금흐름 관리는 단순히 계좌를 분리하고 가계부를 작성하는 방법만 익히면 되는 것이 아니다. 통장의 잔고가 나의 '재무 문제'를 모두 설명해주지 못한다. 그것은 빙산의 일각일 뿐이다. 물 밑에 잠겨 있는 것들을 보아야 문제 해결의 실마리를 찾을 수 있다.

수입지출 내역과 같은 재무적 정보 외에도 그동안 살아오면서 겪었던 돈과 관련된 경험과 태도, 앞으로의 인생 계획 등 숫자만으로는 알 수 없는 비재무적 사실들을 이해하는 노력이 현재의 문제를 해결하는 데 더 중요하다.

이런 사실을 가장 잘 아는 사람은 부부 당사자인데, 막상 상담을 진행해보면 서로 이런 이야기를 나눈 적이 거의 없다는 분들이 많다. 또한 경제와 금융에 관심이 없거나 잘 모를 경우 문제점을 발견했다 하더라도 스스로 해결 방법을 찾기는 매우 어렵다.

다이어트에 좋은 운동 방법과 식습관이 무엇인지 열심히 공부를 해서 알았다고 해도 실천하지 않으면 아무 효과가 없다. 현금흐름 관리도 마찬가지다. 문제점을 찾고 해결안을 만들었다 해도 이를 꾸준히 실천하지 않으면 아무것도 달라지는 것이 없다.

은퇴 설계나 자녀 학자금 마련과 같이 '돈을 모아가는 것'이 재무 문제의 해결안이라면 특정 금융 상품에 가입하거나 잘못 가입한 금융 상품을 조정하는 것으로 실천할 수도 있다. 그러나 현금흐름이 제대로 관리되고 있지 않은 상황에서 섣부른 금융 상품 가입은 해결안이 아니라 문제를 더욱 악화시킬 뿐이다.

재무설계의 실행안은 '금융 상품 가입' 자체가 아니라 '현금흐름 관리'라고 이야기하는 이유가 여기에 있다. 우리에게 필요한 것은 '빠른 길'보다는 '바른 길'이다. 바른 길을 가기 위한 핵심 메시지가 이 책의 각 장에 소개된 주제이다. 금융 상품은 현금흐름 관리를 위한 도구일 뿐이다.

시간에 투자하는 것의 의미

시간이 만들어내는 놀라운 결과

30세 박성훈 씨는 올해 초 취업을 했다. 65세 시점에 현재가치 월 100만 원의 노후 생활비를 준비하려고 계산해보니 65세까지 매월 41만 원씩 납입하면 된다는 계산이 나왔다. 35년간 납입원금의 누계와 적립금의 증가는 다음과 같다.

| 장기투자에서 나타나는 복리 효과 |

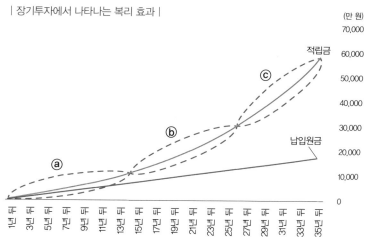

* 은퇴 전 투자수익률 6%, 은퇴 후 투자수익률 3%, 은퇴 전 물가상승률 2%, 은퇴 후 물가상승률 1.5% 가정
** 65세부터 30년간 현재가치로 매년 1,200만 원씩 인출할 경우 65세 시점 필요한 은퇴일시금 5억 8,000만 원

출처: 민 재무설계사무소

시간이 지날수록 적립금의 증가 속도가 가파르게 올라간다. ⓐ, ⓑ, ⓒ 구간 모두 동일하게 연간 6%의 수익률로 운용되지만 ⓒ 구간이 가장 크게

상승한다. 이것은 납입원금이 꾸준히 증가하기 때문이기도 하지만 시간이 만들어낸 복리 효과의 영향이 더 크다.

그러니까 투자자가 ⓒ 구간을 맞이할 수 있는 유일한 방법은 투자 기간을 늘리는 것밖에 없다. 앞선 예시(김병준 씨 사례)에서 단기간 목돈을 모으려면 원금을 많이 불입하는 것이 가장 효과적인 방법이라고 설명했다. 그러나 장기투자를 하면 전체 적립금에서 원금의 비중이 많지 않음을 알 수 있다. 특정 시점에서 원금과 수익금의 비중을 비교해보면 다음과 같다.

| 투자 기간에 따른 원금과 수익금의 비중 |

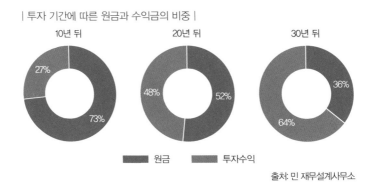

출처: 민 재무설계사무소

원금이 계속 불입되고 있음에도 불구하고 적립금에서 차지하는 원금의 비중은 점점 줄어들고, 투자수익의 비중은 점점 늘어나고 있다. 65세 시점(35년 뒤) 만들어진 적립금에서 원금의 비중은 29%밖에 안된다. 전체 적립금의 71%가 투자 수익이다. 시간이 만들어내는 놀라운 결과다.

장기투자에서만 누릴 수 있는 복리의 마법

시간에 투자한다는 것은 어떤 의미일까? 단순히 투자 기간을 늘리는 것만으로도 원금 손실의 확률이 낮아진다고 2장에서 설명했다. 그러므로 장기투자는 '손실의 위험을 줄이기' 위한 소극적 의미의 자산운용 전략이 아니라 복리 효과를 누릴 수 있는 '자산 증식의 가장 효과적인 방법'이다.

| 구간에 따른 적립금 증가 |

(단위 : 만 원)

구분	시작~10년	11~20년	21~30년
늘어난 원금	4,942	4,942	4,942
늘어난 적립금	6,749	12,279	22,340

출처: 민 재무설계사무소

30년을 세 구간으로 나눠보았다. 원금은 같은 크기로 늘어나지만 적립금 증가는 후반으로 갈수록 배수로 늘어나는 것을 확인할 수 있다. 수익을 내기 위한 기가 막힌 노하우나 기술을 배우려고 힘쓰는 것보다(수익을 보장받을 수 있는 그 어떤 기술도 없다) 투자 기간을 늘리기 위해 노력하는 것이 더 쉽지 않을까?

그런데 위의 사례처럼 30세부터 노후 준비를 위해 매월 40만 원이 넘는 금액을 그야말로 없는 셈 치고 장기간 적립하기란 쉽지 않다. 결혼 자금과 주택 마련이라는 높은 장벽은 모든 저축 여력을 쏟아부어도 넘기 힘든 것이 사실이다. 빚을 내서 주택을 마련하면 그 돈을 갚아나가느라 노후 준비는 엄두도 못 낸다. 월급이 늘어도 점점 가난해지는 기분이다.

하루빨리 씨앗을 심자

65세까지 35년이 남았는데 시간이 주는 선물을 활용하지 못하고 박성훈 씨는 7년을 보냈다. 전체 투자 가능 기간 중 1/5이 지나간 것이다. 37세가 되어 이제라도 어떻게든 노후 준비를 해야겠다고 생각했다. 65세까지 이제 28년 남았다.

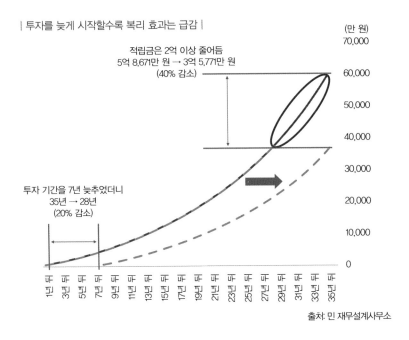

| 투자를 늦게 시작할수록 복리 효과는 급감 |

적립금은 2억 이상 줄어듦
5억 8,671만 원 → 3억 5,771만 원
(40% 감소)

투자 기간을 7년 늦추었더니
35년 → 28년
(20% 감소)

(만 원)
70,000
60,000
50,000
40,000
30,000
20,000
10,000
0

1년 뒤 3년 뒤 5년 뒤 7년 뒤 9년 뒤 11년 뒤 13년 뒤 15년 뒤 17년 뒤 19년 뒤 21년 뒤 23년 뒤 25년 뒤 27년 뒤 29년 뒤 31년 뒤 33년 뒤 35년 뒤

출처: 민 재무설계사무소

37세의 박성훈 씨가 30세에 계산했던 대로 매월 41만 원씩 모으면 위와 같은 그래프가 만들어진다.

투자 기간 35년 중 20%인 7년을 놓쳤더니 65세에 만들어지는 적립금이 40% 줄어들었다. 7년 뒤에 투자를 시작할 경우, 위 그래프 왼쪽의 주황색 점선이 그대로 오른쪽으로 이동한 것과 같다. 이렇게 되면 빨간 타원으로 표시한 구간이 없어진다. 복리 효과로 인해 자산 증가가 가장 가파르게 일어나는 구간을 잃게 되는 셈이다. 복리 효과를 잃는 것은 드라마 본방 사수를 못 한 아쉬움과는 비교할 수 없을 만큼 큰 기회손실이다. 장기투자는 빨리 시작할수록 유리하다.

그러나 순서가 있다. 속옷과 외투의 순서를 바꿔 입었다고 상상해보라. 장기투자가 장기간 지속되기 위해서는 '현금흐름 관리'(1장 참조)와 '위험 설계'(3장 참조)가 반드시 선행되어야 한다.

저축을 해도 자산 증식이 안 되는 이유는 '잘못 가입한 금융 상품' 때문이 아니라 '이번 달 들어온 돈으로 다음 달에 쓰기'가 제대로 작동되고 있지 않기 때문이다. 저축 여력이 생겨도 늘 비상금으로 갖고 있어야 하는 상황인 것이다.

"언제 쓸지 모르는 돈인데 어디에 투자하면 좋을까요?"

이런 상황에서 무턱대고 장기투자를 시작했다가는 더 큰 어려움을 맞이할 수 있다.

"지금 당장 돈을 찾아야 하는데, 투자한 게 전부 마이너스네요."

이번 달부터 월급이 줄었다고 생각해보자. 당장 몇 달은 힘들 수 있지만 없으면 없는 대로 살아지는 게 우리네 인생이다. 노후는 누구에게도 예외 없이 시한폭탄처럼 다가오고 있다. 20년 뒤에 열리는 복리 효과라는 열매를 얻고자 한다면, 하루라도 빨리 씨앗을 심는 것이 우리가 할 수 있는 유일한 방법이다.

북큐레이션 • 경제적 자유를 누리고 싶은 이들을 위한 책

《어른들을 위한 돈 과외》와 함께 읽으면 좋은 책. 부자의 마인드로 돈과 시간의 자유를 누리고자 준비하는 사람이 미래의 주인공이 됩니다.

슈퍼개미로 성장 하는 가장 쉬운 주식 가이드

48일 완성 주린이 탈출기

이권복 지음 | 17,000원

**매운맛 주식투자를 처음 시작하는
주린이를 위한 주식 입문서**

이 책은 주식의 'ㅈ'자로 모르는 주식 왕초보들이 주식투자를 알기 쉽게 공부할 수 있도록 매일 하루에 한 챕터씩 보도록 만들었다. 따라하기만 하면 무슨 말인지 모르는 주식 용어부터 좋은 종목 찾는 방법까지 머리에 쏙쏙 들어올 수 있다. 또한 '네이버 증권'을 이용해 현 산업의 흐름이 어떤지 파악하는 방법과 어느 주식에 투자해야 하는지 쉽게 살펴보는 방법을 알려준다. 주식투자가 처음이라면 괜히 다른 사람들의 이야기만 믿고 따라 하다 초심자의 운이 끝나서 투자에 실패하기 쉽다. 이 책으로 차근차근 공부해 수익률 70%를 달성해보자!

전국 재개발 · 재건축 정비사업 목록 수록

난생처음 재개발 재건축

김향훈, 이수현, 박효정 지음 | 19,000원

**어느 시기에 들어가느냐에 따라 수익이 다른
재개발 재건축, 이 책으로 고수익 시점을 잡아라!**

이 책은 재개발 재건축 전문 변호사, 공인중개사, 감정평가사가 알려주는 쉽고 빠른 투자 지침서다. 도시 및 주거환경정비법 이해하기, 감정평가액 파악하기, 저평가된 물건 분석하기, 발 빠르게 정보 파악하기 등 수많은 재개발 재건축 관련 업무를 다루면서 투자를 통해 큰 이익을 얻은 사람들, 돈을 잃은 사람들을 많이 봐오면서, 투자 시에 무엇을 확인하고 살펴봐야 하는지 알려준다. 또한 전국적으로 재개발 재건축 정비사업이 어떻게 진행되고 있는지 한눈에 볼 수 있도록 각 시도별 현황표를 담았다.

난생처음 주식투자

이재웅 지음 | 18,000원

'판단력'만 있으면 주식 투자 절대 실패하지 않는다!
차트보다 정확한 기업 분석으로 적금처럼 쌓이는 주식 투자법!

5할 타율 유지하는 안전한 주식투자법!

쪽박에 쪽박을 거듭하던 저자가 전문 주식 투자자가 되기까지! 저자가 터득한 가장 효과적인 공부법과 이를 바탕으로 실전에서 활용할 수 있는 효과적인 투자 노하우를 담은 책이다. 저자의 생생한 투자 실패담과 많은 주식 투자자들이 실패하는 이유와 주식 투자에 밑바탕이 되는 기본지식 공부법과 습관에 대해 설명한다. 그리고 주식 투자에 필요한 용어 설명, 공시보는 법, 손익계산서 계산법, 재무제표 분석법, 사업계획서 읽는 법, 기업의 적정 주가 구하는 법 등 투자에 필요한 실질적인 노하우를 소개한다.

집은 넘쳐나는데 내 집은 어디 있나요?

부동탁 지음 | 16,000원

부알못 탈출부터 내 집 마련, 부동산투자까지
빠르면 빠를수록 좋은 부동산 노하우

참 쉬운 아파트 투자 안내서

많은 사람들이 경제 위기 때는 투자를 망설인다. 그러나 부자들은 남들이 주저할 때 과감히 부동산에 투자한다. 집값은 반드시 오른다는 믿음이 있기 때문이다. 이 책은 부동산투자를 시작하고 싶어도 잘 모르는 '부알못'들에게 부동산에 대한 기초 지식을 전달하면서 '할 수 있다'는 부자 마인드와 구체적인 방법을 제공한다. 또한 종잣돈 3천만 원으로 직장인, 신혼부부, 사회 초년생들이 내 집 마련을 할 수 있는 방법을 알려준다. 집 없는 욜로, 집 없는 워라밸은 없다. 지금 바로 두려움을 뛰어넘어 내 집 마련의 길로 들어서라!